丹麥人在安東

鴻路
著

目次

人生五十年

記柏衛（Conrad S. Bolwig）和米娜（Minna Hass）

丹麥傳教士柏衛（Conrad S. Bolwig, 1866-1951）和夫人米娜（Minna Hass, 1867-1960），攝於1937年。
圖片引自：美國南加州大學，本篇未注明者均引自於此。

一

聖經裡面記載著耶穌復活後對門徒的召喚：

「你們往普天下去，傳福音給萬民聽。」

「你們要去，使萬民做我的門徒。」

「從耶穌撒冷，直到萬邦。」

福音，是信耶穌得永生的好消息，傳福音是基督徒的使命。

十九世紀，西方各國教會紛紛投入海外傳教的大潮，被歐美史學界稱為「基督教的時代」、「基督教世界，似乎是擋不住的潮流」。（德國神學家莫爾特曼《上帝來臨》）

在這場洶湧的大潮中，丹麥人顯示了虔誠的傳教熱誠和救世的使命感。

一八九一年，丹麥路德教會（Church of Denmark，一八二一）在歐登塞（Odense）召開了一次海外傳道會議。歐登塞是一座古老的城市，擁有眾多的修道院和教堂，是丹麥神職人員的中心，童話之父安徒生的故鄉。

在這次會議上，來自全丹麥的基督徒代表做出了「到中國去」的決定，認為那裡是一個亟需福音光照的地方，也是開墾上帝子民的一片沃土。由此，丹麥傳教士拉開了走向中國的序幕，開始了安徒生童話的新篇章。

在「到中國去」的志願者中，有一位叫鮑爾維・康拉德・蘇福斯（Conrad S. Bolwig），他的父親Johan Conrad Bolwig是丹麥路德教會的牧師（一八四八—一八九三）。一八八五—一八九一年，小鮑爾維（Bolwig）就讀於哥本哈根大學，主修神學，畢業後，又去蘇格蘭愛丁堡利文斯通門診部學醫和漢語。

一八九三年夏天，小鮑爾維被按立（任命）牧師，成為Bolwig家族的第二代牧師。八月二十日，他迎娶了相戀七年之久的米娜哈斯（Minna Hass）。米娜是一名教師，任教於哥本哈根的Miss Zahle師範專科學校。她還知曉英語和德語，風琴和鋼琴也彈得嫻熟。之前她曾做過家庭教師，主要在日德蘭半島的一些大農場和一個教區教小孩子們。

九月，蜜月未盡，鮑爾維和米娜告別了親人，開始了「遠東冒險」之旅。這是當時的流行說法，因為，中國是一個動盪不安的多難之地。其實，冒險之旅，不僅是遠東，「在古老的非洲、美洲和大洋洲，許多傳教士死於惡

柏衛先生，攝於1893年。

米娜女士

劣的食物、嚴酷的氣候、莫名的疾病，甚至充滿敵意的土著的毒箭。」（王樹增《一個帝國的背影》）

十一月七日，柏衛和米娜。在海上漂泊了七十餘天後，終於抵達上海。接著，沿長江而上，來到了漢口。

當時，英國傳教士的足跡已經遍佈漢口，開展了教育和醫療的服務工作。並且，以此為基地向大陸內地擴展。當時盛行的理念是：上帝在呼召我們，不要駐足基督之名已被傳開的沿海城市，要深入內地，拓荒宣道，把福音傳到中國的每一個角落。於是，柏衛夫婦與同胞谷志賢（Knudsen）牧師商定離開漢口，奔走內地。

二

一八九五年，柏衛和谷志賢由漢口乘船經煙臺抵旅順口，然後，換車至海城牛莊。一路上打聽火神廟街，要拜訪的教會就在這條街上。

據載，最先拉開基督教在東北傳教帷幕的是愛爾蘭長老會和蘇格蘭長老會，他們以海城牛莊為起點，拓荒於白山黑水之間。

牛莊，是英國傳教士登陸的最早之地。

左：外德勞先生的夫人，丹麥女教士Rebecca Abildtrup（1875-），1898年抵旅順。
右：外德勞先生（1865-1949）1895年起往來於旅順與大連，1906年移地大連。1923年調至安東劈柴溝建立教士學校，亦稱神學院，首任校長。1930年重返大連。

牛莊東關，有一條南北走向的街市，在街的中段出現一個分叉，也就是東西走向的火神廟街。在一幢豎立著十字架的屋子裡，一個體態清癯的老者——英國基督教長老會長老馬欽太（John MacIntyre）先生，人稱馬老牧師，熱情地接待了丹麥兄弟。

柏衛還是個孩子時，馬欽太就來到了營口（一八七四），後來移地海城，在火神廟街建立教會，還辦了一所三育小學。

在屋子裡，幾個人圍著一張桌子，那上面鋪了一張地圖，馬老一邊指劃著地圖，一邊介紹長老會傳教區域的情況。最後，做出了一次具有歷史意義的地區劃分，即將遼南沿海一帶原英國長老會佈道區讓渡與丹麥路德會。

於是，柏衛和同胞外德勞（C. WaidtLoew）牧師一起跋山涉水，考察了旅大、金州、普蘭店、莊河、大孤山、岫岩、鳳城、安東。接著，又溯江北上寬甸、桓仁、扶餘、長白等地。

吳樂信（1863年生），在丹麥海寧教會學校畢業後，攜夫人（1863年生，左一）一同來華，1896至1898年大孤山，1898至1923年在岫岩（1922年夫人逝世）。之後，吳來到鳳城至1927年。

根據柏衛、外德勞對於遼南一帶的考察報告，丹麥教會對於所分擔的地區先後作了具體的差遣：

第一佈道區－旅順－外德勞（一八九四－一八九五）

第二佈道區－大孤山－柏衛（一八九六）

第三佈道區－岫岩－于承恩（Johannes Vyff）、吳樂信（OleOlesen,一八九八）

第四佈道區－鳳城－李格非（Ligefei）、于承恩（一八九九）

第五佈道區－安東－于承恩（一九〇一）

第六佈道區－寬甸（Rev EmilJensen，一九〇五）

一八九六年十二月，柏衛夫婦和吳樂信夫婦一起來到了大孤山。

大孤山位於黃海北岸，是長白山老嶺餘脈的延伸，岩石奇峭，山峰突兀，翠黛盤空，氣勢宏偉，是遼東沿海唯一的秀峰。山上古木森森，幽幽青青，廟宇樓閣，木魚聲聲。登山遠眺黃海，煙波浩渺，橫無際涯，這裡曾經發生了一場甲午海戰。

孤山東頭有一條大河，人稱大洋河，在河口的右岸——山的南麓環繞著密密麻麻的青堂瓦舍，這就是孤山鎮。早在乾隆年間，這裡是遼東的水陸重鎮。到了清末，又成了鴨綠江上游木材輸出的商埠。南來北往，商賈雲集。街市客棧酒肆，商號林立，娛樂消遣的去處有戲園子、煙館，也有青樓。這大概就是碼頭帶來的繁榮吧！然而，碼頭的興也好，衰也罷，男人依然留著「豬尾巴」，女人依然裹著三寸金蓮，歲月如水，街市依舊。

但是，自從鎮裡出現了丹麥人之後，孤山開始悄然發生著變化。

三

「柏衛牧師於清末民初，在大孤山西街二十五號租賃瓦房三間，闢為福音堂。」（《東溝縣基督教志》姜振芙，以下簡稱《縣教志》）同時，作為西醫診所，也是柏衛夫婦在中國的家。在孤山人的眼裡，柏衛的住家有點奇怪，房頂上豎起了一個木頭十字架，外牆上有「福音堂」三個字。他和妻子每日施醫送藥，分文不取。雖然，他學了漢語，但難免半生不熟的，所以，請了一位中國女教師做翻譯。

中國人信守的是祖宗之法，比如《本草綱目》記載，婦女不受孕，就喝立春那天的雨水，

「夫婦各飲一杯，還房有孕」。民眾對於從未見過的藥片、打針，未免心生疑懼。不是鄉下人膽小，大清皇帝也不過如此。康熙患瘧疾之時，先請的是神功和尚，屁用不頂，無奈決意服用法國傳教士送來的金雞納霜，當時，有四位大臣甘願當小白鼠，冒死一試，喝下去一夜無恙，然後，在太監和群臣的哭嚎聲中，皇帝顫抖著喝了下去。大清皇帝尚且如此，何況芸芸眾生呢？起初，西街小診所幾乎門可羅雀，後來，漸漸地聲譽鵲起，「每天求醫問診者三、五十人，多者近百人」。（《縣教志》）天長日久，孤山人知道了那前額開闊，瘦高個兒的先生叫柏衛（鮑爾維），他的女人就像西洋畫的美女，叫米娜。

柏衛除了忙碌於診所、福音堂，還常去一個地方，在孤山的半山腰，古樹遮蔽著幾所寺廟，南來北往的商人進山朝拜，燒香禮佛。於是，寺廟周圍出現了一群提籃擺攤的賣香小販，柏衛常在這堆人裡講起耶穌的故事。據載，一九〇三年以前，有一個姓姜的買香的小販，感動於丹麥人的慈行善舉，於是，接受了柏衛的洗禮，成為孤山的第一個基督徒。後來，他把女兒姜寶珍送進丹麥人建立的崇正女校，成為該校最早的三個學生之一。高中畢業後，丹麥人送寶珍去丹麥留學，回來後，在崇正女校當校長，兼任幼稚園長。（丹麥女作家吳坤美《大孤山基督教會簡介》，以下稱《教會簡介》）

一八九八年，西街診所來了一個丹麥女青年，從此，柏衛多了一個幫手。這位丹麥小姐叫艾倫・尼爾森（Marie Ellen Nielsen），漢語名聶樂信。她的專業是護士，同時，還有分娩的技能。由此，來小診所看病的女人與日俱增，應急出診的事也頻了，經常沒有馬車，只能腳踏兩個輪子（腳踏車），柏衛和聶樂信的足跡遍佈方圓幾十里。

從此，孤山一帶做禮拜的人漸漸多起來，貧瘠的田地裡長出了新綠。然而，就在這時卻來了一場倒春寒。

四

一九〇〇年，山東發生了大饑荒。赤地千里、草木皆枯、餓殍遍地，甚至出現了人相食的事情。面對饑荒的災民，古老的傳統的就是「以龍祈雨」。可是，龍沒有降雨，於是，便要尋找替死鬼——「不下雨地發乾，都是教堂遮住天」。「不用兵只用拳，要廢鬼子不為難。挑鐵道、拔電桿，海中去翻火輪船，洋鬼子，全殺盡，大清一統定江山。」於是，「拳匪」（義和團）如同黃海之潮，很快波及了隔海相望的遼東半島。

1900年，在大孤山的柏衛之子阿格（Aage）和中國小夥伴。（圖片係柏衛之孫——尼爾斯・基爾特・柏衛Niels Geert Bolwig先生提供）

二月，遼南拳匪攻佔教區，焚毀教堂。

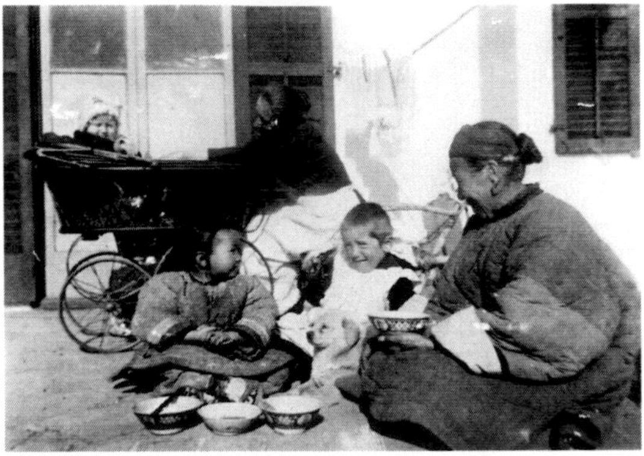

克努德（童車上）、母親米娜；中國女孩、阿格、中國保姆，攝於1900年孤山。（圖片係尼爾斯・基爾特・柏衛先生提供）

據載，安東元寶山、大東溝「教堂重被焚毀，教民星散」。鳳城拳匪六十餘人，驅逐傳教士，焚燒教堂。隨後，又殺向寬甸，將太平哨耶穌教堂焚毀。岫岩拳匪首先在縣城興起，以後發展到關門山、哈達碑、大孤山等地。六月，城內有拳匪三四十人，舉著扁擔、鐵鍬，攻打火神廟胡同丹麥教會的福音堂，丹麥傳教士「聞訊出逃」。同時，還有一股六百多人，手持大刀、長矛，打著驅逐洋鬼子的旗幟，攻打岫岩西岔溝天主教堂和教徒房屋，劫掠金銀製品及衣物、器皿，殺死中國教民四人。法國傳教士和中國修士二人逃亡朝鮮。

京城傳來消息，慈禧太后招安拳匪進京，向十一個國家宣戰，要憑著刀槍不入的神功「扶清滅洋」。一時間，西方宣教士和中國信徒，包括婦女和兒童慘遭屠戮，屍積如丘，血流成渠。

當時，在安東、岫岩、大孤山、鳳城的丹麥傳教士紛紛撤離，避難於亞瑟港（旅順口）。柏衛和米娜的身邊有兩個幼小的兒子：四歲的阿格和不到兩歲的努爾德（Knud），柏衛先讓妻子帶著孩子去了亞瑟港，而他自己卻要留守孤山。

駐守孤山的清兵統領林長青和柏衛有一段交往。在與倭寇的一場戰鬥中，林統領手下的一個士兵被子彈子射傷了喉嚨。是柏衛挽救了這個士兵的生命。由此，統領與柏衛結下情誼。所以，在「拳亂」之際，林統領曾派兵在孤山抵抗拳匪的侵擾，保護丹麥人。林統領見柏衛不肯撤離，十分擔心，一再說明形勢險惡，難以預料。奉天（瀋陽）方面多次來信說（拳匪）要消滅所有的外國人：「北至開原，南至海城，計五百里，所有俄鐵路橋房均經百姓拆毀」，只剩下鞍山站（今舊堡）。「大石橋至旅順鐵路亦有多處被毀」。拳匪拆毀沙俄修築的鐵路，同時焚燒英、法的教堂、醫院，法國天主教盛京總堂的主教紀隆（Jilong）在抵抗中被拳匪殺害。（《東北義和團檔案史料》）在林統領的敦促下，七月十四日，由兩個清兵護送柏衛離開了孤山。

柏衛坐在奔往旅順的馬車上，濕潤的海風吹拂著他的臉龐，「回顧生碧色」，孤山，漸行漸遠了。這是一座地殼斷裂後遺留在地面的孤峰，山體陡峭挺拔，山脊狀如高聳的駝峰，尤其駝頭高高仰起，彷彿在遙望蒼穹，令人想起「金駝望月」。柏衛非常喜歡這恢弘孤寂的群山，還有周圍那美麗的自然景色。而且，此地的氣候比較接近丹麥，冬天略寒，夏天略熱。此外，小鎮的人們也都十分的友善，大概有一萬多人。

五

柏衛和米娜帶著兩個兒子阿格和克努德從煙臺上船，漂泊了七十餘天後，回到了丹麥。黯然神傷的是，當年為他們送行的父親、母親都已先後離世了。在丹麥住了些日子後，柏衛夫婦把阿格和克努德安頓在歐登塞小鎮的一個朋友家裡。然後，一起返回了大孤山。

這時，日俄戰爭爆發，「剛開始有一兩百個俄羅斯人佔領了這個城鎮」（Niels Geert Bolwig《在安東大孤山的柏衛和米娜　一八九六－一九四六》，以下稱《大孤山》）。一天，柏衛走在孤山街上，他去探望鄉下一個教徒，迎面走來一個搖搖晃晃的俄兵，他示意柏衛停下，然後，嘰哩呱啦的說起來，見柏衛搖頭，俄兵又比劃起來，好像吹喇叭的動作，柏衛恍然大悟，他是要酒喝啊。柏衛搖搖頭逕直走去，俄兵發怒，持槍將柏衛帶進了兵營。一個軍官摸樣的「大鬍子」，懷疑柏衛是日軍雇傭的「間諜」，命令把柏衛押往奉天。由於戰爭交通受阻，柏衛跟著俄兵在路上走了六天來到奉天，但因忙於打仗

柏衛與妻子米娜，兒子克努德（左，1899年生於孤山）、阿格（右，1896年生於孤山），攝於1902年丹麥。
（圖片係尼爾斯・基爾特・柏衛先生提供）

1914年，孤山培英中學的學生。

無人理睬，只是不許回大孤山，指定下榻於一個小客棧「候審」。柏衛「著急萬分」，多日後，得以脫身回了孤山。

一場拳亂，使孤山人對十字架望而卻步，有的鄉民又燃起了佛香，以示遠離「洋教」了。但是，丹麥人相信聖經裡的話：「栽種有時，收割有時，殺戮有時，醫治有時，拆毀有時，建造有時」，所有的挫折，都會化為生命的祝福。

一九〇三年的春天，聶樂信在東街建起了一所女子小學，叫做基督教崇正女校，學生是她收養窮苦人家的三個女孩，包括在孤山販香小販的女兒姜寶珍。

「一九〇五年，春來河開時，日本軍又從水路登岸。」（《大孤山》）

就在這年，柏衛在西街辦起了一所男子小學，叫做基督教培英小學，校址設在牧師府的院裡。牧師府是柏衛建起的一座四合院，青磚灰瓦，木架結構，黃土圍牆。後院是果園和菜園。前院也稱上院是牧師府，正房五間，東西廂房各有三間，作為員工宿舍和廚房、庫房。上下院中間築有花牆，下院建房二十餘間，學堂便設立於此。校長是柏衛，教務主任是中國人王景安，男教師五人，音樂課由夫人米娜擔任。同時，柏衛、米娜還兼任崇正女校的老師。培英小學初期只招男生，後來男女兼收，學制一至六年級，學生約二至三百人。

從此，孤山東有女校崇正，西有男校培英，孤山的孩子無論男女、貧富都有了平等受教育的機會，而且，窮苦人家的孩子上學是免費的。

六

一九一〇年，柏衛夫婦帶著小兒子艾爾林（Erling Bolwig）回丹麥度假。

那時，艾爾林才五歲，由於生在孤山，王國是一個遙遠的童話。聽說，一下子要回丹麥去，奔馳的火車、乘風破浪的輪船，碼頭的「美人魚」，還有，只在照片上見面的兩個哥哥，快樂的像一隻要衝出樊籠飛上藍天的小鳥。

柏衛夫婦有四個兒子，艾爾林是最小的一個。一八九七年春天，長子兩歲，不幸夭折，埋在孤山腳下。寄託在丹麥朋友家的阿格和克努德是次子和三子。

七十餘天後，結束了海上的漂泊，柏衛一家人在歐登塞團聚了。別後的兩個孩子都長高了，阿格十四歲，克努德十一歲，小哥們一見面，歡喜得雀躍起來。可是，叫哥哥抓耳撓腮的是，小弟弟說的漢語他們一句也不懂，自然，哥哥說的國語艾爾林也是不知所云，但他們依然快樂著。不到一年的光景，艾爾林和哥哥在一起玩會了丹麥語。同時，趕上了阿格的堅信禮。所謂堅信禮（Confirmation），即堅定信仰之意，是基督教的一個重要的儀式。丹麥人的孩子一個月時受洗禮，十四歲時受堅信禮，只有如此，孩子才會成為正式的基督徒。儀式在教堂裡舉行，唱讚美詩，接受堅信禮的女孩子身穿白紗長裙，打扮的像新娘子似的。男孩子西裝革履，帥氣十足。儀式結束後，家人要聚餐慶祝。

快樂的時光總是短暫的，艾爾林戀戀不捨地離開了兩個哥哥，跟著父母又踏上了漫長的旅途。回到孤山後，艾爾林開始跟著父親學習數學和物理，跟著母親學習英語、德語以及音樂。同時，和聶樂信小姐學習動植物學。後來，艾爾林又跟著父親學習希伯來語和希臘語，這是研讀聖經的功課，因為，聖經最早是用這兩種語言寫成的。

一九一九年，由於戰爭的破壞，西伯利亞鐵路癱瘓了，回丹麥不通火車了，只能乘船穿越太平洋和大西洋。艾爾林再次隨父母回國，又有了和哥哥歡聚的日子，一晃，分別已經八年了。

在教會院裡獨輪車旁的艾爾林（1905年8月31日生於孤山），攝於1909-1910年。（圖片係尼爾斯・基爾特・柏衛先生提供）

這時，阿格在哥本哈根大學技術學院學習，克努德是一個書商的助理。

一九二〇年夏天，柏衛家裡來了兩個不速之客，需要柏衛夫婦提供幫助。他們是來自中國奉天（瀋陽）醫大的兩個留學生，一個在維也納學習Ophthalmology（眼科學），另一個在瓦埃勒研究Tuderculosis（肺結核）。

米娜夫人（右一）與兒子阿格及聶樂信小姐於孤山留影。（圖片係尼爾斯・基爾特・柏衛先生提供）

假期未盡，柏衛卻一個人匆匆而別了。因為，孤山培英學校的一個老師回哈爾濱了，柏衛要回去給孩子們代課。

這次回丹麥，柏衛夫婦讓十五歲的艾爾林留在了丹麥，以待來年入讀高中。於是，艾爾林不再跟著父母顛沛流離了。一切安頓就緒之後，米娜告別了三個兒子，登上了客輪，隨著汽笛的一聲長鳴，又開始了她的孤獨之旅。

七

一九二一年，在大孤山的北麓，出現了一座北歐風格的教堂，高聳的鐘樓和十字架，青

參加中國傳教士年度會議的丹麥人，右起柏衛、于承恩夫婦、邵若森（A. J. Soerensen）夫婦、米娜，攝於1931年。邵若森牧師曾活動於寬甸及安東教會至1949年回國。

磚圍牆，尖式屋頂，圓拱形窗子，紅色糅合橘黃色彩的牆體，在夕暉的撫摩下，給人一種祥和與安靜的感覺。堂內鋪設地板，五人坐席靠背長椅百餘條，三排並列。聖壇上鋪著地毯，正中樹立著十字架，一架風琴擺在臺上。教堂的西院是牧師府和辦公室（七間），四周有磚石圍牆，東臨教堂，西靠街道。院中栽花植卉，清靜幽雅。

在孤山的街上，人們遠遠的就可以望見教堂和鐘樓，人稱丹國樓，鐘樓內有一架大型歐式掛鐘。教堂的建築面積兩百四十餘平方米，所需資金由丹麥教會提供，柏衛負責督建。從此，孤山北關有丹國樓，西街有男人福音堂（一八九八年柏衛所建），東街有女人東教堂（一九〇五年聶樂信所建）。

每當黃昏或是清晨，孤山人都會聽到那

洪亮而悠揚的鐘聲，猶如一段樂曲，樸素而親切；又如海潮洶湧，驚心動魄，在鐘聲的伴隨下，大人們領著孩子陸陸續續地走進丹國樓。

從柏衛和米娜到大孤山的第二年（一八九七）成立孤山基督教路德會，至民國九年秋，（一九二〇），雖然，拓荒宣道曾一度遭遇挫折，但經過不懈的努力，孤山教會日臻完善，不但成立了理事會，還設立了九個分會點，莊河、東溝一帶的基督徒已達一千三百一十一人，形成了以孤山為中心輻射四周的局面。拓荒宣教的結果，令人想起了兩千年前，當耶穌出來傳道時，誰曾料到，一個木匠的兒子和幾個沒什麼文化的門徒，竟然改變了人類的歷史呢？

孤山基督教路德會理事會

一	柏衛	男	丹麥人	理事兼牧師
二	聶樂信	女	丹麥人	理事兼傳道士
三	卜士溫	女	丹麥人	理事兼傳道士（Nanny Brostrom）
四	陳樂實	女	丹麥人	理事兼傳道士（Astrid Poulsen）
五	夏德慧	男	中國人	理事兼牧師
六	宋占一	男	中國人	理事（崇正女校醫生）
七	李海天	男	中國人	理事

孤山基督教路德會分會點（團契）

會址	駐會傳道人	傳道人	信徒人數
莊河縣官衙街路德會	范桂成	二人	一五六人
莊河縣青堆子鎮七九五號	劉太和	二人	一二一人
莊河縣王家溝自主教會	吳煥新		六十人
東溝縣龍王廟街教會	姜成一	二人	六十四人
東溝縣北井子鎮三十六號	劉長相	二人	六十人
東溝縣黃土坎鎮教會	姜成一	一人	二十人
東溝縣馬家崗鄉夏家屯教會		一人	二十人
東溝縣孤山鎮西街教會	柏衛		三五〇人
東溝縣孤山鎮東街	聶樂信		四六〇人
其中，莊河縣信徒			三三七人
合計			一三一一人

（《縣教志》）

八

一九二九年一月，西伯利亞之夜。

一列火車在冰雪覆蓋的原野上緩緩行駛，所有的景色都被黑夜掩蓋了，只有呼嘯的北風席捲著茫茫大地。這是西伯利亞最冷的季節，車廂裡的暖氣似乎被風颳跑了，嚴寒中有一股淒涼、孤寂，令人想起這裡是流放之地。

車窗下一個裹著頭巾的女人，兩眼流露著憂傷的神情……

這次回丹麥之前，小兒艾爾林來信說，丹麥出現經濟衰退，做書商助理的克努德失業了，生活陷於窘迫，需要家人的經濟支撐。同時，阿格和妻子準備移民阿根廷布宜諾賽勒斯。一年前，在阿格與瑪麗（Mary）結婚時，米娜和柏衛仍在孤山忙於工作，也沒能回去參加婚禮，至今還沒見兒媳一面，想起這些，做母親的心裡有一種說不出的愧疚。這次休假，又讓她感到虧欠孩子的是，柏衛由於工作纏身，放棄了休假，讓她一個人回來了。寂寞而漫長的旅行，米娜已經有些習慣了。九年前，夫婦倆一起回丹麥休假，轉眼，和兩個兒子已經闊別快十年了。可是，假日未盡，柏衛又一個人先行了。這回，最讓米娜牽腸掛肚的是，在她返程的前一天，克努德在柏林一家醫院做了胃部手術，而且，一個月後還要二次手術。米娜連夜趕到柏林，含著眼淚和兒子依依惜別。想著想著，有些黯然神傷。忽然，從她的心底流淌出來一曲音樂，那是在海勒魯普（Hillerup）公寓的一個夜晚，她彈著鋼琴，克努德吹著長笛，深沉、淒婉，翩然遠逝……

艾爾林在丹麥高中畢業後，來孤山探望父母，攝於1924-1925年。
（圖片係尼爾斯・基爾特・柏衛先生提供）

在火車的轟鳴聲中，天空飄起了雪花。米娜又想起了十年前，五歲的艾爾林，跟著爸媽第一次坐火車穿越西伯利亞，孩子就像一隻快樂的小鳥，唧唧喳喳地叫個不停。

火車在遼闊大地飛馳，車窗外的風光彷彿看不完的畫卷徐徐展開，一望無際的大草原，奔騰的野馬，一片片的白樺樹，古樸的小木屋，溫柔碧綠的湖水，一平如鏡……

當火車在一個月臺停下來時，艾爾林衝著車窗驚叫起來：「蝴蝶！蝴蝶！」果然，有一隻蝴蝶，渾身泛著淡藍色，翅邊是雪一樣的白色，不停地顫動著，也許飛得太疲勞了，要停下來歇一歇，像一片薄薄的樹葉貼在玻璃上。

兒子問：「媽媽，西伯利亞這樣寒冷，它怎麼過冬啊？」

媽媽說：「冰雪會把它包裹起來的。」

「那樣不會凍死嗎？」

「不會的，孩子，冰雪消融的時候，它還會飛起來的。」

「啊！媽媽，那不是復活嗎？」

「是的，復活，這就是西伯利亞蝴蝶啊！」

……

一月三十日，米娜回到了孤山。

這時，米娜才知道，她在路上的第四天，她又失去了一個兒子——克努德（一八九九—一九二七）永遠地離開了這個世界。

米娜伏在桌子上輕聲地啜泣著，心中默默地祈禱……

九

一九二九年二月，孤山教堂裡人頭攢動，佈道人是來自北平的中國著名牧師王明道（一九〇〇－一九九一）。

王明道生於拳亂之際，當時，家人躲藏在北平西什庫教堂，牆外是密密麻麻的大刀長矛，嚇得父親懸樑自縊了。就在此時，王明道呱呱墜地了，接生的外婆給他取了個乳名叫鐵子。未曾想，日後的鐵子人如其名，一生鐵骨錚錚，威武不屈。從一九二〇年代初，王明道便開始了講道生涯，足跡遍佈二十幾個省，很多人聽了他的講道，受洗歸主了。

王明道在孤山講道，對於時下東北教會出現的「混沌」和「荒涼」之現象，放膽直言，彷彿一聲號角，令人驚醒和振奮。當時，他三十來歲，瘦骨嶙峋，卻透著一種山核桃般的堅硬。（王明道自傳《五十年來》）

在王明道來孤山之前，挪威女教士孟幕貞——瑪麗蒙遜（Marie Monsonm，一八七八－一九六二）也來孤山開展了多次多人參加的佈道。這位挪威小姐有著傳奇性的故事——在拳亂之

丹麥、中國傳教士合影：前排丹麥卜斯溫（Pallesen）、柏衛、米娜、陳樂實（Astrid Poulsen）；後排中國傳教士（拍攝時間不詳）。

後，用世俗的眼光來看，西方傳教士恐怕就此和中國大陸永別了。

一九〇一年九月一日，上海，人們看到一艘大船在港口登陸。

「一位挪威的年輕小姐從甲板上跳到了中國的土地上。她就是瑪麗蒙遜Marie Monsonm。在這個新浪潮裡，她是第一位，她用信心藐視著中國過去發生的事。她來中國的全部意圖就是要把福音的使命完成，服事這個國度」。（《天上人》保羅・海特維）

瑪麗隻身來華，年方二十四歲，一九一〇年，她在河南的南陽，創辦了一所德育女子小學。

她的身材十分嬌小，內心卻十分強大。在孤山佈道時，她講了一段海上奇遇——

有一年的春天，瑪麗從天津坐船去山東，在接近海岸時，突然，響起了槍聲，混在旅客中的一群土匪開始了搶劫，他們把旅客都趕出船艙，站在甲板上逐個搶劫。

瑪麗穩坐艙內不停地禱告，土匪喊她出艙，她也不理睬，還是禱告。土匪要她的手錶，槍口銜著她，瑪麗很鎮靜，她對土匪說，任何武器對我都不能生效，這一直是上帝對我的承諾。說話間，她還向土匪散發福音小冊子。二十餘天後，軍艦追蹤而至，劫匪繳械了，瑪麗和旅客獲救了。（老邏輯《上帝勸戒海匪》）

人們以驚訝的眼光端詳著這位嬌小的女人，她竟然在土匪面前毫無懼色，從容地散發福音小冊子。也許，這就是所說的「神能在風浪中給人安靜」吧！

十

一九三一年九月十八日，一宵烽火，失地千里。由於日本的入侵，經濟凋敝，失業嚴重，民不聊生，土匪蜂起，甚至於「遍全國無一省沒有盜匪的，一省之中，又無一縣沒有盜匪的，一縣之中，又無一鄉鎮沒有盜匪的」（池子華《流民和近代盜匪世界》）。因此，中國被西方人稱為「土匪王國」、「盜匪世界」。

那時，大孤山是莊河第一大鎮，碼頭就有五座：碴子、擺渡口、興盛、雲德和洋碼頭。商

岫岩縣政府派出保衛教堂的士兵，攝於1932年7月。

號林立，有長豐德、振豐號等二百餘家。商業的興盛，帶動了其他行業，如木匠鋪、皮鋪、染坊、絲廠、繭站，皮革廠、油坊、豆腐坊、照相館等，可謂商賈雲集，買賣興隆。由此，孤山便成了土匪眼中的一塊肥肉。

一九三二年十月二十六日，孤山鎮來了一股「紅鬍子」（土匪），黑壓壓的一片，有上千號的人馬。早年東北土匪一般都用土槍，平時槍口堵一木塞，那上頭繫著紅纓。當要射擊時，便將木塞咬在嘴上，遠望就像長了一縷紅鬍子，所以，人們就叫土匪「紅鬍子」，或者「鬍子」。

當時，孤山鎮有圍壕，東起高麗城山，西至二道溝，北至山牙口，方圓二十餘里，水深沒人，壕外有鐵絲網圍牆，易守難攻。駐守鎮內的是偽安奉警備軍屬下的（安奉地區）三個團，頭頭是少將警備司令李壽山（一八九一－一九五四），他是大孤山李家臥龍屯人。李壽山以安奉地區警備司令的名義，頒發佈告，聲稱前來騷擾的隊伍是「擾害地方，蹂躪人民，苛苦於民，坐地抽捐的土匪」。

「鄧匪之輩不除，民眾之困苦無已，望各民眾，勿再執迷不悟，務期早將該輩肅清，民眾早得太平」。

「倘敢故違吾言，與其暗通聲氣，或私擅供給贓物與藏匿不報等，一經查覺，決不姑息，並其家屬同負連帶關係」。

為了增強防禦，守軍拆毀了孤山的魁星閣，修築了炮臺。雙方幾次交火後，呈現膠著狀態，攻城的進不來，守城的出不去，「一直圍困二十八天，鎮內糧草不濟，人吃豆餅，馬吃白菜。」（網路〈遼東地區大漢奸李壽山〉）

十一月二十四日，大霧彌漫。「鬍子」藉著濃霧的掩護，用大刀砍開鐵絲網，向鎮裡突進。一時間，兩相交戰，槍聲大作。這時，在丹國樓、東教堂，柏衛和聶樂信分別帶領男女教徒祈禱上帝。從孤山被圍困那天起，就開始禱告，直至禁食禱告，祈求神的大能，護佑百姓，化險為夷。同時，他們擔負起傷患的救治。教堂的鐘聲依然鏗鏘有力的響著，彷彿在撫慰著恐慌不安的人們。

晌午，霧散天晴了。「鬍子」暴露在激烈的炮火之下，日軍天野部隊從岫岩趕來解除了包圍。

教堂裡徐徐響起風琴聲，接著，讚美天父的歌聲如山泉緩緩流淌，神秘而悠遠。

注：對於土匪襲擊大孤山，丹麥作家吳坤美女士在《三育中學校》一書中，亦有記載：「一九三二年又有三百名土匪襲擊大孤山，他們對城市控制了達一周之久，到處綁票，其中有些被綁的人還被虐待致死。日本人來清剿他們，發生了激烈的戰鬥，很多土匪被擊斃，剩餘的土匪逃離了這裡。」另，吳坤美書中所稱的「土匪」本文中的「鄧匪」即鄧鐵梅（一八九三－一九三四）游擊隊。一九八八年，中國政府追認鄧為抗日革命烈士。

十一

一九三三年夏，柏衛夫婦搭上由上海始發的德國客輪，經由義大利的熱亞那，在六月十八日這天，到達了哥本哈根港，開始了休假生活。這次回家，讓柏衛夫婦十分愉快的是，小兒子艾爾林完成了大學的神學專業，並按立為牧師，在哥本哈根的Elsers Kirke教堂由主教奧斯騰菲爾德（Aosifeierde）

艾爾林和他的中國朋友，攝於1924-1925年孤山。
（圖片係尼爾斯・基爾特・柏衛先生提供）

主持儀式。

在莊嚴肅穆的氣氛裡，當奧斯騰菲爾德主教的手按在艾爾林頭上的那一刻，柏衛激動的熱淚盈眶，Bolwig家族的第三代牧師誕生了，在基督徒的眼裡，這是上帝的揀選和恩賜。參加這一儀式的除了柏衛、米娜一家人，還有艾爾林的未婚妻安娜英格（Anna ingeborg Veien）小姐。早在一年前倆人訂下了婚約，結婚典禮的日子也為期不遠了。這對柏衛夫婦來說，是一個美麗的假日。五年前，兒子阿格舉行婚禮時，柏衛夫婦身在中國。這次，可以和孩子一起共度幸福時光了。

茨韋斯泰茲教堂響起了《婚禮進行曲》，這是一九三四年的一個夏日。

西裝筆挺的艾爾林挽著一襲白紗的安娜英格，在新娘的哥哥英斯楚普教區的牧師Osvalb Johannes Veien的主持下，進行了新婚典禮。聯姻的兩家在當地也算是名門望族了，新娘的父親克里斯滕（Christen Eskildsen Veien）曾任茨韋斯泰茲和烏格比郡兩地教區的主要官員，而且長達十六年之久，還多年擔任過丹麥西北海岸的救生船隊的領導。而柏衛家族三代牧師，新郎艾爾林時為日德蘭半島東部霍森斯Klostsrkirken教堂的牧師（之前在哥本哈根西北小鎮Fredeiksvaerk）。此外，Elsers Kirke教堂主教Aosifeierded的妻子Karen是柏衛的表親。如此的聲譽和人脈，自然有許多的至愛親朋前來祝賀。

教堂裡人頭攢動，前來的親朋好友也想借此機會和久違的柏衛敘敘舊情。但是，沒有看

柏衛、米娜夫婦與小兒子艾爾林，攝於1933-1934年。
（圖片係尼爾斯・基爾特・柏衛先生提供）

到他的身影，只有夫人米娜。聽說，柏衛先生又一個人提前回大孤山了。

三〇年代出現了全球性的經濟蕭條，失業浪潮像野馬似的一路狂奔。經濟的衰退，使海外傳教事業受挫，特別是中國這樣積弱積貧，又陷入戰爭的國家，沒有海外基督徒的捐助，教會是難以生存的。所以，柏衛利用這次回丹麥休假開展了募捐活動。一天到晚四處奔波，舉行了數次報告會，講述日本侵佔東北所帶來的經濟衰敗以及大孤山教會的困境。終於，柏衛募捐到手了一筆資金，於是，迫不及待地趕回了中國。

一九三四年八月，米娜的假期已過，她從漢堡搭上客輪，同行的還有一隊傳教士，一路上聊天、禱告和禮拜，不再有西伯利亞之夜的寒冷和寂寞了。

在大連港，柏衛迎接了妻子，然後，夫妻一起返回大孤山。

十二

一九三七年八月三十一日，深夜，孤山街上的狗狂叫起來，被驚醒的人，隔著門縫窺望，山上燈籠火把，人影幢幢。天一亮，一個驚人的消息像一陣風似的颳遍了孤山——「柏衛被土匪綁票了！」——有幾個土匪冒充日本員警把柏衛綁架了。

柏衛已是古稀之年，掉到土匪手裡不死也要扒層皮的。再說，土匪是殺人不眨眼的，勒索不到錢財會「撕票」的。

西方傳教士自從進入中國後，就成了土匪眼中的獵物，綁架洋人叫做綁「洋票」。土匪以為洋人都是富豪，可以獅子大開口，要錢、要槍、要金表、要煙土，等等。同時，還可以要脅當局收編招安。

三十年代初，紅軍某部「有一次抓了兩個比利時傳教士當人質，讓國民黨當局用錢和藥品來交換」。（中國陽新縣政府網：〈彭方復少將〉）。

方志敏部曾經綁架美國傳教士師達能夫婦，索要巨額贖金二萬元，被夫婦二人拒絕。一日

1937年10月，被解救後的柏衛。

早晨，師達能夫婦被砍頭，撇下了才出生兩周的女兒海倫。

「一九三三年四月的一天，當時正在大孤山行醫的艾倫・尼爾森醫生被人叫去出診，當他一走出醫院大門時，就被兩名土匪綁架，劫持到山中土匪的老巢，在那裡被扣押了半年，直到土匪得到了贖金才將他釋放。」（吳坤美《三育中學》）

同年春季，岫岩西山醫院的院長丹麥人甯乃勝遭到土匪綁架，以至拘禁了一九六天（一九三三年四月十一日－十月二十五日）。

柏衛被綁架報告官府後，軍警便開始了通緝追拿。但是，土匪多如牛毛，又憑著山高林密，東躲西藏，官兵往往被牽著鼻子走。幾經周旋，最終，日本人交給了土匪兩萬元中國貨幣的贖金。一九三七年十月十六日，日本人在岫岩野外的一個窩棚裡見到了柏衛。

柏衛在土匪的山洞中度過了四十六天，「在被羈押期間，他很高興有機會向劫匪們宣揚福音」。（《大孤山》）

最後，柏衛被送進了岫岩西山醫院，這是丹麥人所建的基督教醫院。經過倪樂聖（Marie Nielsen）院長的康復治療，時不多日，在一個禮拜天，柏衛和米娜坐著一輛軍車回到了大孤

1946年回國前夕，柏衛夫婦（正中）在大孤山教堂門前與中國教徒合影，錦旗上的字為：「是我良牧」。

山。很多人手捧著鮮花聚集在路口，柏衛夫婦下車後，大家簇擁著一起步入教堂。柏衛走上聖壇，帶領大家一起祈禱，柏衛的平安，是上帝的榮耀：雖曾身陷匪巢，但卻在上帝的手中。

夕陽西下，孤山籠罩在一片霧靄之中。低沉而洪亮的鐘聲，在空中震盪、迴旋……

十三

一九三八年，柏衛從匪巢脫險的次年，人們又看到他騎著腳踏車的身影。多少年來，他總是騎著車子來往於崎嶇的山路上。只有去岫岩縣時，才能坐上「三頭騾子拉動的兩輪車，要走一天半

柏衛夫婦等幾名丹麥傳教士於離別中國之前夕（1946年）。

才能到達」（《大孤山》，下同）。但也有一次去安東市卻是騎車子，參加于承恩牧師的葬禮（一九三二年九月九日），因為那天沒有渡輪，所以，只好騎腳踏車了。拂曉出發，兩百幾十里的路程，趕到安東八道溝基督教墓地，六十六歲的老人已是疲憊不堪了。「一九四〇年六月，他在去往鄉下教區的時候，在安東至大孤山的路上，不幸摔下腳踏車，後送往安東丹國醫院接受了為期一個月的治療，出院後他不得不拄著拐杖回家。」

國共內戰爆發後，「柏衛很遺憾的一件事就是不再允許他走訪所有的小山村和小的傳教點。戰期不允許在教堂或學校進行傳教。」

一九四五年八月十五日，日本投降了，隨之，共軍接管了大孤山。從十一月十二日開始有三十名士兵進駐在教會的院子裡，教堂被佔領了，教會的學校也被共軍接收了。

一九四六年五月，柏衛和米娜踏上了艱難的回鄉之路。

從孤山啟程，坐馬車來到了安東。安奉鐵路（安東至瀋陽）原本是複線的，但被蘇軍作為戰利品拆走了一線，只剩下單線了。加之，內戰烽火蔓延，火車時常停運，何時能趕上火車成了羈旅之愁，柏衛夫婦在一家旅館住了下來。

安東火車站是日本人的建築，一座兩層的木頭房子，安東人叫票房子。從票房子出來，過馬路西是日本賓館，一年前這裡住著「老毛子」——蘇軍衛戍司令部。雖然，蘇軍已經撤走了，但混亂沒有消除。

柏衛夫婦下榻的旅館就在江邊，從窗戶可以看見湛綠的江水。柏衛和外德勞曾經一起順著這條江，北上考察。五十餘年了，恍如昨日，時如流水，春去秋來，漂泊已經到了最後一站。五年前（一九四一年十月），小兒艾爾林來信說，又有了第三個兒子莫根斯（Mogens Conrad），柏衛夫婦已經有三個孫子了。此前的兩個孫子，大孫子是一九三六年八月十四日出生的尼爾斯・基爾特（Niels Geert），第二個是一九三七年九月六日出生的卡斯滕（Carsten）。還有一個小孫女出生於一九四六年三月十一日。幾個小孩從呱呱墜地到咿呀學語，帶給大人的喜悅，是人生不可或缺的愉悅，然而，應該享受孫兒繞膝的兩位老人卻一直奔

1908年在鳳城召開會議的丹麥傳教士，前排左一于承恩夫婦，右一柏衛夫婦，二排右一聶樂信小姐。

波於異國他鄉。

在安東等了三個月的時間，也沒能擠上火車，最後，搭乘了一輛去往瀋陽的汽車。可是，跑了一段路便拋錨了。因為，炮彈炸壞了公路，只能坐馬車了。一路上餐風露宿，好不容易趕到了瀋陽。又等了十幾天後，搭上了飛往北平的客機。從孤山啟程，算起來一百多天了。終於，走出了狼煙四起的東北。

北平，一九四六年九月十六日，夜晚，米娜燃起了生日蠟燭，輕聲地唱起了生日快樂，祝賀柏衛在中國大陸的最後一個生日——八十華誕。

從北平乘飛機來到了上海——五十年前遠東之旅的第一站，就像一出跌宕起伏的戲劇之序幕。令人激動的是，在上海機場迎候

1946年10月5日，柏衛和米娜乘坐安斯家號飛機抵達哥本哈根機場。前去迎接的有兒子艾爾林（右）和五歲的孫子莫斯根以及日德蘭教區牧師。
（圖片係尼爾斯・基爾特・柏衛先生提供）

這些海外赤子的是丹麥和挪威的傳教團體租下的「安斯家」號專機，同機的傳教士有十五位丹麥人和二十一位挪威人。

飛機在藍天上飛翔，柏衛從舷窗凝視著蒼茫的大陸，心潮如狂風掃過海面，激蕩不已：這是一個烽火不息的國家，連綿不斷的血腥和混亂，漫無邊際的貧窮和愚昧，鴿子啊，何時才能為這個不幸的民族銜來一枚橄欖綠葉……

飛機經由印度、阿拉伯以及埃及，在埃及停機時，柏衛夫婦和大家一起遊覽了金字塔，體驗了騎駱駝的滋味。

一九四六年十月五日，哥本哈根

機場：鬍鬚花白的柏衛，米娜依偎著兒子艾爾林，他和父親一樣的魁梧，臉上洋溢著重逢的喜悅。

五歲的莫斯根，兩隻眼睛露出驚奇的目光，這是柏衛夫婦的最小的孫子。在他們的身後有一架白色飛機停降在那裡，那就是「安斯家」。

這是柏衛和米娜結束了異鄉五十餘年的動盪生活，回到了丹麥的歷史定格。

附記

一九四六年，柏衛夫婦回丹麥後，小兒子艾爾林為父母在Tulstrup Rectory提供了住所，在這裡度過了他們人生的最後時光，陪伴他們的有兒子、兒媳、三個孫子和一個孫女。一九五一年四月三日柏衛辭世，享年八十四歲。一九六〇年五月十四日，米娜走完了九十三歲的人生，夫婦倆都安葬在日德蘭半島奧爾胡斯西部三十公里處的楚爾斯楚普教堂公墓裡。

做夢也想不到的是，這篇〈人生五十年——記柏衛和米娜〉的素材提供，竟然是當年在機場迎接父母的艾爾林的兒子——柏衛的大孫子尼爾斯・基爾特・柏衛（Niels Geert Bolwig）先生。

二〇一〇年夏，我去孤山採訪時，教會執事李芳女士對我說，五年前，柏衛（Conrad S.Bolwig）的大孫子和妻子來過孤山，並且送給教會的一本老照片，裡面都是柏衛夫婦在孤山的留影。當時，我想如果能聯繫上這位小柏衛先生就好了。

二〇一二年五月，我陪同丹麥友人八十五歲的包愛光（Niels Geert Bolwig）女士（一九二七年生於安東，父親包樂深Anders Aagaard Poulsen曾在孤山、安東任教））遊覽大孤山時，說道我寫作的事情，很想聯繫柏衛的孫子尼爾斯・吉爾特・柏衛子，包愛光非常爽快，她說回丹麥後就去找他。由此，我的寫作出現了柳暗花明。

下面是包愛光女士和小柏衛先生的來信——

親愛的鴻路：

收到您的信，很感謝。我也高興見到你，我們一起渡過了一段美好的時光。我和柏衛的大孫子（Rev. Bolvigs oldest grandson—的大孫子）尼爾斯・基爾特（Niels Gert）聊過了，他願意幫您提供祖父母（柏衛和米娜）的相關資訊，但他說他現在身體不好，但不太要緊，你可以和他聯繫，電郵：***@privat.dk.A

包愛光（Niels Geert Bolwig）
二〇一二年六月

親愛的鴻路：

謝謝你發給我的郵件。但是因為我哥哥Carsten在七月十四日去世了，而我妻子二〇一二年又病得很重，所以我確實沒有時間給您回復。但現在我真的有一份珍貴的資料要給你。這份珍貴的資料〈在安東大孤山的柏衛和米娜（一八九六—一九四六）〉，這是我在二〇〇五年八月二十三日完成的，我把它以附件的形式發送給你。如果你在中國出版了你的書，請在書中說明這些內容的來源，並附上我的名字。我寫了許多關於這一段的歷史，我還打算以後以後對它們進行修定，但這些還都沒有實現。

二〇〇五年八月三十一日，當我的父親艾爾林一百歲生日的時候，我回到了大孤山。
最後祝你對東北地區丹麥教會的研究工作進行的順利！願上帝保佑你！

柏衛和米娜的孫子：Niels Geert Bolwig（尼爾斯．基爾特・柏衛）

二〇一三年一月六日

包愛光老人在杏園與孤山教會人員李芳、李洪全合影，背景即大孤山。
作者攝於2012年5月。

最後的守望者

記聶樂信（Marie Ellen Nielsen）

丹麥女教士艾倫・尼爾森（Marie Ellen Nielsen）小姐，漢語名聶樂信，1898來大孤山，六十二年後，即1960年安息於此。本圖引自美國南加州大學。

一

孤山的春天，要比別的地方早些，這是南臨黃海，海洋暖濕氣流北上，被山巒所滯的結果，所以，孤山的杏梅的開花總是在春暖乍寒之際。

沿著彎曲迂回的小巷，走過低矮的黃土泥牆，枝枝杏花橫臥牆頭，微風吹過，潔白柔順的花瓣散落在頭和肩上，令人一種春情綻放的愉悅，「凌寒俏枝頭，獨豔引春來」，詩人喻之為「北國春天之魂」。令人驚奇的是，這「春之魂」竟然來自遙遠的童話王國丹麥。

孤山東麓，也叫小東山，有許多丹麥人的老房子，風風雨雨，歷經百年，有的坍塌，有的搖搖欲墜，有的變為民宅，有的淪落到土豪手裡，還有的被劃歸「軍事版圖」，無可奈何花落去了。

小東山之巔有一棟二層樓，坐北朝南，青磚到頂，屋簷下磚砌的一圈圖案卻別有一絕，彷彿一個女人頸上的美麗項鍊。

這是一棟教士樓，有多少人來過這裡，有多少傳奇的故事，都已隨風而去了。唯有杏梅年年盛開，每當此時，人們就會想起一個丹麥女人，她的漢語名字聶樂信。

杏梅，是聶樂信從丹麥帶來的黃杏，起初是作為盆景欣賞的。後來，與本土的山杏嫁接，

百年前丹麥人所建的孤山禮拜堂，鐘樓拆除，堂改民宅（1968），唯有丹麥人培育的杏梅依然不敗。作者攝於2016年春。

移栽於堂前庭院。誰曾想，幾年後，一枝獨秀，香飄千里，房前屋後，杏花如雲。

《東溝縣誌》記載，「民國七年（一九一八）由丹麥傳教士聶樂信自丹麥引入幼苗五六株，植於魁星樓南園，四、五年後結果。果大，果味酸甜適口。一九二六年，在孤山普遍栽植，樹勢健壯，自然開張。七月中旬成熟，果面呈黃紅色，核小肉厚，果肉細而多汁，鮮食加工皆宜。」

魁星樓始於清朝（一八六二），在孤山前東南端的小山包上，傳說風水先生認為，此乃孤山的鰲魚頭部，魁星樓屹立於此有「獨佔鰲頭」之意。漢族民間傳說魁星是主宰文章興衰的神，包公就是魁星下凡。魁星的形象是赤髮藍面，右腳獨立，左腳後蹲，左手抱一隻墨斗，右手執一管毛筆。大凡讀書人都來魁星樓燃香叩拜，祈求科舉榜上有名。

魁星樓南園，也就是丹麥人的寓所了。據說，栽在南園的杏梅最好吃，含有一種涼絲絲的薄荷味兒，令人神清氣爽，怡情悅性。

孤山老人王實厚（一九三四年生，住孤山東街七組）回憶：每當杏梅熟了，有些杏子掉落在地上，教堂的教友、農工園工，大人小孩，誰也不去撿拾，都由聶樂信拾起來，裝在小筐裡，一家一家的送給孩子吃。

如今，孤山杏梅已到了孫子輩、重孫輩了，從庭院到杏園，大約已有七千餘株。每當杏梅成熟時節，買主雲集孤山，門庭若市，根本不用肩挑手提，沿街叫賣，而在街上兜售杏梅的大都是「冒牌」而已。

從幾株幼苗到遍佈孤山，彷彿一粒渺小的種子長成了參天大樹。前人栽樹，後人乘涼。，杏梅已經成了孤山農家的搖錢樹。

當年栽樹的丹麥人早已如凋謝的花瓣冷落成泥了，但是，善良的人總是有記性的。

注：關於孤山杏梅，《東溝縣基督教志》記載（姜振芙編纂，以下稱「縣教志」）：「柏衛牧師於一八九六年來到孤山，擇地建房，在原西關九聖祠地址，建一四合上下院，青磚灰瓦，木架結構，四周築黃土圍牆。後院為果園和菜園，著名的孤山大杏梅由柏衛牧師從國外移植園中，發展至今天。」目前地方誌孤山杏梅由丹麥傳教士引入，大都冠以聶樂信之名。

圖片右數第一人聶樂信小姐，在她身旁的是丹麥牧師柏衛（Conrad S. Bolwig）先生，左第一人係其夫人米娜（Minna Hass），第二位女士係丹麥教士郭慕深（Karen Gormsen）小姐，安東基督教女子醫院及育嬰堂的創立者。（攝於1910年，大孤山，DMS）

二

晚秋，毛絨絨的蘆花，漫天飛舞，素潔、淡雅、柔順，飄逸，天地間白茫茫的一片。

在黃海北岸的一條路上，奔馳著一輛帶蓬的馬車，一匹黑色的高頭大馬，飄散著長長的鬃毛，車裡坐著一位金髮女郎，修長的身材，一襲白裙，就像童話裡的白雪公主，長睫毛下的一雙眼睛，閃著藍寶石般的光芒。

她眺望著一望無邊的葦蕩。渺茫的天際，隱約有一條蔚藍的綢帶在飄動。車夫說，那就是黃海，幾年前，那裡發生過一場慘烈的海戰（甲午海戰）。

她來自遙遠的丹麥——艾倫・尼爾森，克斯蒂娜・瑪麗亞（Nielsen Ellen Kirstine Marie），尼爾森，是她的姓，朋友和親近的人喜歡叫她艾倫，或者瑪麗婭。

一八七一年七月十七日，艾倫出生於西班牙巴依尼卡Bregninge Holbæk，其父母系丹麥籍僑居西班牙的基督教信徒。父親Nielsen Jørgen（一八三六－一九〇〇）是一個喜歡嗜酒的煙囪清掃工，還是一個農場工人。母親Jensen Maren Kirstine（一八三七－一八九〇）來自德國一個貴族家庭，後來衰落了。艾倫是六個兄弟姐妹中最小的一個，生下月余，母親抱著她，在父親的陪伴下，受洗於當地基督教堂。不久，隨家遷回丹麥。少時因家貧，以賣唱、做工助讀。一次幫工鍘草，不慎切掉兩個手指。只因聰明好學，不畏困苦，終以優異成績畢業於護士專科學校。（《在滿洲丹麥宣教士業績》弘報資料第九十九號）

一八九〇年，她參加了基督教女青年會（KFUK），期間幫助Thora Esche開展在「墮落的女性」中的救助工作。一八九三年，艾倫向女青年會提出要做一名去海外佈道的女教士，還有一位女性志願者叫卡特琳・尼爾森（Kathrine Nielsen）。於是，該會便把這兩位女青年的想法報告了向海外差遣宣教士的丹麥基督教差會（DMS）。得到的答覆是，在尚未接受深入的教育之前，暫且無法批準。於是，在KFUK的支持下，艾倫考入了扎赫勒學院（Zahles）。一八九七年畢業後，再次要求去海外宣教。第二年，差會決定差遣艾倫和卡特琳同赴中國，由此，她倆成為KFUK走向海外的第一批女性傳教士。

一八九八年四月二日，艾倫和卡特琳從哥本哈根港乘船穿過英吉利海峽，遠渡大西洋，漂泊了五十餘日，最後，停泊於上海。然後，輾轉旅順。當時由於俄軍佔領旅順，人心惶惶，所以，即便是兩年前開始在旅佈道也是步履維艱。因為，那時旅順尚在日軍之手，再追溯兩年——一八九四年，恰是日軍屠城旅順之時。十一月二十八日《紐約與世界》報導說：「旅順的日軍從攻陷旅順的第三天開始，連續四天殺害了六萬非戰鬥人員，其中有一部分是婦女和兒童……」

當時，丹麥紅十字會護士約翰・古一丹Caroline（Karoline）Knudsen小姐來到旅順口，目睹清兵傷亡慘狀，請求朝廷准許參與救護，但被清廷官員拒絕。

古一丹回國後，她把日本人外表文明，實為禽獸的暴行和清國的腐敗以及低劣的醫療條件報告了丹麥基督教差會（海外佈道組織）。由此，丹麥差會加大和增派了傳教士奔赴中國。

當時，旅順易手俄軍，虎去狼來，依舊是殘垣斷壁，血雨腥風。於是，艾倫從旅順坐上了一掛馬車，曉行夜宿，顛簸了八天，十一月十五日，來到孤山西街的一家診所，這是先行者丹麥牧師柏衛Conrad S. Bolwig和夫人米娜Minna Hass在中國的家。

從此，艾倫小姐成了西街診所的護士，由於診所來了女大夫，看病的女人日漸增多，有時一天近百餘人，幾乎門庭若市。也許，從這時開始，人們叫起了艾倫的漢語名「聶樂信」，她還有字：玉銘。

後來，聶樂信從西街搬到了東街，這有一片低山丘陵，人稱小東山。由此，她和柏衛一東一西，攜手合作，著意把孤山這一帶開墾成上帝的一片沃土。

三

一九〇三年四月六日，凜冽的北風停止了呼嘯，小草從殘雪中探出了頭，山坡上漸漸的有了星星點點的綠色。

孤山的東街聚集了一些人，圍繞在幾間新房子前看熱鬧。這一天，是基督教崇正女子小學開學的日子，校長是聶樂信小姐，教師有柏衛和米娜。還有一位教漢語的中國人楊老師。學生是聶樂信在當地收養的三個女孩，一個女孩叫姜寶珍，她的父親是孤山最早的基督徒，「一九〇三年以前，一位賣香的人受洗，他姓姜，他就是大孤山有名的姜寶珍的父親」。（丹麥作家吳坤美Estrid Nielsen《大孤山基督教會簡介》）另外，兩個女孩是流落街頭的孤兒（劉芝蘭，另一女孩不詳）。

從前，孤山只有私塾，如今有了洋學堂——這是破天荒了。女孩子上學，更是稀奇事。第二年，又有了四個女孩入學，都是基督徒人家的孩子。雖然免費上學，鄉下人也是敬而遠之。在國人的眼裡，女人不過是男人的生育工具，一個卑賤的動物，沒有資格上學。為了破除這種落後的傳統，聶樂信手裡拿著一本聖經，去人家串門勸說讓孩子上學。她說，每個人是上帝賜給父母的禮物，在上帝面前，人人生而平等，所有的孩子，不分男女、貧富，健康與殘疾，都有受教育的權利。她發現有的女孩拄著棍子，艱難地挪動著步子，有的面色蒼白，倚牆哭泣，還有的被母親打罵，原來，她們在忍受著纏腳的痛苦。面對被纏足煎熬的女孩，沒有歡笑的兒童，聶樂信編寫了〈纏腳哭〉（聶樂信〈青年歌〉一九一四年上海美華書館，以下稱〈青年歌〉）——

白日行走扶牆，疼的飲食無心，夜半醒起呼娘，
懇求稍發慈悲，暗中脫去瘦鞋，無情打罵又來……

除了這首〈纏腳哭〉還有〈放足〉，這些歌謠道出了纏足之苦。聶樂信讓女學生走街串巷去宣唱，希望女孩子都能放開雙足，走進學校。所以，上學的條件是學生不能束腳的。

一九〇七年，女校發展為四個班級的初級小學。

一九〇八年，增設二年制高級小學。

一九一五年，開辦一年制保姆學院（幼師）。同時，附設幼稚園（幼兒園），這是滿洲第一家幼稚園。（一九一一年，上海只有兩所幼稚園，幼兒一百餘人）。

這是二十五年前難忘的一天，三個父親把三個女兒送到了學校，攝於1928年。（此圖源自聶樂信《大孤山寄宿學校》）

一九二七年，創辦女子初級中學；一九二九年發展為三年制女子高級中學。一九三〇年，又創辦二年制講習師範班。

由此，崇正女校成為了一所由幼稚園、初小、高小、師範等日臻完善的綜合性女校。幼苗已經長成了參天大樹，四面八方的鳥兒紛至遝來。從遼東半島最南端的大連到東北邊陲黑河，遍及滿洲大地，最遠的千餘里。除了安東地區的學生而外，還有本溪、瀋陽、昌圖、新民、蓋平、桓仁、臨江；吉林省的永吉、扶餘、西安等縣，黑龍江的綏化、肇東、黑河等縣以及來自朝鮮的學生。

四

自從有了女子學校，孤山的春天也喧鬧起來了。草木吐綠，野花遍地，一群女學生在草地上做遊戲。一個個額前垂著整齊的一字型的劉海兒，紺青色的衣裙，白襪子、黑鞋。紺青也稱紅青、紺紫。這種黑中微紅，青而含赤的色彩，給人一種美麗、神秘，安靜、堅毅，而且帶著青澀和童真的感覺。這叫人想起了一句詩「紺色染衣春意靜」（宋，程垓〈瑞鷓鴣〉），詩人描寫的是春天裡的一種罕見的紫茉莉。

「出其東門，有女如雲」。（《詩經・鄭風・出其東門》）女學生踏青，是孤山春天的一道靚麗的風景。孩子們拍著手，唱起了〈放學歌〉（〈青年歌〉）——

放學放學，放學歸來，路上好花開，
紅花白花隨意去採，採把母親戴。
娘說路上花開的香，不是你家的不可采。
放學放學，放學歸來，弟妹更要親愛。

放學放學，放學快活，歸來娘愛我，
兄弟姊妹同去遊戲，打球抽陀螺。
楊柳正青黃鸝鳴囀，綠草平鋪兮正好坐。
放學放學，放學快活，跳舞又唱歌。
……

除了踏青而外，還有一朵驚世駭俗的奇葩——女校運動會，這讓孤山人大開眼界：平行木、木馬、高低槓、吊環，還有自由體操，這些「洋玩藝」是一個丹麥女教師帶來的（一九二二）。她的名字是：阿斯特麗德・波爾森（Astrid Poulsen，一八八〇－一九九〇），也有個漢語名陳樂實。在她耐心的教練下，羞澀、膽怯的女孩子逐漸變得勇敢和奔放起來。她們在《女子體操》歌中唱道：「我輩年華正在青春，及早操演有用身」，「巾幗中豈無有英豪」。

女校在三十年代出現了鼎盛時期。一九三八年，在校中小學生有四一七人；十五個班級，有保姆班，國民高等和國民小學班以及幼稚園班。校長聶樂信，副校長姜寶珍主持校務工作，教務主任陳樂實。教職員十八人，其中，外籍教師有丹麥人二名、日本人二名、朝鮮人一名，中國教師十三名：

宋紹周　齊思廉　楊士魁　岳鎮世　于海天　蕭淑英　于同賓　姜惠英　蘭振亞　何維禮　于美雲　金淑忱　趙蘇生（日語）　宋占一（校醫）

這時，學校的建築面積占地七千餘平方米（十一畝左右）。從原來的幾間房子擴展到百餘間，含兩棟二層教學樓和兩棟西式牧師府樓。教室十五間，學生宿舍二十六間。此外，沐浴室、飲水室、衛生室、音樂室、體操室；校長室、事務室、圖書室、裁縫室、烹調室、運動具室、教具室、會計室、食堂等，操場兩處，實習地一處。總之。可謂校園廣闊，設施齊全。然而，三十年代的東北，已不是中華民國了，而是「滿洲國」。九一八事變後，東北淪陷了，學校也被日本人所控制。（一九三八年，基督教崇正女校已被當局改為安東省私立崇正女子國民高等學校）從一九四〇年開始，日寇加緊了對佔領區的奴化教育，推行「惟神之道」，即惟日本太陽神（天照大神）之道，宣稱太陽神是滿洲國的創始者，裕仁天皇和溥儀都是太陽神的後裔，是「現世神」，是「神在人間的化身」。規定學校供奉日本的太陽神，要求師生每天都要搞拜神活動，鞠躬「最敬禮」，如有違者，予以處罰，甚至投入監獄。但是，基督徒「篤信上帝，不拜假神」。而且，丹麥人認為，日本人強行的敬拜儀式是對校規的侵犯，因為，學校規定宗教自由。所以，要求取消敬拜太陽神儀式。

1938年，崇正初級中學第十二級學生畢業攝影紀念，自第二排左五起：陳樂實、姜寶珍、聶樂信（二十五位女學生）。

一九四二年七月三十日，陳樂實（時任校長，聶樂信主要負責崇正貧民救濟所）被當局傳到安東，宣讀了政府的決定——丹麥人開辦的學校，因不遵守敬拜儀式而被勒令停辦；陳樂實因不遵守政府的規定而被吊銷教師執照。

五

孤山東街有一棟二層小洋樓，既是教士寓所（陳樂實），也是禮拜之家，所以，又叫東禮拜堂和小禮拜堂。小樓的位置好像一把摺扇下端的紐扣，展開半圓形的扇子，東為上院，西為下院。崇正女校就在下院；東邊的高崗，也就是小東山了。

（1和2）學校大廚、（3）一個養豬的人、（4）一個磨玉米的人、（5）一個燒炕人、（6）一個什麼也不做因為他被鴉片所毒害。（聶樂信《大孤山寄宿學校》）

聶樂信就住在小東山的教士樓，由於她時常接濟一些窮人，遠近聞名，請求賙濟的窮苦人「聞風而至」。然而，杯水車薪，靠賙濟生活終不是長遠之計。聖經有訓，「主上帝把那人安置在伊甸園，叫他耕種、看守園子。」又說，「若有人不肯做工，他就不可吃飯」。勞動是神的旨意，懶惰是一種罪惡。

一九一二年，聶樂信在小東山建起了崇正貧民救濟所，收容一些露宿街頭的流浪人以及孤兒寡母，供其溫飽。「當時，工作部連張桌子都沒有。第二年增加了絲織部。」（「縣教志」）後來，逐漸辦成了一個偌大的農場，不但有耕地、葦塘，果園、菜園和牲畜、奶牛、家禽，還養了幾條漁船，下海捕魚。除了這些，還有幾所工廠。救濟所從起初提供安身和溫飽，逐漸發展為具有安排工作、技術培訓、義務教育以及生活救濟等諸多職能。

貧民救濟所主要由兩部分組成，農作部與工藝部。

男子編入農作部，下設農務科和土木科。農務科包括農業（含葦塘、菜園）、園藝（果園）、編蓆、製乳（牛奶、乳酪）、飼養（豬禽）、磨米；而土木科（木工、瓦工）主要承攬土木建築。

女子編入工藝部，下設編織科和家務科。編織科主要生產臺布、絲織、花邊、襪子、刺繡、毛巾等。剩餘的邊角料，列為再生產項目，如鞋墊，坐墊等。家務科主要是裁縫、料理、洗衣、養蠶等。女子的刺繡，原料和圖案來自丹麥和英國，加工後的產品，遠銷於丹麥以及英美等國家。

生活在這裡的人，除了做工，還有受教育的機會。根據每個人文化基礎的不同，分別編入二年和四年的班級，女晝男夜，每天兩小時學習文化以及講解聖書。除了文化教育，還有技術培訓。對於所裡的孩子，只要到了入學年齡，就送他們上學。男孩送到培英男校，女孩送到崇正女校，品學兼優者繼續供讀，以至出國留洋（姜寶珍）。

每天早晨七點半，在悠揚的鐘聲伴隨下，農工們紛紛走進教堂，唱讚美詩、誦聖書、祈禱和聆聽聶樂信小姐佈道，然後，八點開始工作。

聶樂信小姐（第三排右一）和校辦工廠的女工及其孩子合影，攝於1927年。

從前的一座荒丘，變成了男耕女織、人歡馬叫的家園，老百姓叫做聶家堡子。由賒濟轉為「要安靜做工，吃自己的飯」（耶穌），基本上可以自給自足。「同時，每個月所有在她（聶）學校工作的成年人都能得到的相等的工資。聶樂信廠裡的學校地方面積不小，被當地人叫做聶家堡子。」（吳坤美《丹麥傳教士在東北傳教歷史簡介》，下稱「歷史簡介」）

六

一九二五年夏天，聶樂信接待了一位來自奉天的先生，鼻樑上架了一副眼鏡，目光深邃，溫文爾雅。他還攜帶著家眷：妻子、兩個女兒、兩個兒子，這四個孩子最大的是八歲的女兒。

聶樂信從先生手中接過一封信，寫信人是奉天基督教青年會總幹事丹麥籍牧師華茂山（Johannes Rasmussen），信的意思是，閻寶航先生準備赴英國留學，慮於妻兒生活窘迫，故投奔貧民救濟所，以求安頓。

閻寶航（一八九五－一九六八），遼寧海城人。少時在家鄉念過兩年私塾，後考入奉天兩級師範。畢業後，閻寶航加入了奉天基督教青年會，任學生部練習幹事。

青年會始於一九一二年，在奉天大南門東城根下，是幾位美國傳教士所建，總幹事是美籍丹麥人約瑟夫・普萊德（Joseph Platt）。在普萊德的引領下，閻寶航通讀了聖經，接受了洗禮。而且，有了個聖徒的名字保羅。

在青年會，閻寶航還結識了同鄉少帥張學良，並成為好友，青年會派閻寶航赴英（愛丁堡大學）留學，但盤纏和日常費用需要自籌。當時，閻寶航的月薪只有二十五元，要養活一大家子人（十口之家），本已捉襟見肘，還要支出這筆錢，就在他愁眉不展之際，奉天陸軍軍團長張學良雪中送炭。但是，這一走要留洋四年，撇下的老婆孩子需要安置。於是，閻寶航想起了大孤山貧民救濟所。對於大孤山的這段生活，閻寶航的長女閻明詩有如下回憶（引自閻明詩〈憶在大孤山崇正貧民救濟所裡〉）——

在一九二五年夏天，因我父親閻寶航準備出國留學，我和媽媽（高素）帶著幼小的妹妹、兩個弟弟在東溝縣大孤山基督教傳教士聶樂信辦的崇正貧民救濟所生活過一段日子。當年我父親有家有業，而且子女又這樣小，最大的我，也只有八歲。為什麼會送我們到大孤山基督教堂所辦的慈善機關呢？說來話長。……

一聽說我父親要出國留學，媽媽又是喜，又是憂，擔心父親走後，家計不好維持。一次，我父親告訴她，在安東大孤山基督教堂裡有一位丹麥女教士辦的工廠和孤兒院，大人去了可以學到手藝、學文化，小孩去了也可以免費就學，這事情又有奉天基督教青年會總幹事華茂山的介紹，是萬無一失的。

媽媽晚上在燈下給我們縫補衣服，準備行裝。當時，我年齡小，聽說要出遠門，也非常高興。記得父親送我們到大孤山基督教堂，見到聶教士，當即安排我們娘幾個住在一間坐北朝南的屋子裡。父親走了以後，媽媽進了貧民救濟所的織花邊工廠，她白天去那裡學手藝，把我當成大人，將妹妹和兩個弟弟都交給我看著。

如今我還記得，我們住的那間屋子前面有一個大院子，院子裡有一課大山梨樹就在我們窗外，房後有一棵杏樹，這些樹上都結滿了果子。吃飯時大家都到食堂去，登上兩間屋子相連的大火炕，炕上放著炕桌，一些孀子大娘和孩子們圍在一起吃，都是生活無依無靠被聶樂信女士收養進所勞動的。

1927年，聶樂信（後排左一）與大孤山的員工合影，前排左二陳樂實，其身後姜寶珍。

作者還寫到，她的大弟弟在山上摔傷的情節：「聶教士親自在那裡指揮救護，看她的神態非常嚴肅」。

世事難料，當年把家眷安頓在孤山貧民所的閻寶航，竟是後來潛伏於國民政府，與周恩來單線聯繫代號「保羅」的紅色間諜。在德軍入侵蘇聯的前一周，是他把德國閃擊蘇聯的情報通過中共高層提供給了史達林。可悲的是一九五七年，閻寶航被定為「外交部的第一號右派」。文革中又被誣為「東北幫叛黨投敵反革命集團」，一九六七年被捕下獄秦城，不到半年慘死牢中。江青在閻寶航的死亡報告上批示：閻是現行反革命分子，不通知家屬，不留骨灰，不留遺物，遺物充公。（閻明復〈我父親閻寶航的情報生涯〉）

七

一九四七年夏，孤山解放了。「教堂被士兵接管了，牧師都被打發走了」。（美國聖經學會American Bible Society，拉爾夫・莫滕森Mortensen博士著〈在社會主義制度下度過的最後十四年的信函〉，下稱「信函」）同時，又接管了孤山的學校。

時隔不久，關閉了學校的工廠。丹麥人所建立的東溝教堂、十字街教堂、龍王廟教堂、北井子教堂等，有的被軍隊接管，有的被農會佔用了。

美國記者斯諾在《西行漫記》（董樂山譯）一書記載：「在江西蘇區進行了普遍的『反神』宣傳。所有寺廟、教堂、教會產業都被沒收為國家財產，和尚、尼姑、神父、牧師、外國傳教士都被剝奪了公民權利。」斯諾所說的不過是一齣戲的序幕而已，高潮迭起尚在坐擁江山之後。

夏末，孤山來了土改工作隊，接著，便

孤山崇正女校的三位校長，中者聶樂信，左姜寶珍，右陳樂實。

有了農會。然後，農會的人像一股旋風衝進丹國樓（禮拜堂），砸毀了歐式立鐘，從此，祈禱的鐘聲不再響起，鐘樓彷彿一個人被割斷了喉管，痛苦而沉默地看著世上的一切。接著，他們又衝進崇正女校的禮拜堂，扯下牆上懸掛的一塊牌匾，那是一九二九年，政府批准了聶樂信加入中國籍，孤山人在歡樂的嗩吶聲中，把這幅刻著「聞名中外」的紅底金字的橫匾掛在了教堂的牆上。十八年後，在斧頭的揮舞下化為了碎片。

十月十八日，秋雨如煙，落葉遍地。

深夜，住在教士樓的三個丹麥女人被砸門聲音驚醒了，眼前朦朧出現的是幾個「土黃色」的帶槍的人。在厲聲呵斥下，她們從被窩裡爬出來，被士兵用繩子捆緊，摁在牆角下蹲著。軍人開始搜查，從一個花瓶到一張桌子，上至天棚，下到地板，砸碎、掀翻、撕開、捅破、挖掘，不知到底要找什麼東西。抄家完後，三個女人被帶上路。

聶樂信已經七十六歲，兩肩瘦削，臉色黝黑，神情淒然，額頭的皺紋像地壟溝似的。一件乳色暗格的連衣裙，套著黑色的坎肩。不知何時，孤山人叫她「老教士」了。黑色衣著的卜思溫小姐，表情沉靜，眼窩深陷，頭髮習慣由中向兩邊梳下來，彷彿草叢踩出了一條小徑，標誌著歲月的消磨，她也是六十六歲的人了。二十五歲來華，在孤山協助聶樂信辦學。後來，去鳳城創建了女子聖經學校。稍微年輕的要算陳樂實小姐，但也接近花甲之年了（五十七）。她穿了件咖啡色大開領的連衣裙，鼻樑上架了一副眼鏡，給人一種明朗、淡定的感覺。三個丹麥女人都在年輕時來華，終身未嫁，人們叫她們「修女」。

秋雨淅瀝，寒意襲人。遠處傳來隱約的雷聲，閃電劃過天際，瞬間的光明，無邊的黑暗，就在這忽明忽暗中，三個人被持槍的人帶到一個院子裡，關進了一間屋子。然後，來了一個長官讓士兵鬆綁，接著開始訓話：從現在開始，你們要接受審查，交代問題。不許串供、不許投寄信。接著，便開始了對每個人的單獨審訊……

八

柏衛和米娜夫婦（前排）與（左起）聶樂信、陳樂實、卜斯溫合影，於1946年柏衛夫婦離開孤山前夕。
（此圖係柏衛Conrad S. Bolwig之孫Niels Geert Bolwig先生提供）

關押了十四天之後，三個丹麥女人獲釋了，她們走出院子，蹣跚在孤山的街上。街道兩邊的酒館、糧店、油坊、成衣鋪、藥鋪、當鋪、剃頭棚，還有電話局、電報局以及戲院子，都顯得冷冷清清的，滿街是泥水和枯黃的葉子。土改不僅鬥地主，商人也在劫難逃，孤山鎮有商家三百一十一戶，其中，一百六十六家被清算和揪鬥（《為了共和國的誕生》，中共東港市委黨史辦，下稱「黨史」）。

洞中一日，世上千年。孤山發生了巨變，教會的學校接管了，工廠關閉了，貧民救濟所（一九三八年，三百七十餘人生活在所）解散了。「本所（貧民救濟所）的不動產收容者的住宅一百七十五間（草房一百五十間、瓦房二十五間）；馬棚一間、牛圈一個、豬圈一個；旱田三萬七千八百畝、蘆葦地三萬七千八百畝、菜園一千零八十畝。」（引自《在滿洲的丁抹（丹麥）宣教士業績》）此外，還有果園、漁船以及工廠，一個養育著幾百餘人的「聶家堡子」，轉眼之間，風吹雲散了。遠銷海外的孤山「刺繡」，從此，也落花流水了。

孤山的地主「帽子」，主要是以土地的畝數為標準而劃分的，「二畝至三畝者為中農，三畝到四畝半者為富農，四畝半以上者為地主。」（「黨史」），而貧民救濟所擁有的土地是「天文數字」了。因此，「土地改革時，聶樂信受到了不公正的待遇，曾一度被當成大地主進行鬥爭，崇正救濟所的房地產分給了收養者和附近群眾，僅給聶樂信教堂、四頭奶牛和一部分果園。土改後，聶樂信主要靠丹麥基督教會每月匯款維持。（邱廣軍《聶樂信在近代中國東北傳教活動概述》）

聶樂信「被當成大地主進行鬥爭」，受到了難以想像的凌辱，其中，她的脖子上被掛上一個沉重的土籃子，裡面盛著糞便。

三個女人回到了教士樓，發現屋子裡的東西不翼而飛了。一個持槍的士兵走過來，把她們趕了出去。她們只好從東街走到西街，來到了牧師府。一年前，柏衛和米娜已經離開此地回丹麥了。牆上的爬山虎只剩下幾片深紅的葉子，裸露出瘦骨嶙峋的枯藤，一串串紫黑色葡萄狀的果實，招來了幾隻小鳥，鳴叫、跳躍，飛來飛去的。一隻白毛獅子狗從她們身後嗖嗖地竄上來，搖著尾巴，撒著歡，汪汪地叫著。雪白的鬃毛蓋著嬌小的身材，一對大眼睛咕碌碌直轉，彷彿兩顆黑寶石，熒熒發光。聶樂信把它抱起來撫摸著，這是她的愛犬，不離不棄的伴侶。

老屋易主了，院子裡上屋三間，廂房四間，土改分給了「貧農」劉振功，因為他的一個兒子參軍了，戰爭年月裡「軍屬」是被「照顧」的。劉振功原來在貧民救濟所做木匠，也是基督徒。所以，三個女人總算有了棲身之地。

「聶樂信、卜斯溫（Pallesen，一八八一－）和陳樂實被剝奪了所有個人物品，除了當時身上的衣物。她們被關進了監獄兩周並被隔離開來，後來他們搬進了柏衛Conrad S. Bolwig牧師的房子（牧師府）。」——陳樂實《天使的翅膀——聶樂信在中國的六十年》

九

土改時，「被鬥地主丹麥人聶樂信留有兩頭奶牛、果樹和住房」，（一九六〇刑字第一九

1920年耶誕節，大孤山十四位受洗的女孩。

○號王生仁刑事卷宗）她的生活起居，由從前教會的廚師王生仁照料，包括侍弄果樹和奶牛。隨著教堂被「士兵」的佔領，教會的活動戛然而止了。用土改工作隊長肖洪儒的話說，「土改前後，基督教會這幫人都散夥了，這些房子就由聶樂信在那照看。」（《證實材料》肖洪儒，一九九九年七月六日）

教堂空蕩蕩的，一條凳子也沒有，都被分光了，聶樂信目睹此情，百感交集。聖經上說，拆毀有時，建造有時。是的，昔日的拆毀，是為了來日更好的建造。流淚播種的，總有一天要歡呼收割。在她的心目中，上帝自有其美好的安排。所以，她雖已年近八旬，人生的腳步已經踏上了冰冷的門檻，但卻猶如奔跑在叢林中的馬

1940年，崇正女校校長陳樂實（後排之五）率部分師生春遊至旅順口探訪教會學校留影（右一立者係賈恩膏牧師）

兒，不肯停下來，心中依然充滿了期待。不久，漂泊在外的何櫃納、于桂春（《孤山獨不降》）回到了孤山，和她同住教士樓，她不再形影相弔了。同時，上邊派來了牧師孫信愛，大孤山教堂的門打開了，她和姊妹們開始了為教會的復興而工作。在她給丹麥朋友的信中寫道：「我們已經開了八天的復興會」。（「信函」）

然而，荒蕪的教會正待復興之際，又陷入了逼迫的洪流中，一切如浮木蕩回。在政府的推波助瀾之下，基督教掀起了一場「自治、自養、自傳」的愛國主義運動，號召全國基督教徒切斷與帝國主義國家的關係。由此，教堂成了「愛國愛教」的宣傳「陣地」，聶樂信成了被控訴的「靶子」——「披著宗教外衣」的「帝國主義分子」。此時，在安東，以至東北，所有的丹麥傳教士早已回國了，唯有大孤山孑然一身的聶樂信，在「殘酷無情的迫害」面前，聶樂信表現了「不屈的信念和勇氣」。（「信函」）「教會每當做禮拜時，要講報紙上的教會『三自』，何櫝納、于桂春、聶樂信站起來退出不聽」。（安東縣法院，一九五八年刑字第八八二號卷宗，下稱「卷宗」）在基督徒的眼裡，一個與世界勾肩搭背的教會，只不過在「上帝帶領」的糖衣包裹之下「賣主求榮」。於是乎，「教會響應黨的號召，為純潔教會內部，清除了地富分子；為斷絕與帝國主義分子的聯繫，革除了聶樂信的會籍，解除參加教會活動的權利。」（「卷宗」）同時，何櫝納、于桂春也被革除了會籍，解除了傳道職務，逐出教士樓。

從此，聶樂信又開始形單影隻的生活。

十

一九五八年大躍進，將蒼蠅、蚊子、老鼠、麻雀列為「四害」。同時，政治上將宗教作為「害群之馬」加以掃除，在全國搞起了「無宗教縣」運動。

秋季，孤山教會的牧師孫信愛被戴上了「右派」帽子下放到孤山果樹隊「勞改」。〈紅色牧師之夢〉一個教會的牧師「落馬」了，就像一個鳥巢被打翻了，群鳥逃散，孤山的教徒「散

孤山東禮拜堂，亦稱東講堂、小禮拜堂。頂層閣樓由陳樂實小姐居住，樓下聚會場所，設有健身器材，以供青年活動。韓戰爆發後為空軍某部佔用至今。作者攝於2013年秋。

夥」了。

紅日西沉，聶樂信拄著一根樹杖，蹣跚地走出院子，靠著一棵大樹眺望，遠處是茫茫的蘆葦蕩，葉子枯黃，蘆花如雪。教會復興成了曇花一現，教堂的門又被關閉了。

聶樂信在信中寫道（「信函」）——

「老師和學生們都不許參加禮拜。」

「所有的孩子都必須在遠離家鄉的公社裡吃飯和睡覺。」

「是我們基督徒否認他們的信仰了嗎？我不知道。但我知道他們很恐懼，很饑餓，而且生命都難以維持了。」

村子裡靜悄悄的，很多人家的山牆變成了壁畫，有的是「火箭騰飛」，有的是口號：「三年趕美，五年超英」。還有，

孤山崇正女校幼稚園的兒童及園長姜寶珍（右一抱孩子）和學生，攝於1927年。

一個農民挑著擔子，走在橋上，下邊寫著：「人民公社是橋樑，共產主義是天堂」。

農家院裡空蕩蕩的，人們都上山找礦煉鋼去了。婦女也「解放」了，不能「圍著鍋臺轉」了，而是砸碎鐵鍋扔進「小高爐」裡，和男人們一起「大煉鋼鐵」。到了黑天，人累的身子骨都要散架了，一個個空著肚子，去食堂排隊喝稀粥，「稀」的難見幾個米粒，簡直能照出人影來。而且，還要划船去喝粥，因為共產主義食堂遠在彼岸。餓腸轆轆的人們，像雪地裡的餓狼一樣四處尋找填充肚子的東西：樹皮、野菜、玉米芯，甚至連豬都不肯吃的一種野草都吃光了。

苦難的中國人啊！「在重軛之下沉淪，在哭泣，在流血。每一天，她的舊痕之上都在增添著新傷。」（莎士比亞《馬克白》）

聶樂信和收養的孤兒在一起，攝於1943年。

德國詩人荷爾德林說過，「總是使一個國家變成人間地獄的東西，恰恰是人們試圖將其變成天堂。」

聖經早有預言，人不可能在地上建立天堂。

秋風颯颯，枯葉飄零。聶樂信躺在土炕上，房梁上飄忽著蛛網，眼前是一片朦朧，世界已經陷入了黑暗，聶樂信幾乎失明了。但她在信裡卻說，「不要為我擔憂，我的天父知道我的需要。」（「信函」）

自從土改「被當成大地主進行鬥爭」，人們和她「劃清界限」，日漸疏遠了。同宿教士樓的何櫃納、于桂春被抓進了看守所，給她做飯的王生仁也被捕了。（〈何處是歸程〉）還有，從小在她的身邊長大的姜寶珍，遠嫁哈爾濱的一個商人武百祥（基督徒），聽說，先生也被打成了右派。（注：文革中自殺身亡，時年八十七歲，遺作〈社會主義老人樂〉等十餘首革命歌曲——武恩佑〈回憶我的父親〉）

屋裡的牆根傳來一陣低沉而孤淒的蟲鳴聲，是蟋蟀在叫，帶著顫音的淒婉，給人一種天涼歲暮的感覺。聶樂信微閤雙眼，心中默默地祈禱……

十一

「一九六〇年二月，她（聶樂信）因年高無專人照料，於雪地中去取牛奶，失足跌斷臂骨，從此臥床不起」。（王維剛〈大孤山街澤被後世的先哲〉）

初夏，杏梅熟了，以往人們會看到聶樂信拐著一個柳條編織的小筐，去給村裡的孩子們送杏梅，金黃色的果實，上面隱約帶有紅暈，一種令人垂涎欲滴的感覺。然而，人們已經好久看不到她的身影了。

七月二十五日，先前在貧民所負責飼養奶牛的王忠順（其妻故後，五歲兒子王實厚被聶樂信收養於幼稚園）去看望老教士，一進屋，發現白髮零落，瘦骨嶙峋的老教士，靜靜地躺著，他喊了一聲「老教士」，沒有一點動靜，走上前細看，無聲無息。

啊！慈悲的天父終於將手放在她的心上，讓她安息下來。

聶樂信組建的孤山基督教女青年會，後左邊坐者為姜寶珍，同排邊右者為陳樂實。

「馬車從天上下來，帶我回到我的家鄉」……

「這位上帝的忠僕，只有她一人這麼多年在中國共產主義統治下，一直工作著，現在她已經到達了樂土，所有的號角也都為她鳴響。」

「一九三六年及以後數年間，在中國的新教傳教士人數超過八千人，所以稱呼聶樂信小姐是『八千人的最後一名』，是再恰當不過的了」。（「信函」）

王忠順把「老教士」歸天的事告訴了木匠劉振福（非教徒），他曾是貧民救濟所木工鋪的領班。在鄉下一個人有手藝，總會被人敬重的。劉振福找了七、八個人，大都是教徒，如孤山教會的執事劉寶（文革中被迫害致死）、叢淑玉（其夫由傳寶文革中被迫害致死）。大家在一起合計喪事，最要緊的是，上哪去搞「壽材」呀？所說的「壽材」，也就是裝屍體的空匣子，棺材。從前，漢族的老人一般都是生前預備的，「先是十年前，有富人治壽材」。（宋王鞏〈隨手雜感〉）

老教士年俸一千四百元，分文不取，都奉獻於女校和貧民救濟所了。別說壽材，一塊木頭也沒有，好像一頭牛，最終，倒在了耕耘了一輩子的

孤山民間史學家王維剛提供了關於聶樂信歸天及安葬等情節。圖為王維剛先生與文中的劉振福之子劉運吉老人（1934年生於孤山），作者攝於2016年6月3日。

土地上，總不能用草席子捲走吧！劉木匠想起了鄰居王延緒家裡的松木壽材，安放在閒房之內，人活得挺結實的，就先讓給「老教士」吧！

恰時，丹麥駐華使館給聶樂信寄來了生活費人民幣一百二十元錢。於是，大家就讓劉木匠拿著錢去買。最終，劉木匠花了一百元錢買下了王家的壽材。基督教的葬禮沒有漢人那樣繁雜，沒有披麻戴孝，沒有燒紙焚香，也沒有哭天嚎地。悼念者素衣白花，在牧師的主持下，追思和讚美上帝，然後，葬於基督教墓地。當時，教堂已被關閉，牧師（孫信愛）在果園勞改。而且，基督教葬禮成了禁止的「迷信活動」。所以，劉木匠幾人把老教士盛殮之後，沒有踏入

大孤山崇正女校遠景

基督教墓地，而是悄悄地埋在了孤山西坡下的亂墳崗。

於是，一片荒塚之間，出現了一個木頭的十字架，它是叢淑玉扛來的。照看「老教士」的王生仁被抓走了，就連給她送奶、挑水的人都被鬥了，人都嚇的躲得遠遠的。下葬時，是叢淑玉扛去個木頭十字架。（訪談趙玲娟女士二〇一一年三月十六日）

在孤山生活了六十餘年的聶樂信，彷彿被埋進泥土的一粒種籽，靜候著春雨的降臨。

孤獨的小白狗，被劉木匠的弟弟（劉振功）收養起來。可是，它每天在主人的房子和墳地之間，發瘋似的來回奔跑，直到有一天失蹤了……

附錄 聶樂信《青年歌》序言

題記：中華民國的誕生，意味著兩千年來帝制的結束和走向共和的開端，令人振奮，彷彿看到了「從漫長黑夜裡升騰起來的燦爛星辰」（辛灝年）。

一九一四年，即中華民國三年，聶樂信Nielsen Ellen Marie和學校的同仁滿懷激情地創作和編集了五十九首「白話詩」的《青年歌》，既有對民國的頌揚，也有對舊制的批判，可謂對青年的一種文化啟蒙。聶樂信在親筆序言的結尾下了發人深省的話：「世間沒有國人不恭敬上帝而國家能永遠存在而幸福的人」。

《青年歌》封面

青年歌・序

我住華人那裡已經很常時間了，常與數名華人朋友議論起中國音樂的事情。朋友說，音樂之所以作用很大，其感動人們也容易，其進入人心也深。聖人治理天下，制定禮制者，也是成功者作音樂，所以毛詩三百首，或者為朝廷官場諷刺頌揚之篇章，或者為民間世俗歌謠之詩句，我每次閱讀之後不能不想像到當時音樂的盛況，可惜自民間風氣不樸素以來，朝廷以文章錄取士相子卿，以摘取詞句為能事，這就使音樂這一事蕩然無存，遊覽京都時看見夫子文廟遺留的鐘磬琴瑟蕭管等物品被蛛網塵封，都成為徒有形式而無實際作用的物品了。當年所謂充滿耳朵的樂器之音，如今全都沒了聲了，不能為此而有作為，徒增今不如昔的感慨而已。我說：中國今日事事大多吸收西法，音樂這一事，您何不按西方國家的音調寫出新歌，使一般青年人得到練習而吟誦它，它對於陶冶性情這件事也是不小的補充啊。各位朋友都很高興，走後都把佳作寄給我，我於是參照古人的名作以及今天學校通行的人數佳作數首，分類編輯成一書，然而各位朋友又不願意出名面世，我於無奈之際曲從他們的請求，因此人名一概欠缺典籍，它的分類以愛國為首要之人。以往中華數千年的民氣被壓於專制之威，致使人民無國家思想，無國家責任，今共和告成，苟且於依然無愛國之心，那麼國家怎麼治理？因此冠名愛國，然而苟且不做事，對於修身尚武為學業來說，儘管有愛國之心，而自身資格不足以輔助，仍然是沒有益處的呀。所以別的都是無關緊要的事，只有資格高尚，國家之根本才不能動搖，那麼人民自然可以悠然自得呀，將日光照到天下啊。所以，應該減少一些消閒，而去探索根本，能將以此為幸福的人，這樣的道義既恭敬上帝也盡上帝的人，乃是萬世之根本，萬福之源泉啊。世間沒有國人不恭敬上帝而國家能永遠存在而幸福的人。所以，宗教是國家強盛的後盾，這也是編輯此書的微小意思，也不知道那些關心家國，關心人道的人認為怎樣。

中華民國二年十二月

基督教女教士丹國人聶樂信氏序

注：聶樂信的原文屬於半文言，為了閱讀的方便，此處係對原文作了「白話翻譯」。

孤山獨不降

基督像是那鑿穿最堅硬大樹的柔弱小蟲，他軀體羸弱，外貌平常，受人輕蔑，但是，他正憑著他的軟弱，他高踞於瀆神者之上，戰勝了罪與死亡，取得了對於地獄和魔鬼的勝利。

——梅尼日科夫斯基

1921年，丹麥傳教士在大孤山建立的基督教禮拜堂（習稱丹國樓），攝於1921年11月6日。圖片係教堂建立者柏衛Conrad S. Bolwig（1866-1951）之孫Niels Geert Bolwig先生提供。

一

何櫃納和于桂春，人稱兩姊妹，何櫃納生於一九一〇年，于桂春比何晚一年。信仰上帝的時間各有不同，何櫃納受洗於幼兒時期，于桂春是在青年時代。

何櫃納六歲入了幼稚園，那是丹麥人聶樂信（Marie Ellen Nielsen）小姐所建崇正女校的附屬。八歲那年，櫃納不幸染上了「肺癆」（肺結核），當時流行個說法「十癆九死」。咳嗽、嘔血，弱小的生命遭受著可怕的摧殘。在丹麥人的耐心治療下，終於，櫃納背起書包，上了夢寐以求的崇正女校。二十一歲那年，她畢業於該校的保姆學院，開始從事幼兒教育。從北井子鄉小學到安東金湯幼稚園，從遼河下游的大石橋，到長白山腹地的臨江等地，隻身孤影，顛沛流離。

于桂春小時也在崇正女校，念了兩年輟學了。因為母親生病，需要她伺候。一直過了七、八年光景，母親去世了，教會安排她在女校的織布廠做工。校辦工廠實行的是半工半讀，根據每個人文化基礎的不同，分別編入二年和四年的班級，每天兩小時學習文化，除了文化教育，還有技術培訓。不久，教會送于桂春入讀鳳城女子聖經學校。三十歲那年畢業，便開始了自由傳道的生活。

丹麥女教士聶樂信小姐在大孤山創建的崇正女校。
（圖片引自美國南加州大學，本篇未注明者同）。

後來，何櫃納和于桂春在一起傳道，患難與共。

一九四五年春，兩姊妹來到海城一個叫板子屯的鄉下傳道。半年後，教會的房子被八路軍佔用了。於是，她倆輾轉瀋陽，在一家醫院做工，桂春記帳，櫃納做保姆，兼著包藥。這裡只管吃飯，不給工錢。不久，她倆又來到教會的一所幼稚園，仍然沒有工錢。一年後，邂逅杜紹宣先生，杜曾在安東教會醫院當院長（丹國醫院），經由他的介紹，兩姊妹投奔青島基督教信義會（牧師楊廣恩），機票是桂春的弟弟于振天掏的腰包。當時，于振天在瀋陽中山中學任教。兩姊妹飛抵青島後，安頓在台東區教會。

一九四九年秋，內戰平息，她倆從青島回到了家鄉。這時，丹麥人只有聶樂信仍然留在孤山，沒有回國，已是年近八旬了，大家都叫她「老教士」。聶樂信讓兩姊妹搬進了她的教士樓，每日和她一起查經禱告，朝夕相處。

一九五〇年初，東北教區派來了牧師孫信愛，由此，孤山的教會又有了「牧羊人」。

孫信愛來到孤山，給基督徒帶來了興奮，新政府頒布了「共同綱領」，規定了宗教「信仰自由」，教會可以合法生存了。這樣，就要召回失散的「羔羊」，使教會復興起來。於是，兩姊妹開始走訪教徒家，終日忙碌於教會的工作。依照規定是應該發月薪的，但是，教會也是白手起家。兩姊妹也特別聲明，「我們盡義務，不用教會一文錢」。這兩個單身女人一直是捉襟見肘，甚至是忍飢挨餓，像樣一點的舊衣物也都賣掉了。回孤山後，好在老教士悄悄地接濟她們。（丹麥駐華使館定期給聶樂信匯款）

二

一九五〇年夏，《人民日報》登載了一篇題為〈中國基督教在新中國建設中努力的途徑〉的文章（「三自宣言」），號召全國基督教徒切斷與帝國主義的聯繫，掀起一個自治、自養、自傳的愛國主義運動。由此，在政府的扶持下，掀起了一場自上而下的「簽名運動」——要求每一個基督徒都要表態擁護。反之，就要被當作「另類」。對於運動中「遇到個別反動分子，間諜敵探，進行阻撓或陰謀破壞者，應依法處理」。（《關於支持基督教人士發起的「中國基督教在新中國建設中努力的途徑」的指示》，一九五〇年十月十日）

在政府的號召下，一時間，從上層人士、神職人員到平民信徒，簽名者如過江之鯽。然而，也有不肯隨波逐流的。孤山出現了「竟敢拒絕簽名」的人——何櫃納、于桂春。

於是，牧師孫信愛、教會執事長劉寶找何櫃納、于桂春談話——上邊說了，簽名，是表明與帝國主義割斷了聯繫，就是愛國的；不簽，就是反革命，順之者昌，逆之者亡啊！可是，連談三次，兩姊妹還是沒有簽名。最後，孫牧師說了，經上有訓，要順服權柄。可是，兩姊妹說，若權柄違背了上帝旨意，還要順服嗎？是討人的喜歡，還是討神的喜歡呢？下面是「卷宗」裡的記載（安東縣人民法院，一九五八年刑字第八八二號卷宗，簡稱「卷宗」）——

「上邊叫我們基督徒自治、自養、自傳……我（于桂春）和何櫃納認為這樣是不行的，因為我們是靠神傳道，是神給我們的力量，若我們自傳就沒有力量了；自養，也是不行，我們靠神生活，過信心生活，沒有神一切都沒有了；自治也不行，沒有神道我們也做不好，不會愛人……就因為這些，我們不能參加三自革新。」

「《天風》（「三自會」主辦的期刊）有的地方把聖經的話都改了，這是人編的，不是聖經的話，所以，我們就不信。當時，我（于桂春）和何櫃納對鄒玉生（教徒）說，看這些書刊容易信錯了。」

「做禮拜時，孫牧師（孫信愛）講政治，說要反對帝國主義，過去西方傳道都是侵略。當時，我（何櫃納）聽了這些覺得都不對。我就再不參加聽講了。同時，三自革新的刊物（《天風》）我也不訂了。」

三

「簽名」方興未艾，「鎮反」狂飆驟起。那年月，幾乎每天街上都有卡車滿載五花大綁，脖子上掛著牌子的反革命分子，在持槍人的看押下，在街上的口號聲中，一輛一輛的駛往刑場。看著槍決人數的報導，領袖以詩人的浪漫語調稱道：「人民說，殺反革命比下一場透雨還痛快。」

孤山腳下，古木參天，木魚聲聲的清靜之地，也變成了槍聲震盪的殺人場。

孤山鎮西街一個叫楊也雁的地主被「群眾砸死」了。不久，他的兒子楊德利被槍斃了，和父親死在同一片土地。（安東縣法院一九五一年第二一五號行事判決書：「被告楊德利，係惡霸地主，其父楊也雁係惡霸地主，偽保長，被群眾砸死」。）當年駐守孤山的一個志願軍戰士目睹了槍決現場——

那天在（孤山）廟內開會，散會時，突然聽到一陣槍響，不知誰反應快，說槍斃人了，快去看！我們跑過去，看見一堆人圍著山下，我擠到前邊，見十多人躺在地上，有些人手腳還抽動一下，民兵就上前給補一槍。一共槍決的有十二個人，其中有一個被槍決的

聶樂信（後排左一）與崇正女校首屆幼師班女學生合影。

竟是我們連炊事員的父親。還有一個陪綁的女人，臉色青白，身子不停的顫抖，被兩個民兵架著。（葉新照〈發生於一甲子前抗美援朝空軍小故事〉）

殺人場的看客，大多數是孤山的百姓，都是開會動員來的。為了要接受「教育」，也是積極參加運動的表現。散場後，要討論觀感，趁熱打鐵，發動群眾繼續檢舉、密告。

在鎮反的日子裡，人人自危，為了免遭不測，積極表現，味著良心，密告、誣陷是家常便飯。妻子揭發丈夫，兒子活捉父親，孫子檢舉了爺爺，而且要「親眼看著他在人民面前倒下去」。這些，都是見諸於報端的。

這時，有人檢舉說，何櫃納、于桂春沒有參加會議，也沒有去刑場「受教育」。還有個女教徒（王振清）也向孫信愛做了檢舉——

我和她們（何櫃納、于桂春）住在一個組，在鎮反時經常開會，每次開會都是我去找她們，可她們不去。

有一次，組長胡振邦去找她們開會時，她們說，我們不去。組長說，不去不行，逼著她們去時，她們說，我們不去，那是傷天害理的事……

（「卷宗」）

四

京戲有一句行話，叫做「七分鑼鼓半台戲」。

一九五一年五月七日，劉少奇在第一次全國宣傳工作會議上，饒有興致地講了一套新的「鑼鼓經」，他說，土改、鎮反、抗美援朝，三套鑼鼓一起敲。他還說，抗美援朝的鑼鼓響起來，響得很厲害。

當時，政府不但組織老百姓上街遊行，呼喊反美口號，還要攤派勞務——「男女老少齊上陣，家家戶戶忙炒麵」（給志願軍）；還要訂立「愛國公約」，寫上「升國旗要立正」；還要「買公債」，因為，生產凋敝、物價飛漲，為了解決國庫空虛的問題，政府搞起了「愛國儲蓄」運動，號召購買國債，以至在朝鮮前線浴血奮戰的官兵也要買債券。當時，社會流行一首童謠：「窩窩頭，就鹹菜，攢下錢來買公債。你也買，我也買，不買都是反動派。」何櫃納、于桂春也都買了債券，卻被扣上了「破壞愛國儲蓄」的帽子。原來，在小組長胡殿邦來兌付債卷利息時，她倆都沒要，讓辛風志（教徒）拿去了，因為他家生活困難。但有人檢舉，何、于就把錢扔在了地上，說這是「不義之財」。

除了債卷，政府還提出了「捐獻飛機大炮」。《人民日報》頭版全文刊登了某小學校長向孩子們發出的倡議：省下糖果錢，捐購「中國兒童號」飛機。一個三年級的小男孩，當著同學的面，解下腳踝上的一隻銀鐲，那是奶奶給拴上的，為的是避邪躲災。結果，這個護身符被拿去換飛機去了。（新華社〈瞭望東方週刊〉，徐笛）孤山的孩子拿不出「糖果錢」，只好白天跟著老師上山砍柴，然後，背柴到集市上叫賣。晚上，還要挨家逐戶地搞募捐。

安東市政府提出「為捐獻三架戰鬥機而奮鬥」的口號，就像女人還沒懷胎，就把嬰兒名字想好了，政府為飛機的命名是「安東市號」、「鴨綠江號」和「鎮江山號」。

「三自會」向全國各地的基督教會與團體發出通知，號召基督徒捐獻「基督教革新號」的飛機、大炮，並且限時半年。通知中，特別提出「全國的基督徒要以耶穌基督所吩咐的『你們要賣衣服買刀』的精神」，捐獻飛機大炮。

耶穌如何吩咐基督徒「要賣衣買刀」呢？是否可以偷換為「捐獻飛機大炮」呢？難道耶穌鼓吹戰爭嗎？在一個文盲之國，讀聖經的信徒寥寥無幾，何況山高皇帝遠的鄉下，所以，即使是上頭放個屁，那也是「香」的。可是，何櫝納、于桂春偏偏要「查經」，「因為字句是叫人死，精意是叫人活」。

基督徒信仰生活唯一的依據就是聖經，所以，不論是教皇的諭令、還是政府的決定，如果偏離神的話語，違背神的旨意，基督徒要維護真理，不可盲目順服。

聖經中稱耶穌為「和平的君」。出賣耶穌的猶大領人到客西馬尼園去捉拿耶穌，耶穌的門徒彼得拔刀護主，耶穌沒有嘉許彼得的勇敢，而是責備彼得說：「收刀入鞘吧！凡動刀的，必死在刀下。」

舊約中曾預言，國與國之間消除了仇恨和戰爭，「他們要將刀打成犁頭，把槍打成鐮刀；這國不舉刀攻擊那國，他們也不再學習戰事。」

兩姊妹查經得到的啟示是，神喜愛的是和平，不是殺戮。而人心如狼有「戰鬥之私欲」，貪得無厭的野心和欲望，使世界充滿了血與火的戰爭。基督徒是「和平之子」，捐錢買「飛機大炮」，殺人流血，違背神的誡命，信徒以愛為本，不可參與殺人的勾當。

於是，「在教會孫牧師動員我們捐獻時，我（于桂春）和何櫝納向他（孫信愛）講這些道

崇正女校的小學生。

理，不能拿這個錢，買殺人的東西。後來，他也不動員我們了」。（「卷宗」）

五

蟬聲聒噪，十分煩悶。教堂裡猶如悶熱的蒸籠，教徒們個個汗流浹背，很多人登臺揭發何櫃納，于桂春的「反動言行」。素日和顏悅色，彼此相親的姊妹，一下子變成了好鬥的烏眼雞。有的手裡拿著寫好的發言稿，聲色俱厲；也有上臺即興發言的。最後，在孫牧師的主持下，舉臂如林，一致通過將反動分子何櫃納、于桂春開出教會。

下面是孫信愛出具的「證實材料」（「卷宗」）——

何櫃納、于桂春的材料

年月：於一九五一年六月　日開除

地點：安東縣孤山鎮禮拜堂

負責主持：孫信愛、劉寶（牧師、執事長）

參加人物：孤山鎮全（體）信徒

通過手續：

一、先於當地鎮人委（政府）領導方面聯繫取得支持

二、呈請中國基督教信義會東北教區主席批准

三、經過全體執事會決議

四、經過全體信徒表決通過

開除：一、開除她倆的會籍

二、開除她倆的傳道職務

開除的原因：

一、反對革新宣言
二、破壞三自愛國運動
三、反對鎮反運動
四、反對抗美援朝
五、破壞愛國儲蓄
六、隱瞞信徒地富成分

一九五八・九・七
孫信愛（係孤山教會牧師）

注：關於「隱瞞信徒地富成分」在「卷宗」有孫信愛一份親筆證言：「因為我（孫）初到孤山，不太明白信徒的實際情況。但該二人將信徒的成分『地富』都寫成『貧農』，這樣使『地富』打入教會，與帝國主義分子聶樂信相互勾結，企圖把教會領到反動道路上。」

在基督教早期，有些神職人員專門為被開除的異端分子，編寫了五花八門的咒語，如：「願他墮入地獄，我們開除他的教籍，將他革出教門，我們不許他靠近萬能上帝的聖堂的門

崇正女校、貧民救濟所的創建者聶樂信小姐土改後蝸居的耳房，作者攝於2013年秋。

檻。」（《羅切斯特教堂文告》厄努爾夫主教）如此的懲罰「異端」，在主後的一千五百年得到了延續。孤山教會對兩姊妹不僅「雙開」，還要「驅逐」——趕出講堂院（教士樓）。

清早，雲霧飄渺，孤山彷彿霧海中若隱若現的一座駝峰。講堂院傳來幾聲狗吠，何櫃納、于桂春攙扶著老教士走出院子，老教士神情有些憂傷，走到門旁停下了腳步，在一棵大樹下，三個女人依依惜別。

六

赤日炎炎，天上不見一絲雲彩。河水反射著令人目眩的陽光，魚兒不時的蹦出水面。人被火辣辣的烈日逼進屋裡，摸一把炕席熱的燙手。

在一道黃土牆下，兩姊妹向小院裡張望，這家的女人叫王玉嫻，也是教徒。櫃納、桂春常來她家探望。

「我（王玉嫻）的一個五歲的男孩得病死去，那時，我很悲傷難過，這兩位傳道人（何、于）就常來勸說我，有時領我唱首詩，看看聖經。我覺得她們這樣對我費心，我也很感激，我本來是個軟弱多病的人，她們就給我傳個藥方，所以，我更加感激。」（「卷宗」）

從前，兩姊妹一進院，王玉嫻就招呼著迎出來，可是，這次她下了一個「逐客令」，「我要去串門啦！」於是，她倆又走進另一家院子，那家女人從後門溜出去了。

天落黑了，兩姊妹飢腸轆轆，來到了孤山鎮東關十組二七四號。這家女人叫叢淑玉（一九一六—二〇〇九），比何櫃納小個五、六歲，九歲那年，由於生活貧困，母親帶著她和姐姐投奔崇正貧民救濟所，聶樂信將娘仨安頓下來，姐姐和母親進了織布廠，淑玉上了崇正女校。十一歲時，淑玉受洗歸主。後來，入讀安東信義道神學校，畢業後做了傳教士。

叢淑玉在劈材溝（神學校）上學時，還有個少年由傳寶，也是孤山人，他的父親是學校的敲鐘人。後來，教會送由傳寶到岫岩西山醫院（丹麥人所建）學醫。三年後，他開始行醫。不久，他和叢淑玉在孤山教堂舉行了婚禮。（一九五〇年代，叢、由同為孤山教會執事）。

兩姊妹和淑玉在孤山教堂讀經、唱詩，信仰的紐帶和鄉土之情，使她們情如手足。兩姊妹經常出入叢家，在一起讀經、禱告。這一回兩姊妹又來叢家（叢淑玉《證實材料》「卷宗」）——

孫牧師（孫信愛）學習回來，領我們學習整風材料，提到于桂春、何櫃納說，她倆的事情你們不知道嗎？她倆再到你們誰家，你們就問她倆有沒有戶口，你們應當提高覺悟，不要把她倆看作教會傳道的，你們要和她倆隔絕關係。

我記不清時間了，她倆又來了，和我唱詩、讀經、禱告。我留下她倆吃飯，我說，有話要和你們談。

吃晚飯的時候，我問，你們有

聶樂信（第三排右一）與貧民救濟所的女工及孩子合影，攝於1927年。

戶口嗎？

她倆說，沒起戶口。

我問，你們為什麼不起戶口？你們不是中國人麼？沒有戶口不是成了「黑人」麼？再說，你們吃什麼？

她倆說，靠信心。沒有米，就吃菜。

我說，吃的菜就不是毛主席的了？一切都是屬於毛主席的。

她倆說，各人的領會不同。

最後，她倆說，天要黑了，我們要走啦！你害怕，我們再不來了。

我說，走吧！她倆就走了。

從那天以後，她倆再沒到我家來。

七

教會開除了兩姊妹，但是，在她們的心目中認為，傳道是神的揀選，人是難以阻擋的。所以，她們又開始了自由傳道，從莊河、青堆子、孤山、黃土坎、北井子、馬家崗、東溝到安東、岫岩、鳳城等地，以「艱難當餅，困苦當水」，不知疲倦地奔走於窮縣僻壤。每走一地，幾乎都有跟蹤和盯梢的，彷彿頭上籠罩著一張無形的網。下面是一個署名「王善林」的兩份秘密報告（「卷宗」）——

關於何櫃納、于桂春二人的近來情況報告如下：

該二人還住在黃土坎區高橋村三組何道基（何櫃納之兄）家，到現在未動。

該二人動態：每天到房後的山上拾草，沒有什麼別的活動，也不接近什麼人物，經常到村合作社買點什麼。

七月八號那天晚上，高橋村民兵到她二人那去搜查時，東廂房山牆頭的東北面有人扔石頭，民兵去搜查未發現其他人，也未打著民兵。可能是房後有人以打石頭為暗號，給何家報信。

另外，何、于二人每個星期都在家做禮拜，有各村的教徒去聽，共有十幾人，上課人也有何的哥，名仁堂。

我又在她們周圍部署了黨員和村公安，監視她二人每天的動態和表現以及接近的人物。

對何、于二人近來情況報告

一九五二年七月二十二日

關於何櫃納、于桂春近來情況報告如下：

在七月二十一日，張立學（村黨支部組織委員）到何、于住地，問起上個月去哪裡啦？何櫃納說，到安東去了。

張又問，你們兩人生活怎麼辦呢？

何、于二人說，咱信耶穌就得靠神，老天爺多保佑吧。又說，有點衣服賣點就吃點，咱們傳道十多年，到哪兒教徒還不做點飯吃。

張又問，靠主能吃飯嗎？

她倆說，咱依靠主，但主叫咱死，咱就死。

七月二十二日，何道基向我公安李太昌給何、于二人補假條，又掛上了一個月，至八月二十二日為止（注：當局規定，公民來客必須向所在地公安報告客人來歷及居住時間）。

再，關於上次我民兵到何家查夜時，發現有人扔石頭，現已查清，報告如下：

何家房後有一堆大糞，狗經常去吃，正好我民兵去何家時，狗在叫，何道基拿起一塊石頭朝狗打去。已證實不是打民兵和我。

我們根據何、于二人又延期一個月不走，已在周圍佈置了可靠力量，監視她們二人目前的動態，如果移動，我們就能及時知道，希指示為盼。

此外，「卷宗」記載還有一個叫吳洪林的人，請了一個叫姜永旗的人代筆檢舉何櫝納、于桂春——「辛洪志（孤山教徒）見著她倆穿上新衣服等待，說等著政府捕我們。」

八

夜幕漸漸落下，村子裡傳來幾聲狗吠。

屋子裡點綴著素雅的白花，何櫝納、于桂春正在用採摘來的花草編織花圈。這家人的母親歸天了，基督徒的葬禮沒有焚香燒紙，但要追思和禮拜。

院子裡的狗狂吠起來，屋裡進來兩個身背長槍的民兵，跟在身後的是兩個「便衣」（員警），其中一個喊道，誰是何櫝納、于桂春？兩姊妹停下了手中的花圈，立起身來。便衣將她們上下打量一番：哼哼！就你們倆個呀！走，跟我們走一趟吧！

屋裡人面面相覷，鴉雀無聲。兩姊妹被帶進一個空房子裡，這家人逃荒去了，扔下了房

丹麥女教士陳樂實（Astrid Poulsen，前排左一）、聶樂信（後排左一）、與孤山教友，攝於1929年。

子。屋子裡空蕩蕩的，炕桌上點著一盞油燈。在暗淡的燈光下，人的面孔有些模糊不清，一個「便衣」開始訓話：九月二十一日，鄉政府叫你們去參加宗教整風會議，為什麼不去？（何、于雖未到會，「卷宗」卻有《何櫃納、于桂春二人材料——五八年十月六日孤山鎮宗教整風時整理》）何、于回答：我們在傳福音的路上。訓話的人大發雷霆：政府禁止信教，你們老是頂風上。再說了，大躍進年代，一天等於二十年，大家都在奔共產主義，你們東遊西逛的，不參加集體勞動生產，這就是反對大躍進。

最後，「便衣」喝令何櫃納、于桂春立刻寫出「檢討書」來。

昏暗、微弱的燈光映照著泥牆，兩姊妹把紙放在炕桌上，寫下了「自白書」

（「卷宗」）——

我從二十歲信耶穌後在神學卒業傳道，就是傳福音。近幾年以來，更是專心傳道，以祈禱傳道為事。為甚麼不能參加勞動生產，也是為了主耶穌，因主耶穌愛我，為我捨命流血，替我贖罪，所以，我也甘心為耶穌見證，盼望全世界人都信耶穌得永生。

我生活沒有來源，就是靠主生活，憑信心生活。傳道所去的地方安東、東溝、北井子、莊河、青堆子、大孤山、龍王廟、岫岩，看望信徒，知道的信徒就去看望。從革新（三自運動）以後，有的地方去過一次，也有去過兩次三次，今年沒往遠去，孤山或附近。

于桂春　四十八歲

一九五八年九月二十五日

我從嬰孩信基督教到現在，一心一意傳耶穌道，至死不變，任何工作不能參加，為主活為主死，這是我的心願。不參加生產勞動，為要傳主的道，專心努力，心中不存世事，求主同在，靠聖靈說話，行事不敢犯罪。

對於生活不放在心上，完全交給神，願神的旨意成就。有時吃，有時不吃，吃也好，不吃也行，也不難過。

孤山鎮、莊河、青堆子、岫岩、安東、東溝縣、龍王廟，住在信徒家，以上的地方自教會革新（三自運動）後到過這些地方傳道，今年就在近處。現在仍然傳道，任何環境，任何時候，也不能停止傳道。

何櫝納　四十九歲

一九五八年九月二十五日

在崇正貧民救濟所生活的男子和孤兒。攝於1927年。

1919年夏季，聶樂信與崇正女校畢業的師範班的學生。

九

兩個「便衣」來自安東市局，他們拿到于桂春、何櫃納的「親筆書」——認為這是「非法傳教活動」的證據，立即報告了上司。於是，安東市公安局向東溝縣局發出了一道公函——

安東市公安局用箋

安公政發字第二六五號

為介紹你縣管內小椅圈附近馬崗鄉李家油坊村住有何櫃納、于桂春（女性、係基督教傳教士，無戶口）二人。該二人據瞭解在五一年因係反革命被大孤山基督教堂開除其教內傳教士職務。

由此，本應按一般居民給與監督勞動生產，但幾年來該二人不但未受應有之監督，反而變本加厲的進行傳教活動。嚴重的是，該二人不但各自信仰，還到處赴各地進行大肆宣傳所謂「主」、「神」……即（既）影響了勞動群眾的正常勞動，又違犯了宗教信仰自由，實屬信仰強加如人，並公開拒絕（參加）縣、社召開任何會議，並聲稱：「因她們是傳教士，不能參加社會一切活動……」

根據我們瞭解的情況，該二人的問題實屬嚴重，是否有研究的必要，供你局參考。

注：後附該二人親筆書各一份。

此致

敬禮

安東市公安局（印章）

一九五八年十月五日

（「卷宗」）

大躍進的年代，公安抓人也是「閃電式」的。市局下函的兩天後，即一九五八年十月七日，兩姊妹落難了。

枯黃的葉子，隨風飄落。兩姊妹走在羊腸小路上，唱著起了〈佈道〉歌（聶樂信《青年歌》一九一四年上海美華書館），這是年輕時跟老教士學唱的：

我們出來撒種，種落各地不同，或在路旁石上，／或入荊棘中，不能都結籽粒，也不全然落空，／仍有肥壯美土，結實百倍豐。

好種最為奇妙，芥子一般大小，卻有活潑生機，／天父真精巧，今日撒入田中，雖然無人知曉，／到時長成大樹，枝上宿飛鳥。

要播好種入土，此事誠然辛苦，有時使人憂愁，／含淚出門戶，等到禾稼金黃，等到日期成熟，／禾捆收來萬千，大家同歡舞。

她們來到孤山的街上，房子的牆上塗滿了大躍進的壁畫。道邊有個小男孩，手裡握著一隻小麻雀，頭上長著絨毛，嫩黃的嘴角，灰色的小精靈，一副驚恐不安的樣子。

因為，政府提出了消滅麻雀的口

孤山東禮拜堂，亦稱小禮拜堂。同時，又是孤山基督教青年會。韓戰爆發後為空軍某部借用至今（見文後于桂春「證實材料」）。

號，一時間，上房掏窩、下網捕捉，敲鑼、打鼓、放鞭炮，鬧得麻雀天旋地轉，無處躲藏，最後，累得墜地而死。

何櫝納來到孩子的身邊，她說，你看小麻雀多麼孤單、可憐啊！不要傷害它，天要黑了，讓它快回家吧！孩子眨了眨眼睛，慢慢地鬆開了小手，小麻雀撲棱棱地飛了。

這時，來了兩個「便衣」從兜裡亮出了手銬，眨眼間，何櫝納、于桂春被銬了起來。

十

何櫝納、于桂春從押進東溝縣看守所那天起就開始了絕食——六天六夜。這對於看守所來說，是破天荒的新聞。

夜深人靜，饑凍交切，兩姊妹跪在寒氣刺骨的水泥地上，仰望流進螢窗的一點星光，輕聲禱告。獄警說的「絕食」，對基督徒而言實為「禁食禱告」，在身陷厄運之時，以此向上帝表明心志，尋求神的帶領和幫助。

關於何、于的「絕食」情況，獄警趙玉明寫了一份報告（「卷宗」）——

何櫃納、于桂春二犯在監內表現：

該二犯是由十月七日晚間入監，自入監就絕食，不吃飯，不喝水。入監時搜查腰中是否有危險品，叫她倆把帶的東西拿出來交給政府保管，她兩個人就各留一套神（聖）經，一套是二本，後由我強迫拿出。就在這時，何櫃納和于桂春說，祖（主）啊，不是我們給他們的，這是他們強迫拿去的。

第二天早上（十月八日），我問她倆怎麼不吃飯？何櫃納說，你們把我們關在這裡，神（聖）經都不給我們，我們不吃你們的飯，也不喝你們的水。還說，你們想叫我們不信神是辦不到的。我又問何櫃納，你不吃飯不餓嗎？何櫃納說，不餓，有神保佑，我們堅決不吃政府的飯。你們看吧！我們死了馬上就升天。

在晚間，政府恐怕凍著，差犯人張振隆送去兩條被，何、于不蓋，反而把被子推出監號。

從此，就每天在監號內念經求神，住六天了仍不吃飯，身體已經維持不住，政府就命犯醫給注射葡萄糖。在注射時，她倆大聲求神說，祖（主）啊！你不要叫糖水往裡走呀！我不接受他們的注射呀……

一連注射數次後，仍不吃飯，就決定用麵子飯（玉米麵粥）灌，政府找來犯人灌的時候，她倆還不住的唸，祖（主）啊！這不是我們要吃，這是政府強迫我們吃。並說，政府給我們受刑等。
……

看守所趙玉明
一九五八年十月十六日

十一

十一月五日，安東縣法院開庭審理了何櫝納、于桂春反革命一案。審判長李逑生，書記員崔天生，檢察員何振東。

在辯護人一欄留下了空白，因為，一九五七年律師被「一網打盡」（右派）之後，就取消了律師制度。

在強大的專政機器面前，公民不過是磐石下的小草。法警把兩個女人押上了法庭，旁聽席上一陣騷動，人們伸長了脖子，瞪大了眼睛，彷彿出現了外星人。（以下摘自「卷宗」《審判記錄》）

……

法　官：你（何櫃納）這樣傳道（自由傳道）是合法的嗎？

何櫃納：我們是本著神的旨意傳道，這是我的本分，政府不用我傳道，我也傳，因為神所以我還傳道。

法　官：現在對耶穌教是怎麼考慮的？

何櫃納：現在我還信主，在什麼環境，什麼時候，我也信，就是殺頭，我也信。因為，保羅說過，我為這福音受苦難，甚至被捆綁，像犯人一樣，然而神的道卻不被捆綁。

法　官：你的神在哪裡？

何櫃納：在我心裡。

檢察官：你是無法無天！

……

法　官：你（于桂春）現在對你們信的教怎麼想的？

于桂春：我還信，在什麼時候也信。我們不承認「革新」（三自會），什麼「愛國愛教」，教是人組成的，國也是人組成的，我們愛神在前，並愛人，若不愛神，信仰就沒有了。《路加福音》第八章裡記載，主耶穌說，在人面前不承認我的，我在天父面前也不承認他。所以，我們在誰面前也認主，死後我們才能被主所認。

耶穌還說過，殺身體的不能殺靈魂，不要怕他們，唯有能把身體和靈魂都滅在地獄裡的，正要怕他。所以，就是我們死了也信。

……

猶太學者喬菲茲・切姆說過這樣一句格言：「對於有信仰的人，不會有任何問題；對於沒有信仰的人，不會有任何答案。」

最後，何櫝納、于桂春被以反革命罪分別判處有期徒刑四年。

大孤山，丹麥傳教士在此「播種」了半個世紀，自豪的稱為「獻給上帝的大孤山」。然而，曾幾何時，一場「洪水」沖成了「草木禾秸」。不過，終歸還是給這世界留下了見證：大野皆為沒，孤山獨不降。

附錄一 于桂春證實材料

何櫃納、于桂春度過了四年的鐵窗生活，釋放歸來，依然堅守信仰，組織家庭聚會。在何櫃納魂歸天之後，于桂春參與了落實教產的維權行動——

證實材料

我今年七十九歲，家住孤山鎮，是基督教傳教士。在我二十一歲時，因家庭困難，我就參加了崇正貧民救濟所。同年十二月二十日我受洗入基督教了。我是半工半讀，在軋花廠幹活三年，家庭班幹了三年。當時這個地方大家叫東講堂，分上下院，上院是貧民救濟所，下院是崇正女校，這兩個院總共有房子三百多間，這些房子全是聶樂信組織人建的，都是貧民救濟所掙的錢蓋的。當時東講堂的管事人就是聶樂信，聶樂信是丹麥人，後來入了中國籍。聶樂信救了不少窮人，有一個寡婦領好幾個孩子無家可歸都到東講堂來，有的男人領幾個孩子也到救濟所來做工，基督教會聶樂信把這些窮人組織起來，既養活了自己，又給教會掙了一些錢，教會就用這些錢蓋了這些房子，這些房子確實是基督教會的。土改時，這個上下院就不准搞信教了，崇正女校、貧民救濟所都停辦，這部分房子就放在那空閒的，聶樂信住在那，一些教徒都害怕沾著，都散夥了。五〇年抗美援朝時，部隊將這部分房子佔用了，一直拖到現在。在黨的房產政策下來時，我們都不敢去要這部分房子，害怕被整。現在黨的政策對我們基督教比較關心（國務院、中央軍委，一九八八年四十六號文件），要給我們這部分房子，我非常高興，希望能早日還給我們。現在我們孤山活動點傳教，四十——五十人每個禮拜日來我家做禮拜，真是困難極了，其他活動點也是在住家搞禮拜，困難太大，望黨早日給我們解決這部分房子。

另外，我當時聽說丹麥國教會還資助一部分錢蓋房子。

于桂春（指紋）

一九八九年三月二十一日

（源自《東溝縣基督教會房產材料》）

附錄二　安東市人民法院刑事判決

（一九五八）法刑字第八八二號

本院於一九五八年十一月五日由審判員李逑生擔任審判長和人民陪審員李作臣、何淑蘭組成審判庭，書記員崔天生擔任記錄。在檢查員何振東的參加下，在審判庭公開審理了于貴春、何貴娜因反革命一案。

查受審人

于貴春　女　四十八歲　出身基督教徒　捕前無正當職業　遼寧省安東縣人

現住安東縣龍王廟鄉石灰窯作業區　過去未受過刑事處分。

何貴娜　女　四十九歲　出身基督教徒　捕前無正當職業　遼寧省安東縣人

現住安東縣龍王廟鄉石灰窯作業區　過去未受過刑事處分。

本案業經本院審理完結，現查明：

被告于貴春、何貴娜在青年時即信仰基督教，並曾受過神學等專門訓練。於（一九）四七年二犯曾隨蔣匪潛逃去瀋陽，後乘飛機去青島。於（一九）四九年由青島返回原籍。不久，與孤山丹麥基督教分子聶樂信（地主）等人聯繫，取得合法手續，後即在孤山等地進行傳教活動。但該二犯由於思想反動，在取得傳教的合法手續之後，即一貫反對和破壞國家的各項政治運動，於（一九）五〇年中華基督教總會號召全國各地教會進行「三自革新」運動時，該二犯公開拒不參加教會有關「三自革新」的會議。當教會發動教徒在「三自革新宣言」上簽名時，該二犯以不同意宣言上所提帝國主義分子借傳教進行侵略為由拒絕簽名，並煽動說：「我們不能認定他們（帝國主義）是侵略……」。在（一九）五一年政府號召全國人民捐獻飛機大炮，支援抗美援朝戰爭時，該二犯不僅拒絕捐獻，並向教徒散佈說：「捐獻飛機大炮是殺人的東西，不能捐錢去買殺人的東西，若拿這個錢對不起主，違反人道……」。五一年鎮壓反革命運動中，行政組長找該二犯參加會議，她們不僅不去，還說：「那是傷天害理的事……」五一年銀行發放儲蓄利息，行政組長給二犯送利息錢時，他們不要，並污蔑說：「我們不要這兩個錢，這是不義之財……」。由於該二犯有上述反動行為，於五二年秋被教會開出教籍，此後，該二犯即流竄到莊河、鳳城、安東市、岫岩、孤山、黃土坎等地進行非法傳教活動。不僅如此，該二犯自五三年普選以來即無戶口，當幹部令其起戶口時，該二犯竟說：「信仰主的人不能起戶口，我們的戶口在天上，我們是天父之民，還起什麼戶口」，以此拒不遵守戶口制度，仍到處流竄進行非法傳教活動。因此我公安機關於五八年十月七日依法將該二犯拘留。嚴重的是該二犯在拘留時還公開拒絕我公安人員檢查，當政府將其傳教的書沒收時，該二犯惡毒的說：「這不是我們交給你們的，是你們強迫去的。」在拘留中又拒絕勞動，並說：「我們是靠上帝。」並以絕食抗拒改造。

上述事實，雖被告在審理中企圖隱瞞重要情節，但有證人證明無異。該二犯披著傳教的外衣，一貫污蔑和破壞政府的各項政治運動，特別是當被開除教籍之後，仍到處進行非法的傳教活動，並違犯戶口管理制度，屢教不改。當拘留後又抗拒教育改造，確屬一貫堅持反動立場的反革命分子，必須依法懲處。故根據中華人民共和國懲治反革命條列第十條一、三項規定判決如下：

一、判處被告于貴春有期徒刑四年，刑期自一九五八年十月十一日起算；

二、判處被告何桂娜有期徒刑四年，刑期自一九五八年十月十一日起算。

對本判決如有不服，須於收到判決書第二天起限五日內向本院提出上訴狀以及副本，上訴於遼寧省安東地區中級人民法院。

審判長　李述生

人民陪審員　李作臣

何淑蘭

書記員　崔天生

安東縣人民法院（印章）

一九五八年十一月五日

附注：何櫝納，她的名字在卷宗多被寫成「桂娜」、「貴娜」等，其本人的親筆簽名：櫝納。櫝納是外來語，通常被譯為「約櫝」，誠如有些信徒的名字源於聖經文化的寓意一樣，櫝納，它是基督經典稱為富有傳奇色彩的聖物，它的裡面裝著兩塊石板，那上面刻的是上帝親手書寫的十誡。約三千年前，巴比倫人佔領耶路撒冷，焚毀聖殿，約櫝下落不明。為閱讀方便，對於卷宗內凡是將「櫝納」寫錯的，均以更正。

紅色牧師之夢

1921年，丹麥傳教士柏衛Conrad S. Bolwig先生在大孤山北關所組建的基督教禮拜堂，人稱丹國樓。（圖片引自：美國南加州大學）

一

一九六七年三月，深夜，淒風冷雨，街上偶爾傳來一兩聲狗吠。

孤山教堂塔樓的下邊，有一個黑影在徘徊。他抬起頭來，仰望著風雨中的塔樓，那頂上高聳的十字架早已砸掉了，那是在去年的夏天……

千百年來，木魚聲聲的幽靜之地，突然，彷彿天塌地陷，廟裡的「牛頭馬面」一下子全跑了出來似的，災難降臨了。

一九六六年六月三十日，上午，「以孤山中學紅衛兵為主，並有鎮內廠礦、企事業、學校老師、街道居民約有五百餘人參與摧毀神像活動。」（張所文《大孤山古廟在文革時期遭到嚴重的破壞》，以下簡稱「張文」）

打頭陣的是孤山中學的「紅衛兵小將」，其他人尾隨其後，唱著歌曲喊著口號爬上山，用了兩個小時的功夫，掃蕩了孤山上下的古跡、文物。泥塑木雕的砸碎了，銅鑄鐵澆的掀翻了，搗毀石碑，潑汙壁畫，木匾、經卷毀之一炬，十六尊唐代鐵羅漢像被推倒在山下的水溝裡。「砸爛的文物主要有：泥塑、木雕、銅鑄像有四百多尊；碑碣十三通；壁畫五十餘幅等。」

（「張文」）

從那時起，他的胸前就縫上了一塊白布，上面寫著：孫信愛　右派　丹麥特務。家也被抄了個底兒朝上，搜尋丹麥人留下的「電臺」。屋外的牆上貼滿了揭發「反動」的大字報，同時，「勒令」隨叫隨到，接受批鬥。

從此，白天挨鬥，晚上遍體鱗傷地回到家裡，感到最難心的事是對不起兒女（兩個女兒一個兒子），因為老子反動，孩子也成了「狗崽子」、黑五類（「地富反壞右」），胸前戴著的「頭像」，沒稀罕幾天，就被戴紅箍的（紅衛兵）全都薅去了，「狗崽子」哪有資格戴「聖像」呢？更不用說「造反」了。因為，「只許左派造反，不許右派翻天」。看到孩子們迷惑、委屈和悲傷的眼神，他的一顆心就像被一把刀戳碎了。從被打了右派的時候起，孩子們就被踩在泥裡了。

一九二八年一月七日，孫信愛年方十九便「信而受洗」，皈依了上帝。並且，為了以明心志，將原名「瑞景」改為「信愛」。風風雨雨，一路走來，想來思去，有些剪不斷，理還亂，彷彿沉溺在一個混沌、迷茫的世界裡。

二

滿階芳草綠，一片杏花香。

「孤山鎮教會在土改時停止了活動，一九四九年，在黨的支持下又開了門」。（安東縣法院，一九五八年刑字第八八二號卷宗：〈何櫝納、于桂春反動言行〉，以下簡稱「卷宗」）因為，剛開門，教堂空空如也，冷冷清清，偶而的身影是一個年近八旬的丹麥老人，人稱「老教士」的聶樂信小姐。於是，基督教信義會東北教區為孤山派了一位牧師，從臨江縣八道江而來的孫信愛，一個賦有聖經文化色彩的名字。

一九〇九年二月十一日，孫信愛生於河北昌黎縣，在家鄉讀完了高小之後，攻讀南京金陵神學院函授科。兩年後，入讀安東（劈柴溝）信義道神學校，在該校讀了兩年，然後，在哈爾濱基督教會做傳道士。次年，即一九三四年，又被教會送往湖北灄口信義神學院深造。出校後，曾在寬甸、岫巖以及安東等地傳經授道。後來，去了吉林臨江。二十八歲（一九三七）榮任牧師，四十一歲到孤山，正是年富力強之際。經歷了戰亂歲月的人，對於新政充滿了憧憬。孫信愛來到孤山，懷有「重整山河」的抱負，希望教會得以復興。

一九五一年四月，報上說，北京召開了一個會議（政府院宗教處在京召開「處理接受美國

丹麥傳教士在安東劈柴溝建立的神學院，孫信愛曾在此就讀。
此圖係丹麥人包愛光Helga Pallesen（一九二七年生於劈柴溝）女士提供，其父包樂深Anders Aagaard Poulsen（一八八〇－一九五七）曾任該校校長。

津貼的基督教團體會議」），文教委員會副秘書長邵荃麟致開幕詞，其中說道：「這次會議的任務是切斷中國教會與美帝國主義的關係，推進三自運動」。他還說，中國基督教會就好比一座房子，「這房子過去長時期被帝國主義所利用，面有很多老鼠，臭蟲。現在首要的工作是打掃房子，把這些老鼠，臭蟲一齊趕出去。」

會後，《人民日報》發表社論《開展基督教對美帝國主義的控訴運動》。

四月二十五日，「三自會」做出了決議：「普遍展開對潛伏在教會內部之帝國主義分子及敗類之控訴運動」。

中共搞任何運動，首先要培養一群打頭陣的，就像土改要發動一幫「窮棒子」。如今，要整肅教會，崇拜黨的領導，就要把「老鼠，臭蟲一齊趕出去」，需要一批「領頭羊」，而教會的「領頭羊」當然是牧師了。於是，孫信愛和許多教牧人員一起享受了洗腦的「待遇」。在政府的領導下，集中受訓，通過學習、發言，達到共識，也就是將思想統一到「紅頭」文件上來。然後，把「領頭羊」放回群裡去，以「上帝的名義」來灌輸「愛國愛教」，用愛國主義「飼料」將「群羊」圈養起來。

結束了培訓，走在回家的路上，孫信愛若有所思，培訓會上說，在北京的一個控訴會場上，青島基督教聯合會的書記在控訴一個人時，問臺下的人——「這樣的人，該不該殺？」台下響起一片「該殺，該殺」的怒吼。開會的人（一百五十四名）都是宗教領袖、神學名流，講起聖經來幾乎倒背如流，可是，竟喊起「該殺」來了，聖經上不是說「不可殺人」嗎？孫信愛的心裡產生了了迷惑和疑懼。

三

在「三自運」動中，教會首要的任務是，要割斷與帝國主義的聯繫，要控訴教會內的「帝國主義分子及敗類」，要把「老鼠、臭蟲」趕出去。那麼，誰是「老鼠、臭蟲」呢？帝國主義「培養」的牧師如何躲過這一劫呢……

孫信愛惶惶不安，「該殺」的怒吼，不絕於耳。他在年輕時開始讀神學，從一九三〇年起，先是讀南京金陵神學院函授，接著，入讀安東劈柴溝神學校，而且，先後兩次，中間被送往湖北灄口，在那個年代，這些神學校都是西方傳教士所辦，由此而言，說中國的教牧人員是帝國主義「培養」的，似不為過。可是，怎樣才算「割斷」了「與帝國主義的聯繫」，洗去這個標記，或者說，如何向「權柄」表明心跡，以求「平安」呢？這是孫心愛所夜不能寐的問題。

這時，「簽名運動」（三自愛國運動）波及孤山，教徒紛紛簽名，卻發現女教士何櫃納、于桂春竟然沒有簽名。上邊（縣政府）瞭解這個「動向」之後，指示孫信愛必須叫這兩個女教徒簽名，這是「政治任務」。但是，孫信愛和劉寶（教會執事長）的說服沒有成功。但是，事情並沒有完結，孫信愛又領了任務：在運動中，要注意何櫃納、于桂春的「言論」，也包括其他人。並且，要隨時向組織彙報。由此，孫信愛從教會的「牧師」逐漸演變成了「思想員警」，積極「協助政府來肅清潛伏在教會中的反革命分子」。

六月六日，在中共中央全體會議上，毛澤東宣布：「帝國主義在我國設立的教會學校和宗教界的反動勢力，都是我們的敵人，我們要同這些敵人作鬥爭」。於是，揮手之間，在大陸的西方傳教士，除了身陷監獄的而外，一律驅逐出境。並且教會的學校、醫院、孤兒院等機構，全部被政府接收。同時，對於教會內部也加劇了整肅。在孫信愛的主持下，孤山教會開除了何櫃納、于桂春的會籍和傳道士的職務。同時，在會上聲明不許「老教士」（聶樂信）步入教堂。

何櫃納、于桂春被教會掃地出門了，帝國主義分子「老教士」也被關在門外了。看來，孤山教會裡的「老鼠、臭蟲」已經清除了，房子打掃乾淨了。孫信愛可以高枕無憂了。然而，樹欲靜而風不止。

一九五七年八月七日，「三自會」做出決議，要求全國基督徒回應毛澤東的號召，積極參加「反右派鬥爭」。

四

一九五八年秋，兩個員警找到孫信愛，說要瞭解何櫃納、于桂春的情況。孫信愛有些吃驚，說她倆早已離開孤山教會了。員警問何時離開的，什麼原因，要求孫信愛寫份材料。於是，孫信愛憑著記憶寫了「何櫃納、于桂春的材料」。（一頁紙）員警看了一眼後，嫌過於簡單了，要求再寫一份詳細的材料。孫信愛說，事情這麼多年，記不清了。這時，員警說，現在是公安大躍進，要注意站穩立場。孫信愛看著那咄咄逼人的眼光，說回家想一想再寫吧！

夜深人靜，老婆和孩子在東屋都已入睡了。孫信愛一個人在西屋，炕上放著飯桌，他坐在那發悶。自從何櫃納、于桂春兩姊妹拒絕「簽名」以來，就成了「黑名單上的人」，他所彙報的情況並非忘記了，只是心情有些不安。現在公安大躍進，到處抓人，公安來要材料，顯然，兩姊妹恐有牢獄之災啊！不能救人於水火，反而「投石頭」，豈不是背主賣友、落井下石嗎？孫信愛有些「游移不定」，但思前想後，最終，他還是選擇了中國人的「明哲保身」。以下是「卷宗」裡的記載（安東縣人民法院，一九五八年刑字第八八二號卷宗）——

何櫃納、于桂春反動言行

何櫃納　（女）原籍　安東縣黃土坎區石灰窯鄉宋家油坊　出身　幼稚園教師　文化　中學　成分貧農

于桂春　（女）原籍　安東縣孤山鎮西關街于家菜園子　出身　針織工人　文化　神學畢業　成分中農

何，原非教會傳道人。於在鳳城縣女子神學院畢業後，曾於東北信義會幾處傳道，最後，在安東市教會傳道，那時，何在安東市教會的幼稚園做保姆工作（幼師）。

何、于走的路線一貫是反動的

「九三」勝利時，她倆居於安東市。安東市解放後，她們逃到瀋陽，瀋陽解放後，她們逃到青島（那時美帝國主義的侵略軍正居青島）。

當美帝國主義侵略軍退後，她們仍居青島，久待美帝國主義捲土重來。全國解放後，她們的希望成了泡影。隨於一九四九年冬季來到孤山鎮，被帝國主義分子聶樂信（Marie Ellen Nielsen，丹麥女教士，大孤山崇正女校、貧民救濟所的創立者）接待，供給她們房住和工薪。她們效忠帝國主義分子聶樂信，一貫執行她的旨意。

乘機竊取傳道職務

孤山鎮教會在土改時停止了活動，一九四九年，在黨的支持下又開了門。但無傳道人負責，她們在聶樂信支持下登了台。

教會的信徒經過各項運動政治覺悟提高，她們的反動本質暴露

一九五一年春，東北教區因孤山教會無人（牧師），議決調遣我來孤山教會負責。當年，吳耀宗先生等發起三自愛國革新宣言，在教會內展開學習，並發動信徒簽名運動，良善的信徒們都爭先恐後的簽上了名，唯獨該二人拒絕簽名。並大肆破壞，到處傳佈帝國主義毒素，超政治（言論），我和執事長劉寶屢次說服教育，但該二人執迷不悟，頑固到底。

為地富分子隱瞞成分，混亂教會，破壞教會的團結

因為我初到孤山，不太明白信徒的實際情況。但該二人將信徒的成分「地富」都寫成「貧農」，這樣使「地富」打入教會，與帝國主義分子聶樂信相互勾結，企圖把教會領到反動道路上。這些地富分子在教會非常囂張，百般諷刺分過他們產業的貧農信徒，更猖狂地在教會中散佈反動言論，反對黨，污蔑政府，打擊進步信徒。

教會在黨政的領導和支持下，採取正確的步驟，她們向黨及教會猖狂的進攻

一九五一年，在黨的領導下，大張旗鼓、轟轟烈烈的開展了鎮反運動。教會響應黨的號召，為純潔教會內部，清除了地富分子；為斷絕與帝國主義分子的聯繫，革除了聶樂信的會籍，解除參加教會活動的權利。

該二人看到她們的支柱逐漸被取締，呈現孤立狀態，則變本加厲的向黨進攻，明目張膽的說：「鎮反是傷天害理的」。

當教會響應抗美援朝「六一」號召，捐獻飛機大炮，痛擊帝國主義的瘋狂進攻，該二人散佈說，捐獻飛機大炮是殺人流血的，信徒以愛為本，不可參加，因為違反神的誡命。

當愛國儲蓄還息還本的時候，她們把還給的錢扔在地上，說：「這是不義之財」。

革除教會傳道職務以後

一九五一年，教會在黨的支持下，經過座談，大家的認識提高，取得政府的同意和我東北教區批准，當地教會執事會的決議，革除她們的傳道職務。她們即以自由傳道為名，到信徒家聚會。拉攏部分信徒，散佈「超政治」毒素。

五四年，她們私自到北京基督教會堂反革命分子王明道處，得到王的惠待。當王明道的反革命活動被揭穿後，全國信徒一致聲討。該二人當年八月回到東北，以王明道為招牌到各地散佈毒害人民的思想。曾對孤山教會信徒說：「王明道不參加『愛國會』（三自會），聚會的人也很多。」

該二人幾年來即漫遊各地信徒家撞騙財物

一九五七年夏，曾在岫岩、安東、哈爾濱、孤山等地進行活動，以義務傳道為名撞騙財物。（注：卷宗無證實）

該二人遷移到石灰窯鄉四年之久，不起戶口，說，起戶口是犯罪行為。她們說：「孤山教會很好，但叫牧師領導壞了。」指我領導教會走「愛國愛教」的道路。

當「除四害」講衛生運動時，她們阻止兒童抓麻雀。

該二人於青島時，有安東市的傳教士顧美箴（詳見〈荊棘叢中〉），顧乃右派分子，她們同時到東北各地，所作所為完全一致，是否同一受到某帝國主義的指示。

她們從北京回到安東販賣王明道的反動貨色時，安東教會陳牧師（陳景升），顧（美箴）每天把她們送到信徒家去。

關於她們生活費的來源，除于（桂春）的哥哥于同利接待她們住幾天，或者有時給她們送些東西外，別的未得到線索。

孤山鎮中國基督教信義會

孫信愛

一九五八年九月三十日

孤山東講堂院內

五

十月七日，何櫃納、于桂春被逮捕了。

當時，孫信愛在安東參加宗教界社會主義學習（整風）。會議結束之時，在宣布「右派分子」的一長串的名單中，點到了「孫信愛」這三個字，猶如晴天霹靂，震得孫信愛失魂落魄，彷彿從懸崖上一頭栽了下來。這是一場噩夢嗎？孫信愛幾乎不相信自己的耳朵。從會場出來，他找到一個背靜之處，坐在一棵樹下，開始沉思，自己說了什麼錯話，做了什麼錯事……

中國有句話「禍從口出」。可是，作為一個牧師來說，口若懸河，滔滔不絕，這也是他的特長，傳經佈道所需要的。但是，對於聖經裡的「毒素」，上頭規定了「不許講」，孫信愛從未越雷池半步。比如：

「不可和不信的人同負一軛」，這話有害於團結；

「不要愛這個世界」，這是叫人不愛黨，不愛社會主義；

「世界末日」，這是散佈恐慌情緒，共產主義一定要實現。

反右以來，孫信愛參加了幾次會議如「安東縣第一次各界人士座談會」、「遼寧省基督教教牧人員愛國主義學習」，等等。會上一再動員給黨提意見，幫助黨整風。起初，孫信愛是啞口無言。可是，架不住一勁兒的「忽悠」，什麼「知無不言，言無不盡」，什麼「言者無罪，聞者足戒」，說得天花亂墜。特別還提出，只有幫助黨整風才是「忠誠」於黨。終於，孫信愛發言了，沒想到卻成了「反黨言行」。下面是孫信愛在一九六一年十二月八日的親筆「檢討（引自其「右派」卷宗）——

過去大城市教會的教牧人員是帝國主義利用宗教侵華的工具，鄉鎮教會受到支配，處在被動的地位。但土改時，鄉鎮教會和教牧人員的什物均被分掉，而城市教會和教牧人員的什物分毫未動。現在，鄉鎮教會的房產均被處理，連職員住的房子仍須外租，但城市教會的房產自己住的有餘，更出租若干。政府為什麼單打「小卒」而不打「老帥」呢？

——**這是歪曲黨的政策，污蔑黨的宗教政策**。

政府幹部下鄉瞭解鄉下教會不開門的情況時，鄉下教會信徒說，農活太忙沒有時間禮拜，也沒有時間張羅教會的事，不開門吧！教會開門也沒有時間聚會。但當教會牧師到鄉下教會去見信徒，他們則為他們的教會被關門而痛哭流涕。

——**這是對政府幹部的污蔑**。

果樹隊（孤山）不注重技術管理，滿園都長了草。

早期的安東劈柴溝信義神道學校，孫信愛曾在此就讀。

果樹隊把住家的屋前老太太的葡萄都摘去，有的群眾說，果樹隊似強盜一樣。

果樹隊摘完了果子，就把全隊的人散了，各投方便，不搞副業生產。

——這是對合作化進行攻擊。

六

孤山，雖說是「山高皇帝遠」，但「運動」並不落後，孫信愛也一直是跟著潮流跑，憑著表現積極，混上了不少的差事——基督教東北教區秘書長，本地掃盲協會副主任及教學研究組組長、居民組長等，雖說是芝麻大的官兒，也是黨的信任吧！孫信愛還不失天真的一面，其實，這不過是被「使喚」而已。一下子被打了右派，感覺被人家「卸磨殺驢」了。他認為「犯錯誤當時，看黨對我是太狹義，很輕易的給我戴上右派帽子」。（「右派」卷宗，下同）孫信愛有所不知，一個十二歲的小孩子（張克錦），只因畫了一幅漫畫就抓進監獄，關押了七年，叫做「右童分子」。（鐵流〈十二歲，中國最小的「右派」〉）

一九五八年底，「三自會」的領袖吳耀宗在上海作了「加強反帝愛國工作，清除殘餘反動分子」的彙報。他說，經過社會主義教育，我們明確了教牧人員屬於不勞而獲的「剝削階級」，必須對他們進行勞動改造。隨之，教牧人員聽從政府的安排，參加人民公社，做工和務農。教堂由公社規劃，保留一點裝潢門面，大多數用於支援大躍進，改成工廠、倉庫等。江蘇省常熟縣原有教堂三十八所，天主教二十九所，基督教九所，通過所謂的「獻交」，最後只給留下各一所（伍小濤《反右與江蘇的宗教改造》）。在中共統戰部工作會議上（一九五八），青海統戰部長說，「我們要向內內外外證明我們是允許宗教信仰自由的，那是因為我們要向馬克思所說的那樣，徹底消滅宗教。」

由此，農村教會的聚會停止了。作為「右派分子」的孫信愛被送到了孤山果樹隊，交由群眾監督生產，勞動改造。在勞改中，規定要寫「思想彙報」。孫信愛在一篇幾千字的「思想總結」中（一九六一年十一月三十日），對總路線、大躍進、人民公社這三面紅旗進行了一番歌頌。這也是黨的要求，是擁護還是反對，必須表態，誠如胡適先生所言，這是一個連「沉默的自由」也沒有的時代，人徹底喪失了「不說話」的權利。除了一些「套話」，孫信愛對自己的基督信仰進行了反思：「本想更應與黨接近」，卻是「與黨有很大距離」，這是為什麼呢？他在腦子裡默背了一遍自己填寫的履歷表——

上學：

一九一八——一九二四昌黎縣五區初高級兩級學校
一九三〇——一九三五南京金陵神學院函授科
一九三一——一九三三安東信義神道學校
一九三四——一九三六湖北灄口信義神學院
一九四〇——安東信義神道學校

工作：

一九二四——一九三〇哈爾濱益發銀行職員及會計
一九三三——哈爾濱市基督教會任傳道士
一九三六——寬甸縣基督教信義會傳道士
一九三七——岫岩縣基督教信義會任牧師
一九四二——安東市基督教信義會牧師

一九四四——臨江縣八道江基督教信義會牧師
一九五〇——安東縣孤山鎮基督教信義會牧師

從上學到工作，自己的一生都在「信耶穌」了。若非如此，哪有這麼多的逼迫呢？他挖掘了深層的原因——

一九五八年秋，我在安東地區宗教會議上犯了錯誤，定了右派，被處理監督生產，仍回原隊勞動。經過幾年黨的教育，我更應與黨靠近，但事實相反，與黨仍有很大距離，這是為什麼呢？主要因素是宗教，它成了我與黨中間的障礙。我犯錯誤的主要原因也是因為宗教問題。我雖然是想爭取改造，但改造仍未徹底，所以我犯了錯誤。所以，我爭取在勞動中積極鍛煉和改造。

通過學習，我深知唯心主義是唯物主義的敵人，二者冰炭不能同爐。唯物世界觀是實際的、科學的動力。據我學習所得，唯物主義始能解決人生的一切問題，能使人動腦筋探討事物，搞發明創造，為實現未來的理想而奮鬥。我斷然拋棄唯心主義而樹立唯物主義世界觀。從此，我未參加一次宗教活動，也未向人談論過一次宗教事務，並努力研讀唯物論書籍二十餘種。

丹麥牧師外德勞（Rev.C.WaidtLoew，後排右一）與中國牧師前排右起：閻寶鼎、候執盛、陳景升、閻興紀、賈恩膏（圖片源自美國南加州大學）

七

一九六〇年春，杏花滿枝頭。

「嘟嘟……」果園裡響起一串哨音，社員們停下手中的活，圍了一個圈子，當中站著一個男人，彎著腰，一副誠惶誠恐的樣子，原來，社員們要開批鬥會。

批鬥的內容是，右派分子孫信愛是怎樣給帝國主義當走狗的，換句話說，孫信愛跟著「老教士」（聶樂信）在孤山都幹了哪些壞事。

一陣春風送來杏花的芬芳。《東溝縣誌》記載，孤山杏梅是聶樂信從丹麥帶來的黃杏和本地的山杏嫁接而成。起初賞花，後來發現結下的果實不再是酸澀的小杏，而是鮮黃泛著紅暈，吃在嘴裡甜中帶酸，清冽爽口。從此，孤山的春天，除了桃紅李白，房前屋後，泛起一片片粉紅色的雲霞。

在社員們的吼叫聲中，孫信愛顫抖起來，只覺得眼前一黑，昏倒了。身旁是他幹活的工具，一個圓筒狀的東西，是給果樹打藥的噴霧器，銅質的「洋貨」。本來壞了，送到修配廠六十多天沒修好，隊長王國文要把它賣破爛了，孫信愛拿過來硬是給鼓搗好了。他躺在地上慢慢睜開眼睛，杏樹下，一片模糊不清的臉……

這時，人們端詳起這個人來，面色黧黑，臉頰瘦的顴骨都呲出來了，目光黯淡，花白的頭髮稀疏無幾，彷彿一個陌生人。不知誰去喊來的，老婆和孩子趕著一掛驢車來了，扶著孫信愛上了車。孫信愛的昏倒，人們以為他是「餓」的。經過大夫的診察，孫信愛是生病了。

「不幸於一九五九年秋末即病倒了。一九五九－一九六一長時期中病仍不斷的犯，並且很重，叫做「阿狄森氏」病。這種病不適合體力勞動，因此，病勢逐漸加重，勞動的情況隨之受到嚴重的影響。家裡債臺高築，至今外債仍有二百餘元。因病勞動無力，就今年來說病了六個多月，收入少，無力還外債。生活困難，精神受到壓制。」（「思想總結」，下同）

禍不單行的是，又趕上大饑荒年代，三尺腸子閑了二尺半，還要「大躍進」。一個黃河邊的農民（侯永祿《農民日記》）記下了當年的民諺——

「鼓足幹勁，一天半斤」。

孫信愛（1909-1967）

「毛主席萬歲，喝糊糊站隊」。

「人民公社好，頓頓吃不飽」。

鬧病，挨餓，在如此煎熬的日子裡，孫信愛讓自家孩子餓肚子，竟然每個月從家裡剩出六斤糧，交給組織——送給每天定量四兩糧的三個「勞動力」。

雖然日子過的很艱難，但孫信愛表示要「與黨並肩作戰」——

「在低標準糧食的情況下，出現了小偷小摸的不良現象，這些人是在革命道路上墮落的人。」

「更有的反革命分子、壞分子興風作浪，大肆盜竊，造成社會秩序混亂，是經濟問題，更是政治問題，應予以有力的打擊。」

「一、檢舉壞人壞事十餘份（材料在公安機關）；

二、在三反運動中提供了些有價值的材料，起到極大的作用，有力的打擊了違法亂紀和貪污分子。」

八

寒風淒淒，細雨迷離。

孫信愛朝小東山望去，眼前浮現出「老教士」（聶樂信）的臉龐，幾個教徒站在教堂門口，擋著「老教士」走進時，她的眼睛濕潤了，流露出憐憫和悲憂的神情……

他的腦海裡又浮現出何櫃納、于桂春的匆匆身影……

孫信愛戴了三年的右派帽子後，命運有了轉機。上邊根據他的改造表現，「考慮他本人是基督教的一個牧師，又是一個統戰對象，是有政治影響的人物，可以摘掉其右派帽子。」（一九六一年十二月八日）可是，帽子摘了，還叫你「摘帽右派」，看來要背一輩子黑鍋了。腳上的泡是自己擀的，可是，株連老婆和孩子，叫人如何活下去呢……

在果園勞動時，看到報上號召教牧人員在勞動改造中成為「紅色牧師」、「紅色神父」（一九六〇年，中國基督教第二屆全國會議），不由得怦然心動。然而，曾幾何時，煙消雲散了。

歲月像一把無情的刀把他削得骨瘦如柴，眼裡流露出難以言說的孤寂與痛苦，主也背叛了，友也出賣了，已經揮刀自宮了，還要怎麼樣呢？沒收了人的信仰，閹割了人的精神，還不算完，難道非要把人從肉體上消滅嗎？

一隻小狗跟在身後，孫信愛幾次彎腰撿石子兒，狗卻一直悄悄地跟著。「當他所有的朋友都掉頭離去，狗卻義無反顧。當主人的財富消失、聲譽掃地時，狗對人的愛仍如天空運行不息的太陽一樣永恆不變。」（美國著名律師佛斯特）一聲歎息，淚水溢出了眼眶。在一個彎曲悖謬的世代，人們的良心就像經不起石磨碾壓的穀粒，變成粉末了。

霧氣沉沉的清晨，孫信愛的老婆帶著兒女，在一隻小狗的引領下，找到了丈夫的歸宿，一口深深的水井。

人試圖靠自己狡猾之心來擺脫悲劇的發生，可是，卻永遠沉入罪惡之中。

注：一九六七年三月，牧師孫信愛在迫害中投井自殺的三個月後，孤山教會執事長劉賓、執事由傳賓相繼自縊而身亡。

附注：本篇寫作主要源自以下素材：

一、孫信愛的有關卷宗，一是本人的「右派卷」；二是有關的刑事卷宗，即東縣人民法院一九五八年刑字第八八二號卷宗（何櫃納、于桂春）。

二、二〇一一年三月十六日－十二月二十三日，與由長安先生（醫生）的訪談記錄。

由長安的父親由傳寶（醫生）年輕時畢業於丹麥人所建的三育中學，後由丹麥人送往岫巖西山醫院學醫；母親叢淑玉畢業於丹麥人所建的神道學校。二人都服侍於孤山教會，前者任執事，後者任執事長。文革中，由傳寶不幸被迫害致死（一九六七年六月）。

何處是歸程

大孤山崇正貧民救濟所的四個兄弟：一為大廚，二為業務經理，三為農場肥料保管員（右一）。他們都是最早和我們在一起工作的人。
該所是丹麥教士聶樂信（Marie Ellen Nielsen）小姐於民國初年所建。圖片引自聶樂信拍攝的寫真集《大孤山寄宿學校》（1928年丹麥教會出版）。

一

一九四八年春節，大孤山的農民獲得了翻身果實。這是土改帶來的好處，不僅農民分到了土地，而且，還給「被鬥地主丹麥人聶樂信（Marie Ellen Nielsen）留有兩頭奶牛、果樹和住房」。（一九六〇刑字第一九〇號王生仁刑事卷宗，下稱「卷宗」）

大孤山人的心腸還是軟的，假如在北邊（寬甸縣）的山裡，「被鬥的地主一律被趕到山上破屋裡住」，還有更惡毒的是，「楊木杆子邱會長將地主心挖出來咬著吃」。（《寬甸風雨錄》尚振生主編，以下簡稱「風雨錄」）。

不管怎樣，暴風驟雨總算過去了，天空雖然沒有出現彩虹，但人們總可以過安穩日子了。聶樂信小姐已是古稀之年了（一八七一年生），人們叫她「老教士」，說不準哪天爬不起炕了，誰來照料她的飲食起居，分給她的奶牛需要餵養，果樹也不能讓它當成燒柴吧！可是，一個被鬥地主、帝國主義分子，誰還願意跟她「沾包」（連累），唯恐躲之不及。何況，繁華已盡，就像一頭老奶牛已經衰弱、乾癟，擠不出「奶汁」了。孤山鎮土改工作隊長肖洪儒（後任鎮長）站在會場中間，看著滿屋子的人，高聲地問道：有沒有願意「照顧」老教士的，舉手。

昏暗的燈光，刺鼻的煙草味，一張張困倦的臉龐。這時，從人堆裡站出來一個漢子，三十歲出頭的王生仁。於是，這個農民就成了「老教士」身旁的「照顧人」。由此，他就變成了：「出身：洋奴　成分：貧農　現職：給被鬥地主丹麥人聶樂信管莊」。（《安東縣公安局提請批准逮捕書》一九五九年八月二十八日，下同）。

「從一九三三年至我軍第一次解放（一九四五年九月）孤山鎮，該（王生仁）以耶穌信徒、洋奴給丹麥基督教頭子、地主聶樂信經營土地，菜園。一九四七年聶（聶樂信）被鬥以後，雖已無地可種，但仍以洋奴身份為聶效忠。」可是，王生仁自己說，從前，根本沒當過什麼「管莊」，只是在教會做飯，一個「廚子」而已。

《東溝縣史志通訊》（一九八九年第一期）記載：「聶樂信利用丹麥募捐辦教的資金，以孤山鎮支持者陳士美的名義，在孤山購置了七百餘畝土地（因不許外國人在中國買土地）、葦塘、果園和漁船，造房兩百七十餘間房舍，並委託陳士美代為管理。」如此看來，稱陳士美為「管莊」，還是較為靠譜的。

春節後，三月十九日，安東縣委、縣政府召開縣、區、村幹部會議，學習上級「平分土地打擊面過寬，迅速縮小打擊面，糾正對中農的侵犯」的指示，作出了《關於土地改革運動糾偏意見》（《為了共和國的誕生》中共東港市委黨史辦）。

土改「打擊面過寬」要「糾偏」。可是，談何容易？人被打死了，財產被分了，甚至有的地方還霸佔了人家的女人。在劉少奇領導土改的地方（晉綏），「不僅僅地富和鬥爭對象的女

聶樂信與陳樂實Astrid Poulsen小姐在大孤山留影，後來，陳著書《天使的翅膀——聶樂信在中國的六十年》。（此圖引自美國南加州大學）

人被分配掉，就是富裕中農也不例外。富裕中農馮萬禮的閨女就分配給了貧雇農。」（魯順民〈「左」傾風暴下的黑峪口〉，二〇〇五年十期《山西文學》）這正是魯迅筆下阿Q神往的革命：「我要什麼就是什麼，我喜歡誰就是誰」。無怪說，革命是盛大的節日。其時，「糾偏」主要是說「中農」的東西被分掉的要「原物退還」。但貧雇農說，「得到一塊肉，剛在鍋裡炒了炒，還沒吃到嘴裡，就叫吐出去」。（「風雨錄」）可見，「貓嘴裡掏魚」，難啊！人是貪婪的，何況白白到手的東西，哪怕是一個挖耳勺。

當時，孤山教堂的凳子也分光了，根據「糾偏」政策，肖隊長提出教堂的凳子應該退還教會。那時，教會的人都散了，肖隊長就把討還凳子的差事，落在了王生仁的頭上。有了「尚方寶劍」，王生仁就去討還凳子，大都在北關街道辦事處和葦塘管理所。結果，「狐狸沒打著，惹了一身騷」，凳子沒要回來卻成了一條罪狀——

「幫助被鬥地主聶樂信反把。」；

「公開向街道幹部王松濤要聶樂信被分的凳子」（《安東市中級法院刑事判決書》（六

○）刑字一九○號）。

二

土改時，流行一句話叫「砍大樹，挖財寶」。上半句是說要把地主鬥倒，後半句是說要把地主家掩藏的財產都挖出來，一句話，就是打倒、分光。聶樂信這棵大樹，雖然也砍倒了，東西也分光了。但是，她又成了政府的債主，軍隊的房東。難怪孤山人說，老教士是「屬螃蟹的，肉在裡頭」。

孤山一帶多為水田，秋後脫穀後的稻草，除了做飼料、苫房子、燒柴，還可以編織草袋，也叫草包，當地把編織草袋叫做「卡草包」。

一九五○年，孤山鎮政府辦起了一家草袋廠，起初生意還不錯，後來，不知怎麼日漸衰落，以至工人拿不到工資了。解決這個燃眉之急只有借債了。可是，孤山的「富人」都被鬥成「窮鬼」了，「錢莊」也化為烏有了。這時，鎮長肖洪儒想起了「被鬥地主丹麥人聶樂信」。對於聶樂信的好善樂施，大孤山早有記載：「一九一一年（清宣統三年），先有一貧困婦女申請賒濟，聶樂信憐憫矜恤，慷慨資助。此福音迅速傳開，因窘拮据的窮人聞風而至。」（《東溝縣教志》姜振芙）後來，聶樂信在她所建的崇正女校南端又辦起了崇正貧民救濟所。雖然，聶樂信成了「被鬥地主」，但是，丹麥基督教會沒有忘記，這只留守大孤山的孤雁。所以，「聶樂信的生活主要靠丹麥基督教會每月匯款二、三百元，有時匯給一千元，直到聶樂信病逝。」（辛國祥《聶樂信女士在大孤山》）。這老太婆有經濟「外援」，政府是知道的。但是，堂堂的政府是無顏向一個「被鬥地主」借債的。於是，就找到了王生仁，讓他做中間人來撮合此事。王生仁是個直性子人，不會繞彎子。他問肖鎮長，讓我去和「被鬥地主」借錢，能不能說我沒有站穩「立場」，再把我給「鬥」了。肖鎮長笑著連說，不會不會，你這叫為政府「分憂」，我，你還不相信嗎？王生仁說，人能靠得住嗎？你看「老教士」救濟了多少人，土改時，都翻臉不認人了……

聶樂信聽王生仁說政府不給工人發薪，好多人等米下鍋，政府要我來跟你借三百元錢。聶樂信說，錢很快就寄來了。意思是說她手頭沒有那麼些錢。聶樂信一生清淡，雙手不離針織，丹麥教會給她的年俸（舊幣一千四百元）分文不取，全部捐給了所從事的的慈善事業。晚年丹麥的匯款除了生活所需而外，大都用來救濟窮人了。

終於，政府從王生仁手中拿到了聶樂信的三百元錢。在那個年代，三百元錢並非小可，因為，一個普通工人的月薪也就是二、三十元。未曾想借債到期了，政府卻拖著不還，欠債不還，臉上無光，因為要面子，還要擺出「財大氣粗」的樣子。王生仁覺得不合契約精神，氣憤之餘說了幾句有傷領導面子的話。

大孤山崇正貧民救濟所的老媽媽。（圖片引自美國南加州大學）

三

夏季，韓戰爆發。在孤山不遠的大姜屯，軍方要建立一個臨時性的軍用機場。由此，鴨綠江入海口的孤山一帶就成了前線。

十月，軍隊的人馬陸續開進孤山，老百姓的家裡，山上的廟堂，都住上了軍人。耳朵眼兒大的小鎮，一下子湧入「大部隊」，安營紮寨成了問題。這時，首長發現了丹麥人遺留下的空房子（崇正女校等），於是，便向鎮政府要求借住。於是，在肖洪儒鎮長的主持下，部隊住進了基督教崇正女校的那一片房子。

「經查證，有史料記載，一九〇三年由丹麥基督教國外佈道會資助，由基督教傳

孤山崇正女校遺址，陸軍某部曾借用此房。作者攝於2013年秋。

教士聶樂信（丹麥人中國籍）組建，在孤山東關魁星樓北側建了基督教會牧師府樓、教堂、崇正女校等一百餘間房屋。一九一一年，聶樂信又以基督教博愛精神的教義為宗旨，將那些無家可歸的鰥寡孤獨、貧民收養起來，成立了一個崇正貧民救濟所，這個所的貧民一面搞信教活動，一面搞生產自救，逐漸又建了一百七十餘間房屋為所裡使用。」

「這些房屋落成後，房產權始終歸基督教會集體所有。經查原孤山鎮鎮長肖洪儒、李在臣證實土改時在「左」的思想影響下孤山鎮政府將這些房屋錯視為敵偽財產，基督教會也被解散不准信教，房屋空閒，只有聶樂信看護。一九五〇年抗美援朝時，空軍和陸軍因戰爭需要，經孤山政府同意，將基督教這些房屋臨時給部隊駐用。」——《關於原孤山基督教房產權屬問題的調查報告》（東溝縣民族事務委員會，一九八二年二月十三日）

戰爭結束後，部隊的借房仍未歸還。政府的當事人肖鎮長調走了，又來了一位新鎮長李在臣。上任伊始，便接待了關於要求「還房」的上訪，即銀行、道德會、公安局等要求部隊歸還所借用的房子。

「在部隊駐用期間，當時基督教會的負責人聶樂信（是個修女）多次去要部隊佔用的這部分房子。當時，我（李）多次做聶樂信工作，讓她別要這部分房子」。（〈證實材料〉李在臣，一九八八年九月十一日，下同）

當時，部隊的一個師長對李鎮長說，「他們（部隊）駐基督教的崇正女校、貧民救濟所，銀行前邊的房子、道德會的房子、孤山縣政府的房子、公安局的房子，都報中央軍委劃歸軍產了。」

「後來被佔用房子的這些單位經常來找我要部隊佔用的這部分房子，聶樂信也來要過多次。」

當最後一批志願軍從朝鮮撤回之時，軍方占用的房子仍然沒有物歸原主。這時，肖鎮長又回到了孤山主政。當時，瀋陽軍區來了一位軍人叫肖洪儒帶他去看看那些房子。

部隊借用地方的房子不還，反而被劃歸了「軍產」，老百姓都覺得蹊蹺，所以，有幾個鄉民就跟著看熱鬧。走到小東山時，遇見了王生仁，對於「教產」變成「軍產」的事，王生仁一直耿耿於懷，他聽說過「不拿群眾一針一線」。恰巧碰上了部隊首長，他就想討個「明白」。可是，由於性情耿直，直言不諱，惹惱了首長，彼此吵得臉紅脖子粗。於是，不歡而散。

注：二〇一一年六月十七日，在孤山教會執事李芳的陪同下，作者訪談了張洪志老人，她講述了王生仁和軍人為教產爭吵的情形。（錄像：汪大鵬）張洪志，女，一九二二年生於孤山，二十七歲時受洗信主。現住孤山鎮古韻社區二十四號樓六單元二一五室。

三

八月二十九日，王生仁被捕了。員警在王生仁家（孤山鎮東關街五組二一七號）搜查，其目標是「電臺」（發報機）。但是，「電臺」沒有找到，卻抄出了黃金：一根金條、三個金元寶，還有七枚金鎦子（戒指）。王生仁一個農民，家裡藏著這麼多的「財寶」，據此，警方懷疑聶樂信是潛伏多年的特務，這些金子便是她交給王生仁的「地下活動經費」。因為，王生仁是聶樂信手下的特工。所以，要順著王生仁這根「藤」，摘下聶樂信這個「瓜」。在批捕卷宗的表格上同案人一欄赫然寫著：聶樂信。

可是，員警審訊了幾次，王生仁始終說金子是教會的資金，聶樂信委託他保管的，這一供述與聶樂信的說法是吻合的。此外，再別無證據。至此，一起「特務」大案成了水中撈月。雖然，特務案件子虛烏有，但王生仁仍然羈押在看守所。員警開始走街串戶，搜集王生仁的反動言行。

土改後，搞起了合作化運動，黨要帶領農民「跑步進入共產主義」。於是，有的領導幹部把村民叫到一起，然後宣布：跟毛主席搞合作化的站在一邊，不過來的就是要單幹，跟蔣介石走的。王生仁感覺更荒唐的是，肖鎮長原本是叫他「照顧」聶樂信的，可是，這回的領導（肖已調離）竟然讓他和奶牛一塊入社——

「『老教士』的兩頭奶牛、果樹、房子都規劃入社了，房子就給留兩間，樓上的房間也不讓動。在規劃時說，『老教士』由政府照顧，實際政府照顧『蛋』啦？什麼都規劃了，連我（王生仁）也規劃了，讓我隨著

1921年，丹麥傳教士在孤山北關建立了基督教禮拜堂。1968年，鐘樓被拆除，教堂改為民宅。作者攝於2010年秋。

奶牛入社，『老教士』不願意，叫我給她做飯，好說賴說才留下。」（「卷宗」，下同）

不久，又搞起了人民公社、大躍進，報上聯篇累牘的吹牛。譬如，中共政治局委員、負責農村事務的國務院副總理譚震林在河南向農民宣傳說，人民公社食堂「每頓有肉雞魚蛋，還有猴頭、燕窩、海味等等，都是按需供給」。又如，「千斤衛星豬」，「小麥畝產十二萬斤，一棵白菜五百二十斤」，打下的糧食「堆積如山」，害的農民出身的毛澤東憂心忡忡：「糧食多了怎麼辦呢？」最後一揮手，「一天吃五頓也行」。（一九五八年視察河北省徐水縣）

在一個謊言遍地的年代，說真話是危險的事。可是，王生仁這個實誠人不會跟著撒謊，他說：

「報紙上登載的事都是假的，你不要相信，你應該相信反面的，報導戰果勝利了，你就相信失敗了。」

「現在成立人民公社，有錢的人窮了，窮人更窮了。」

「孫信愛（孤山教會牧師）被扣上右派帽子啦，他們叫你鳴放，放完了就整你，變成右派了。」

……

暴政靠謊言維持，戳穿謊言的人意味著蒙難。所以，有一個作家寫了十一本書，獲刑十一年。王生仁和鄰居的閒聊，編在一起梳成「辮子」，便打造成了「現行反革命」，判處有期徒刑十五年。

四

冬去春來，杏花盛開。

孤山東街的一家小院，幾棵冠大枝垂的經年杏樹，花朵秀成了團團錦簇，暗紅棕色而縱裂的樹皮，印證著風雨中的蒼勁。

一個頭髮花白、身軀佝僂的老人，兩手摸著低矮的黃土牆，向院裡張望。他的耳邊響起了女兒的哭聲，鄉親們七手八腳地把一個吊在樹上的女人解下來，已經嚥氣了，「反屬」（反革命家屬）——王生仁的妻子就這樣去了。院牆上塗滿了大標語：打倒反革命、洋奴王生仁！

秋風蕭蕭，枯葉飄零。一掛馬車在土路上徐行，車上坐著一個婦女，還有一個滿臉淚水的女孩。這一年（一九六六），女兒離開了孤山，和生身之母回到了莊河。王生仁這一輩子沒有孩子，女兒是從妻妹那抱養的。

……

一個男人走到黃土牆下，與王生仁彼此端詳著，有一種似曾相識的感覺——

「你是王生仁吧？」

王生仁點了一下頭。

「叔啊——！我是小摩西呀！」

「啊——!? 小摩西……」

王生仁慢慢想起來了，他把小摩西一下子摟在懷裡，眼淚嘩嘩的流下來。

小摩西（注：摩西，聖經裡的人物）也不小了，看樣子年約半百了。王生仁被抓走那年，小摩西已是二十幾歲的小夥子（一九三三年生於孤山）。他姓張，大名文厚，摩西是他的乳名，也有叫他「張摩西」的。摩西的母親張遇恩，比王生仁小一歲，都是信主的姊妹，兩家也是要好的鄰居。（二〇一〇年三月由孤山教會執事李洪全的陪同訪談張文厚先生）。

一九六〇年二月，「老教士」不幸摔傷了，就此一蹶不振，眼睛也失明了，生活不能自理。王生仁被抓走了，他的妻子（孫桂花）常過去照看老教士，有忙不開的時候，就喊著遇恩姊妹（張遇恩逝於一九九二年，時為七十六歲）。

小摩西凝視著王生仁的臉，欲言又止，他心裡想說的話，也是孤山人「議論紛紛」的。終於，憋不住了：

「老教士死了，那些金子歸你啦？」

「那是教會的，老教士叫我保管的。」

「那麼，給孤山教會啦？」

「獻給政府了。」（注）

「你獻出去啦？」

「傻孩子，那是神家的東西，我能拿去送人情嗎？」

「那是怎麼回事呀？」

……

王生仁長歎一聲，痛苦地搖了搖頭。

一陣輕風吹來，杏花紛飛如雨。

王生仁向西街走去，地勢由高漸緩，坡下一棟二層小樓，俗稱小禮拜堂，據說，已經變成了空軍某部的氣象哨所。

孤山北坡聳立著十字架的鐘樓，早已片瓦無存，教堂被間壁成了民宅，擁塞著一群人家。在教堂的西邊有一塊基督教墓地，附近有幾間房子，無家可歸的幾個老人在這養雞種菜，看護墓地，這是聶樂信建立的養老院（一九二〇年），如今連同墓地一起夷為平地了。

王生仁佝僂著腰，腳步有些沉重，雖然年紀六十五歲，卻已形如枯槁了。

這次回孤山是告別的，雖然，壓在背上十五年的「黑鍋」拿掉了，但是，他還要回到南大荒（盤錦）勞改農場去，不是鐵窗麻痹了鳥兒的翅膀，而是家早已成了悲涼的空巢，或者說，已經無家可歸了。

「聶家堡子」的杏花，作者攝於2011年春。

他的眼裡噙著淚水，望著孤山，罩著一片紅白相融的霧⋯⋯

附注：對於王生仁人家被搜出的「金貨」，卷宗有法院的「沒收決定」；在訊問筆錄中法官問王，你在庭審中提出將這些金貨獻給政府嗎？王回答，獻給政府。

附錄一　遼寧省安東市中級人民法院刑事判決書

（一九六〇）刑字第一九〇號

公訴機關：安東市人民檢察院檢察員　代文華

被告人：王生仁　男　四十五歲　家庭出身貧農　個人成分工人　原籍遼寧省莊河縣人　捕前住安東縣孤山鎮東關街五組二一七號　職業　孤山耶穌教堂炊事員

被告王生仁因反革命一案，經審理查明：

被告於一九三七年參加耶穌教為教徒，當年入丹帝聶樂信教堂給聶樂信經營土地，菜園等。一九四七年土改時，聶的土地家產被分，本被告對此心懷不滿，隨一九五五年四月間，公開向街道幹部王松濤要聶被分的凳子，並說：「聶的東西我全部認識，葦塘管理所還有呢」……嚴重的是被告利用宗教信仰為掩護，經常散佈反動謠言和污蔑我黨的各項政策，並大肆進行造謠破壞，煽動民心，吹噓美蔣勢力，叫囂三次世界大戰，幻想美帝捲土重來，並說：「美國在南韓設導彈基地，威力很大，世界大戰快起來，企圖變天後殺害共產黨」等惡毒的反動言論。其次，被告污蔑人民公社，污蔑我整風運動，污蔑我黨報說：「報紙登載的消息都是假的，不要相信」等嚴重的反革命言論。

查被告王生仁受丹帝奴化教育達二十餘年，種下根深蒂固的反動思想，積極為帝國主義效勞，因而自解放後，經常以宗教信仰為掩護製造謠言，煽動人心，吹噓美蔣勢力，幻想世界大戰爆發，等待美蔣捲土重來，並針對黨的各項方針政策進行惡毒污蔑，公開進行反把倒算，猖狂已極，捕後對某些情節又拒不供認，實屬堅決與人民為敵之反革命分子。本院為了鞏固人民民主專政，確保各項方針政策的順利實施，故對該犯應予嚴懲，故根據中華人民共和國懲治反革命條例第十條三款之規定判處被告王生仁有期徒刑十五年。

如不服本判決，可於接到判決第二天起五天內向本院提出上訴狀及副本上訴於遼寧省高級人民法院。

審判員　孫盛棟
陪審員　佟玉令
　　　　張春貴
書記員　賀發志

遼寧省安東市中級人民法院（印章）
一九六〇年七月三十日

注：一九七九年，該法院以（79）刑監字第三一六號刑事判決：撤銷原安東市人民法院（60）刑字第一九〇號判決；對申訴人王生仁宣告無罪。

附錄二　關於孤山教產的證實材料

一九四九年我任孤山鎮鎮長，一直幹到（一九）五二年末，李在臣接任我的鎮長職務。一九四八年二月土改時，我是孤山鎮的土改工作隊隊長。關於基督教的房子問題，我是比較清楚的，我也是當時的主要見證人。當時的這些房子都在東街小山頭上，這些房子比較多，基督教會在這個小山頭上建了一所學校叫崇正女校，還在那搞了一些慈善事業，收養一些孤兒，沒有工作的一些人到那去幹活。這個小山頭面積比較大，房子比較多，還有幾棟樓，都是基督教會的，有一個基督教的教士聶樂信在那照管。土改前後，基督教會這幫人都散夥了，這些房子就由聶樂信照看。土改時，鎮政府將這些房子收上來了，就給聶樂信一棟樓在那住的。其他房子沒人居住就放在那。（一九）五〇年十月份，抗美援朝開始了，孤山鎮來了二個師三個團，我想空軍場站一個團，步兵一個團，還有一個炮兵團，空軍還有二個師，來這些部隊，當時沒地方住，部隊找到鎮政府，當時是我主持的，將基督教崇正女校那一片房子交個部隊住了，當時崇正女校是空軍的一個師在那住居住。一九五九年我回到孤山鄉當鄉長，當時我記不住誰來要這部分房子，當時瀋陽軍區來人了，說基督教這部分（房子）已劃歸軍隊的版圖了。我對來的軍區領導說，當時你們部隊抗美援朝沒有房住，我們給你們安排的，基督教這部分怎麼能成為部隊的呢，部隊來的人說，我們來看看這些房子的來龍去脈，來看看，當時部隊來的人也沒表示給和不給就走了。部隊來的人姓什麼，我都記不得了。當時，我們安排給部隊住，沒有什麼交接手續，只是安排部隊臨時來住的。後來，就這樣不聲不響地歸部隊了。崇正女校這部分房子原來確實是基督教會的，孤山鎮政府原來對部隊佔用這部分房子意見很大，後來就一點點自消自滅了。當時的聶樂信是丹麥人，已入中國籍了。這些房子確實是歷史問題，應該由有關部門解決。

證實人肖洪儒

一九八八年九月十九日

（源自《東溝縣基督教會房產材料》）

小城的紀念碑

記于承恩（Johannes Vyff）

「你沒有法子將一隻老鷹扣留在森林裡」，它要「伸展著高聳的翅膀，眼望著高臨的絕壁，它喜歡飛往自己的老家—磐石、風雨、瀑布中……」

——《荒漠甘泉》：八月廿六日　日落之那邊

詹森Johannes Vyff（1870-1932），丹麥人，牧師、園藝家，漢語名于承恩。1891年首次來華，因病回國。1896年再次來華，為安東基督教禮拜堂、丹國醫院、三育中學的創始人。1932年魂歸天家，葬於安東八道溝基督教墓地。圖片引自丹麥基督教會Danish Mission Society。

一

從長白山天池飄下來一條碧水，逶迤千里，由安東流入黃海。傳說唐皇李世民在江邊洗過戰袍，見水綠如鴨頭，遂喚鴨綠江。在江東北二十餘里之地，有相連的九座城池，從明代開始就叫九連城。

一九〇五年秋天，九連城西面的一座山上，傳來了一陣低沉、嘶啞的歌聲。雖然，九連城的人能聽不懂唱了些什麼，但可以感到一種悲涼的情緒。唱歌的是一群灰頭土臉，鬍子拉碴的軍人，神情沮喪，他們圍著一座亂石堆砌的圓墳，頂上立著白色的十字架。在墳墓的周圍還有七座小墳，也都有十字架。九連城戰役的硝煙剛剛散去，俄國人將漫山遍野的屍體，劃拉在一起埋葬了。俄國人唱的是基督教歌曲，大概之意是，戰死者雖然未能「馬革裹屍還」，但是，「日落之那邊，歡樂永遠。」與俄軍不同的是主持葬禮的牧師，一襲黑袍，手捧著聖經，神情肅穆。雖然也是身材高大，頭髮有些波浪，眼窩深陷，但端詳起來和「老毛子」（俄軍）有些不一樣。他的身旁還站著個大鬍子翻譯。

夕陽隱退山後了，半個天空的火燒雲，燒紅了樹木、河流、田野，燒紅了俄國墳頭上的十字架，彷彿大地又燃起了戰火。

于承恩先生與家人合影（左一為其夫人）

葬禮結束後。一位俄國軍官，請牧師上了馬車，車夫一揚鞭子，馬蹄得得，車子奔馳起來。一路上，草寂煙寒，不堪觸目，荒蕪的莊稼，燒塌的房屋，地裡一座座新添的墳頭。這是人類的貪婪和邪惡燃起的戰火，留下來的創傷。牧師望著沿途的風光，微蹙眉頭，陷入了沉思。這是一個古老而奇怪的國家，腐敗如水銀瀉地，無孔不入。一個老女人垂簾聽政，她可以拿海軍經費為自己祝壽，她可以把皇帝囚禁起來，她竟然開城放進「刀槍不入」的「拳匪」（義和團），而且，向十一個國家宣戰。禍水引來了，她撇下百姓逃之夭夭了。到頭來她說什麼，「寧與洋人，不與家奴」。令人不解的是，她的家奴卻只知「愛國」，生怕大清完了，所以，要「扶清滅洋」。

馬車在一座山坡停了下來。這山形似倒扣

1900年，丹麥傳教士在岫岩召開會議，前排：于承恩夫婦；二排左起：聶樂信、奧爾森夫婦、柏衛先生；後排左起：景恩澤、詹深、外德勞、李格非夫婦。

的元寶，所以叫元寶山，從山頂可以鳥瞰全城的風光。牧師和送行的人握手道別後，沿著上坡走進一個小院，這裡有幾間平房，是安東基督教路德宗（信義）教會的所在，也是牧師的家。原來，這位牧師不是俄國人，而是來自北歐的丹麥人詹森Johannes Vyff先生，漢語名于承恩。

「當年俄國軍官是請求于承恩牧師為死者舉行的基督教葬禮。在兩次世界大戰的間隙年代，常有日本或俄國戰死者的遺孀來九連城墓地祭祀」。（丹麥作家吳坤美Estrid Nielsen《三育中學》，以下簡稱《三育中學》）

他一個人站在院子裡眺望，似乎想舒緩一下心情。

暮色暗淡，一群鳥兒從空中掠過，向幽暗的樹林飛去，山谷中的嵐風送來濃重的寒意。

二

元寶山下有一條河，水清見底，黃沙漫灘，由北向東流入鴨綠江，這就是大沙河。

在江河交匯的三角地，河水奔流所裹挾的泥沙，隨著時間的推移，凝絮淤積而形成了一片陸地。久而久之，滄海桑田，有了人家，也就成了村落。

大約一千五百年前（唐朝），這地屬於安東都護府（設於平壤）管轄地盤上的一個小村子，住著十幾戶人家，靠種植和打獵為生。由於村子位於河畔，人們順口就叫沙河子村。

西元一六四四年，滿人入關，江山易主，清廷把白山黑水作為先祖的龍興之地。為保護龍脈，禁止漢人移民和墾殖。在東北境內分段修築了一千多公里長的「柳條邊」，防漢入關。由此，沾了大清祖宗風水的沙河子，就成了一個偏僻、閉塞的荒涼之鄉。

兩百多年後，船堅炮利打破了「龍興」之夢。帝國在風雨中搖搖欲墜。用大臣李鴻章的話來說，大清王朝已經是「東貼西補」的「破屋」。為了貼補「破屋」，苟延殘喘，清廷宣布遼東柳條邊全部開禁（一八七四）。於是，山東、河北流民紛紛湧入這塊皇家禁地，建造店鋪房屋，那時叫「闖沙河子」，也叫「闖關東」。

光緒二年，正月二十四日（一八七六年二月十八日），朝廷准奏設縣安東，縣治便在沙河

1925年，「關東三省基督教信義宗第二次大會紀念」，後排左二為于承恩夫婦。

子。在「闖關東」的人流中，出現了西方人，主要是來自北歐的丹麥人。其中有醫生、護士、牧師、園藝師、教師、建築師，工匠，等等。大部分在遼南一帶，而安東為最。據丹麥作家吳坤美女士的記載，從一八九一年起至一九二一年，丹麥傳教士在東北有七十六人。

一九〇一年，沙河子一家客棧來了一位稀客，身材魁梧，鼻樑高挺，一雙眼睛明澈而深邃，這位洋人不但會說漢語，還會說滿語和朝鮮語，他就是丹麥牧師于承恩先生。

沙河子雖已設縣安東，似乎只是朝廷的事，「直到一九〇一年時，這個地區還叫沙河子，也只是個打漁的營地。每年的開春北邊的冰雪融化後，這裡都會來六千多條木筏。年復一年，這裡逐漸積累很多來自山東的移民。在滿清時期（一六四四－一九一〇）這裡禁止移民，因為這裡是皇族的領地，只許滿人在這裡生活居住。直到廢了這條禁令後，這裡才逐漸發展出一個城市，至一九〇三年得名安東。」（《三育中學》）

于承恩是安東城裡第一個來自北歐的陌生人。

隨著安東的興起，需要拓展空間，但邊陲小城，依山傍水，江不可逾越，只能轉向山，於是，城邊的幾條山溝，逐漸演變成了縱橫的街巷。但依然叫溝，從一道溝一直排到九道溝。于承恩住在八道溝，也就是元寶山下，人口稠密之地，夜裡向山下望去，溝裡溝外，一片萬家燈火。

三

清早，于承恩登上元寶山，舉目眺望。

江東平原有一座孤聳的山峰，猶如蹲在水邊的一隻老虎，人們叫它虎山。這裡曾是沙俄戰敗之地。西望鎮江山，櫻樹遮蔽著日軍的神社（臨濟寺）。

鴨綠江上千餘條木筏順流而下，縴夫的號子，放排人的吶喊，隨著飛濺的浪花，穿雲裂石，驚心動魄。

沙河口的排塢（早期碼頭），船隻雲集，汽笛長鳴。堆積如山的原木一望無邊，江上密集的木排，有人形容為「漂在水上的街道」。

安東素有東北「木都」之稱，這些原木從鴨綠江上游廣袤的原始森林，源源不斷的流入日本島國。這是日俄戰爭後，日本人在大清的疆土上，從沙俄手中奪取的勝利果實——鴨綠江右岸深林資源的採伐特權

每逢八月十五前後，「江驢子」，也就是放排人，從沙河口坐船，溯江北上，進入長白山老林子裡，砍伐林木。等到冰開雪化之時，把伐下的原木穿成木排，順江漂流而下，一直趕到沙河口。一般來說，都是八、九個人，放一百來根木頭。放排人吃住都在排上，用木頭搭出個人字形的小屋，躲避風雨。冬天赤腳踩在冰碴上，夏天光著膀子，生命就漂在風浪裡，遇到亂石險灘，排散人亡，也不是新鮮事。

沙河子的東邊，有一個沙磯子（小島），人稱「柳樹毛子」，上面長滿了柳樹和野草，藏著形形色色的水鳥。不知始於何時，這裡成了亂葬崗子（墳地），放排人死後的暫棲之地。中國人講究故土難離，家遠一時又回不去，只好將死者先用棺材裝殮起來，安放在此。其中，也有些人是禁不住誘惑，把賺來的血汗錢扔進了賭場、煙館和窯子（妓院），最後，披著麻袋片凍死在碼頭的木堆裡。被人發現後，移屍於此的。這些客死他鄉的人要等老鄉回家時，再把風化了的白骨裝在袋子裡，背回家鄉。後來，「柳樹毛子」的棺材格外多起來，人們改口叫起了

安樂克Soren Anton Ellerbek（1872-1956），1872年8月8日生於丹麥城市Ringkobing，畢業於英國愛丁堡大學。1904年來華，首任安東基督教醫院之院長。1912年，赴奉天（瀋陽）醫大任教授。1922年，校長司督閣Dugald Christie卸任，安樂克繼任校長。1939年退休回國，住丹麥哥本哈根教區Vangede，1956年8月12日安息主懷。（攝於1920年代）。

「棺材晾子」。其時，安東地區疫病流行，更多的外鄉人屍體堆積於此，天長日久，白骨累累，夜裡綠光瑩瑩，令人毛骨悚然。

秋風蕭蕭，江水滔滔。中國每天約有三萬三千人死亡，每年有一百萬人死亡，他們滅亡沒有基督救恩。（戴德生《中國屬靈需要的呼聲》）。所以，在基督徒的眼裡，中國是個荒漠之地，非常需要上帝的光照。早在十年前（一八九一），于承恩就來到了中國，活動於內地漢口，還編寫了一本福音書《人生須知》（武漢基督教信義會書局出版）。半年後，因病回丹麥了。一八九六年再次來華，從旅順、岫岩、鳳城輾轉至安東，他是最早來東北的五個丹麥傳教士之一。

安東基督教丹國醫院初期

四

據《安東縣誌》記載，「清光緒二十七年（一九〇一）秋七月，疫癘又作，沙河鎮日斃三四十人至五六十人不等。」當時，醫療狀況極其低劣，整個城市連一張防疫的病床也沒有。滿目瘡痍，遍地疾患，百姓只有燒香磕頭，苦不堪言。于承恩目睹此情，憂心如焚，激發了他要建立一所西醫院的想法。不久（光緒年間），于承恩蓋了十餘間平房，即男院十三號病房，只看門診，兼治婦女病。這個小診所是安東最早的西醫，也是丹麥基督教醫院（丹國醫院）的雛形，當時叫做「施醫院」。

一九〇四年，在于承恩的提議下，丹麥基督教會派了醫學博士安樂克作為丹國醫院的首任院長。

於是，在元寶山下的天后宮街（天后宮街二十九號），于承恩和安樂克建起了一棟帶有地下室的三層樓房。地下室有洗衣房、鍋爐房、燒水間。一至二層樓設病房、手術室、化驗室。三樓做為倉庫。同時，又建起一棟門診二層樓。此時，病床有七十餘張。這是一所男院，只接受男病人，因為，那時中國婦女一般是不肯讓外國男醫生看病的。

一九〇六年，丹麥教會派來了助產士郭慕深Karen Gormsen小姐，做為安樂克先生的助理，兼任護士長（一九〇七－一九一六），並且負責婦科的接產。次年，郭慕深在院子裡建起了女子醫院。一九〇八年，男院與新建的女院合二而一，由此，丹國醫院羽翼漸豐，揭開了新的一頁。

據載，從一九〇四年至一九三五年，共建有樓房九棟，高為三層，矮為二層，其中包括從原平房接層二樓。除醫療建築外，含有男女宿舍。醫院整體占地面積三千九百八十四平方米，建築面積兩千六百零六・八平方米。民國二三十年代，是丹國醫院的極盛時期，不但又蓋了幾棟新樓，醫療設備也有增加，比如太陽燈、電療機，包括德國贈送的一台X光機。病床已達一百五十張（男八十，女七十），每年平均接診三萬九千人。醫療人員由初期不足的三十人增加至四十人，專科大夫三人，男女護士三十一人，助產士四人，藥劑師二人。一百五十張床位的醫院，六名醫師，包括當院長的丹麥人。

郭慕深（1880-1960）與Mildrid尼爾森小姐（左），攝於1905年丹麥。

元寶山下的丹國醫院不再是幾間平房，圍牆環繞的院子，高大的梧桐樹，尖尖頂的樓房，大門上端有一幅橫匾，黑底紅字：為主濟人。為了體現上帝的憐憫，窮苦人看病是免費的。在風雨飄搖，積弱積貧的年代，丹國醫院是解救安東人逃離災難的一艘諾亞方舟。以于承恩到安東時間為界（一九〇一），前五年裡發生了兩起霍亂（一八九〇－一八九五）；之後，一九〇七年八月至十一月以及次年六月，連續爆發，「木排工人死者無算。屍柩無親故收葬」，「積柩遍野，屍骸暴露，傷心慘目」。（《安東縣誌》）一九一九年七月，安東又出現了霍亂，安東員警廳匆忙擬定預防辦法，確定由其屬下衛生科主管，具體的預防及救治措施，責令時為丹國醫院的院長拉爾森（L. K. Larsen）全權負責。於是，拉爾森在天后宮寺內設立了防疫所，採取隔離治療。這時，身在奉天醫大任教的安樂克先生帶著醫生和學生迅速趕到安東，投入了緊張的救援之中。經過不分晝夜的工作，迅速控制了疫情蔓延，減輕了人們的恐懼情緒，挽救了許多瀕臨死亡的人。

安東除了鬧瘟疫，還有洪水，以至刀兵之災。在天災與人禍的縫隙中掙扎求活的老百姓感

1919年，疫情消弭，院長拉爾森和醫生合影於天后宮。

安樂克先生和家人與他的最後一屆中國學生（盛京醫大），攝於1934年5月14日。

受到了白衣天使所帶來的上帝之愛。丹國醫院的門口又增加一個牌子：臨時救護所。

日本投降後，丹國醫院為等待遣返的日本難民專門安排了日僑病房。

內戰時期（一九四七），丹國醫院曾被共軍作為「臨時救護所」——後方醫院。

韓戰爆發，這所醫院除了市民的醫療而外，還承擔著志願軍傷病員、蘇軍官兵以及美國戰俘傷員的救治任務。

拉爾森Dr.L.K.Larsen（1881年4月8日-）。
1907年由丹麥來華，繼任安樂克為丹國醫院院長（1912-1924年）。

五

一九〇六年，于承恩在元寶山下建起了一所「三育小學」。

從此，每當外出，于承恩特別留心街上的孩子，發現孩子大都混入了成年人的隊伍，與成年人一起做苦力，已經變成「低齡的成年人」，他們沒有「童年」，更沒有受教育的機會。那時，江邊有種拉煤炭的人力車夫，被叫做「煤黑子」。車夫握著車把往前推，孩子在車前用繩子套在肩上拉，有的孩子的肩背已經扭曲變形了。于承恩只要見到拉車的孩子，他就走上前叫車夫停下，告訴人家自己辦了一所學校，叫三育小學，希望父親能送兒子上學。他說，如果你的兒子受了教育，有了知識，長大後就會有能力賺錢，就能養老盡孝了。而且，念書是免費的。儘管說的口乾舌燥，大多數的父親都是搖頭而去。但也有被說服答應送孩子上學。這個車夫姓孫，他的孩子又瘦又小，衣衫襤褸，臉上落滿了煤灰，由於長期套繩拉車，孩子的肩背已經畸形了。這孩子叫孫紹賢，拉著于承恩的手進了學堂，從小學念到中學，最後，成為三育中學的老師。

有了小學，那麼，什麼時候讓孩子有個上中學的機會呢？這是于承恩縈繞心間的一個想法。

終於，他向丹麥教會提出了建立中學的想法。並且，闡述了初步的構想，這個學校要加上工匠課——「園藝」。這樣，學生也有了日後獨立謀生的技藝。顯然，現實需要這樣的中學。但是，丹麥教會的人意見不一，有的主張辦，有的反對，結果擱淺了。

于承恩的辦學思想是對傳統模式的一種挑戰，傳統的教會教育是以基督信仰為中心的神學教育，通過教育，讓人人都能閱讀

劈柴溝三育學校的小學生（《三育中學》）。

神的話語——聖經，培養人對神的虔誠信仰，使靈魂得救。但隨著社會的變革和發展，這種傳統模式已成為一種「沉重的腳踏車」。

雖然，辦中學的建議未能通過，但安東教會表示支持。於是，在安東教友的陪同下，于承恩進行了選擇校址的考察。

八道溝有一條南北方向的馬路，地勢由低漸高，爬過一道山崗，就到了鄉下，繼續北行，有一片荷花池子，附近有一個小站，叫蛤蟆塘。早在一九〇七年，這裡就通火車了。

「清光緒年間，現火車站以東是一片沼澤地，每到雨季蛙聲噪耳，晝夜不絕，得名蛤蟆塘。」（《丹東市區地名志》）蛤蟆塘的北邊，有一個小村莊叫劈柴溝，遠離塵囂，清幽安靜。于承恩看好了這裡，決意把學校建在此地。由於沒有丹麥教會的財力支持，于承恩只好傾其所有，個人出資在劈柴溝買了四十六畝荒地。

一九一二年三月四日，劈柴溝一個農家大院的門旁掛出了一個木頭牌子：安東第一區劈材溝私立三育初級中學校。

民國元年的第一春，小山溝裡綻放出了一枝報春花。由此，丹麥人改寫了在東北只辦小學而沒有中學的歷史。

早期的三育中學校門

「學校創建之初，租用民房三間。聘教師一人，學生十一人，民國成立，逐漸購買校地二百零六畝，建築草房七間，始具規模。」（安東縣誌）

于承恩出任校長，採取了半耕半讀的方式，校長和學生一起開荒種地，建立苗圃。買下的這塊地，用鄉下人的話說是「兔子不拉屎的地方」，幾經洪澇的不毛之地。在這貧瘠的丘陵地上，播種了從丹麥寄來的花和草的種子。隨著學校的發展，經費成了沉重的桎梏。於是，發生了這樣一個故事——

于承恩說要去美國考察，行前委託一個同事代管，並把學校的錢匣子交給了他。于走後，代管人打開錢匣子一看，大吃一驚，原來只有八十分，這麼幾個零碎錢，學校如何生存下去呀!?

于承恩到美國後，就開始了募捐活動。《安東縣誌》（卷三）記載，「適於牧師歸國，道出美洲到處演述該校之宗旨，際有熱心美人樂善好施慨然捐助美金若千元，於牧師攜款返華」。由此增修校舍，擴充學籍。老師們說，于承恩校長在學校最艱苦的時候，總是會想出辦法的。

于承恩在劈柴溝辦學的同時，還擔負安東教會的工作，頻頻往返於城鄉兩地，風雨無阻，年復一年。

一九一九年，在丹麥教會的統籌之下，于承恩卸任了三育中學的校長，由包樂深Anders Aagaard Poulsen先生接任，同時建立了三育中學理事會：

理　事　長：陳景升牧師
副理事長：于承恩牧師
中方秘書：普蘭店的瞿牧師
丹方秘書：在瀋陽的約翰內斯威特教授（Johannes Witt）
理　　事：在安東的王教士、安東的商人古先生、在大孤山的姜寶珍校長

一九二〇年九月二十一日，細雨霏霏，安東各界代表紛紛趕到劈材溝，參加慶典儀式：一棟三層紅樓落成典禮，這是丹麥基督教會與丹麥基督教園藝協會（The Christian Gardener Cicuity in Denmark）共同新建的教學樓，時為安東的最高建築。儀式由丹麥牧師顏深義（Emil Jensen）主持，丹麥教會的理事長阿克塞爾・霍爾特（AxelHolt）從丹麥趕來祝賀。

三育中學第二任（1919-1929）校長包樂深Anders Aagaard Poulsen先生（1880-1957）

望著綠樹環繞的紅樓，于承恩的眼睛濕潤了，流淚地播撒，總有一天要歡呼收割。

民國二〇年代，三育中學在東北聲名鵲起，植物園裡的植物有些種子是來源於南京大學，美國哈佛大學和丹麥Kolding的地理花園。酒香不怕巷子

三育中學教學樓，攝於1920年。

深，小山溝年年都有天南地北的客商，前來採購瓜果菜蔬和種子。劈柴溝發生了令人驚喜的變化（引自《劈柴溝三育中學二十五周年》Redecca Abildtnul）——

開始的幾年，我有時陪于承恩從劈材溝步行到安東市（七公里）。那時是一片土地，什麼建築也沒有。現在想起來真難以想像。現在有漂亮的建築，美麗的花園和成林的樹木，就像中國人說的翻天覆地的變化。那時的路雨天泥濘難走，洪水常常擋住去路。而于承恩每天要路過這樣的地方。現在路修好了，橋建起來了，不在遇到那樣難行的路。

六

一九三八年，三育中學迎來了建校二十五周年。丹麥基督教會出版了《劈柴溝三育中學二十五周年》，回顧學校的風雨歷程。教會理事長阿克塞爾·霍爾特先生撰文敘述了學校在艱難之中的發展，從「開始那段時間」，到「一九一九－一九二九」，以至「最近幾年」，他讚賞了于承恩先生的創業精神（摘錄）——

安東七公里有一個地方叫劈柴溝，在那裡有一個丹麥教會學校。一九一二年于承恩創建的這所學校，是一個為男孩子安排的高中學校，後來又加一個教士學校。今年又建了一個神學院的大樓，同時也蓋了一個教堂。

一九一二年以前丹麥人創辦總是小學，還沒有中學，但那時的人明明知道需要這種學校。如果小學生畢業了，還需要中學這樣的學校。傳教士之間意見不統一，有的主張辦中學，有的不同意，結果無法完成這個任務。

那時于承恩要辦中學的想法是對的。他認為應該給教會辦的小學裡的學生一個上中學的機

1935年5月13日，安東劈柴溝神道學師生合影。
圖中校長丹麥人包樂深和夫人，此圖係包氏女兒包愛光提供。

會。而且，他認為這樣的學校必須加上工匠課，這樣可以消除學生對傳統工匠的歧視。在中國有文化的人看不起做工匠的人。同時，還要加上一個教士學校，給那些喜歡聖經的人一個學習的機會，以便在國內傳教。開始的時候，于承恩叫這個學校為教會學校（注：安東信義道神學校，又稱劈柴溝聖經學校）。

沒有很多人瞭解于承恩，他是一個能看前途的人，他的想法非常不保守。他自己出錢辦學校，這個計畫得到了安東教會一些人的支持。他在劈柴溝買了一塊地，在這塊地上，不但要蓋學校還要建苗圃。開始的時候，學生半天在課堂，半天在苗圃。

三育中學樓前的教職員工，左起：包樂深夫婦、于承恩先生（右一）。

1937年，三育中學師生合影。

我們對于承恩的這些想法可能難以理解，但是他做的是對的。那時他發現中國需要植物，原來有豐富植物的中國被掠奪，沒有森林的山引起了不少的洪水災。

更需要強調的是，那些年輕的中國傳教人必須有實踐工作經驗，不然無法理解勞動者，也無法尊重勞動者。現在很多傳教士都理解于承恩的想法。以前許多男孩和女孩沒在一般的學校念書，沒有得到勞動的恩典，就像沒有樹根的人。

買的這塊地由於地勢不同，土地品質不同，只有一小部分是好地。大部分是被雨水破壞的丘陵，需要很多勞動計畫，不然更會被雨水破壞。耕這塊地需要超過想像的勤勞。于承恩和郭衛道（注：丹麥園藝師）的兩位先導值得我們最大的尊重。原來被雨水破壞的貧瘠丘陵建成了一個美麗的花園。

七

清晨，教堂響起了鐘聲，「噹……噹……噹……」，低沉洪亮，清遠悠長，江上的薄霧漸漸散去，柔和的陽光蕩漾在水面上……

在悠揚的鐘聲裡，人們陸續地走進教堂。

流水般的琴聲，從教堂向外飛揚……

三牧師合影，左起：外德勞、陳景升（安東）、于承恩。

安東是個小城，山水之間的一條狹地。每當鐘聲響起，滿城都在迴響。

鐘聲來自元寶山南麓，紅牆主體、圓錐尖塔，一座具有北歐風格的教堂。這座教堂占地面積約四百平方米，共有五百個座位，這種規模的教堂，在遼東已經首屈一指了。當時，安東也不過十萬餘人。小城的街上隨處可見拖著辮子的男子，裹著小腳的女人，似乎依然生活在滿清。

中國彷彿是「小心保存在密封棺材裡的木乃伊」。然而，晚清時著名的美國傳教士狄考文Calvin. W. Mateer預言（一八七七）：「中國與世隔絕的日子已經屈指可數。不管它願意與否，西方文明與進步的潮流正朝它湧來，這一不可抗拒的勢力必將遍及全中國。」

于承恩初來乍到之時，沙河子一個基督徒也沒有。次年（一九〇二），安東人驚訝地發現元寶山南坡出現了十字架，這是于承恩在安東商界名人索景昌的幫助下，租借商會的一塊土地，蓋起五間平房，正中掛著橫匾「禮拜堂」，他稱之為「使命基地」。由此，安東路德宗基

朝鮮族信徒分佈表

教會名稱	始建年代	地址	傳道人	信徒人數
安民教會	1925年	安東縣安民村	金陽淳	200人
永安教會	1925年	安東縣麻子溝	宋文正	300人
渾水泡教會	1930年	安東縣渾子泡	崔貞植	100人
合計				600人

督教會彷彿一株樹苗破土而出了。

一九〇八年，禮拜堂又進行了擴建。

一九〇九年，于承恩和丹麥牧師谷賢昌（Gu xianchan）、邵若森（A. J. Soersen）在大東溝永隆中街三〇六號購地建房十八間，建起了教堂、福音堂、牧師府以及三育小學。同時，成立了基督教路德會大東溝分會。由執事長楊化山、副執事長王文增、書記修振武、司庫奚廣志等組成。

一九一五年，于承恩和外德勞、顏深義在「使命基地」攜手重建禮拜堂。由此，安東響起了祈禱的鐘聲。

一九二一年，在安東金湯街、財神廟街有了福音堂，興隆街建立了安東基督教青年會。從元寶山麓到城邊的六道溝、九連城，再到大東溝的鄉下，丹麥傳教士以安東為中心，開拓了六個教區：安東、劈材溝、大孤山、鳳凰城、岫岩、寬甸。同時，在大東溝的朝鮮族聚居之地，如湯池、安民、前陽一帶發展了信徒六百餘人。

當時，「安東的教會是丹麥人在東北所建的教會中最大的教會。一九三八年的新年這教會有一千四百二十一個基督徒。這個工

丹麥基督教信義會安東教會執事會，即由當地牧師和信徒中選出九到十一人組成執事會，協助管理教會事務。
前排左起于承恩、郭慕深、閻興紀（中國）；後排左一賈恩膏（中國）、左四丹麥牧師安世恩（Alfred Hansen），攝於1931年5月。

作是于承恩一九〇一年開始的，一直工作到一九三二年去世。」（《劈柴溝三育中校二十五周年》）

從一九一五開始，安東，無論是喧囂的碼頭，還是僻靜的郊外，也無論是風和日麗，還是淒風苦雨，都會響起那令人心馳神往的鐘聲。

八

「拳亂」之年，于承恩避難於旅順，雖然，躲過了這一劫，但中國人的愚昧和瘋狂令其震撼，如孫中山所言「野蠻暴亂，為千古所未聞」。如何讓中國人，尤其是青年一代擺脫愚昧和野蠻，走出歷史的陰影，融入世界文明的潮流之中，這是許多西方傳教士的思考。組織基督教青年會不外乎是走向人類文明的一條管道，也是打開瞭望世界的一扇視窗。籌建安東青年會是于承恩縈繞於心的一個夙願。

青年會是國際性社會服務團體，其宗旨以傳遞愛心為使命，「為世人服務」。具體說，不分性別、年齡、國籍、種族和宗教信仰，根據社會人群的需要，從事各種服務，包括貧民教育、體育康樂、社區服務、青少年工作、難民工作、就業服務等，這是一個以關懷世人精神為主張的青年團體。

一九一〇年，在安東防疫之際，于承恩便向地方官紳提議籌設基督教青年會，「官紳允其創辦」（《安東縣誌》）。由此，于承恩開始了籌備工作。但苦於一時難尋幹事人才，于承恩與國內丹麥青年會聯繫，請求派員來安創設，但久之未至。民國五年春（一九一六），丹麥人谷賢昌（Poul H. Baagoee）幹事來安，于承恩便與其攜手籌建青年會，推舉顧心之（寬甸人，基督徒）為會長。不久，丹麥青年會幹事華茂山（Johannes Rasmussen）也來安，基礎已立，遂去奉天。由於，青年會非官辦，也並非行商盈利，而是白手起家，所以，要去尋租會所。其時，興隆街上出現了一家「東邊物產陳列所」，樓上樓下共計官房十二間。這是安東縣知事（縣長）程廷恒的創辦，藉以體現安東開埠的繁盛，鼓舞國人注重工商的精神。于承恩拜訪了程知事，述說青年會沒有場所的難處。知事十分開明，歡迎青年會暫在該所辦公。由此，青年會一邊籌辦一邊開展活動。起初以夜校學習、演講為主，最有轟動效應的是南開校長張伯苓君的演說。張先生是受過美國教育的基督徒，曾參加過中日甲午海戰，棄武從教，人稱「南開之父」。而且，張先生尤為熱心推動青年會工作。

一九一六年十月，張伯苓赴東北考察。于承恩通過奉天青年會總幹事華茂山邀請張先生來安。先生應約而至，為安東青年會做了「中國之希望」的講演。張先生身材魁梧，聲如洪鐘，淺白文言，亦莊亦諧。他在講演中強調：「中國之希望……在每一個中國人發憤圖強，誓力救國」。這些振聾發聵的話語，深深地打動了在場的青年。

在邀請名人講演的同時，舉辦的課目還有學術講演、讀書報告會、時事報告會以及各類球賽等。並且，經常邀請各機關要人以及員警官吏光臨會場，開茶話會討論青年會的改進方法。由於，經辦有方，發展迅速，「陳列所」已經難以容納了。這時，中國銀行遷居而外賣舊址，于承恩便和青年會商議將其買下作為會址。

一九二二年，青年會募捐了二萬九千餘元，其中，丹麥青年會捐洋萬元，王筱東（安東商會會長）捐洋萬元，安東紳商學界共捐九千餘元，以此買下了中國銀行舊址作為會所。

一九二三年六月十日，新會所開始啟用，青年會正式成立。以紅三角為徽標，以德智體群四育輔導青年為宗旨。「職員分為董事、幹事二部。董事額定九人，為義務職，幹事無定額，因會務繁簡而定幹事數人。此時會員八百餘人。青年會發展已初具規模」。（《遼寧省志・宗教志》）在教育方面，創辦了英文夜校，以培育新型人才。並且，設有圖書閱報各室，同時創

于承恩夫婦在安東

辦了《青年月刊》。

一九二五年，雲南大理縣等地發生地震，有十多萬群眾受災，死亡千餘。青年會向各界發出倡議，進行募捐。

二十餘年來，安東青年會彷彿是一個美麗的花園，吸引著眾多的蜜蜂紛至遝來。自九一八事變之前，安東青年會已經具有相當的規模和影響力，青年人踴躍入會已成為當時社會的一種潮流。

九

一九三二年九月一日，于承恩住進了丹國醫院樓上的一間病房。他的白血病復發了，而且，病情已到晚期。

于承恩一個人站在病室裡，兩手扶著窗臺，向樓外望去，黃沙漫灘的大沙河緩緩流入鴨綠江的懷抱。曾讓他感到壯觀的是江上的放排，那是從原始森林砍伐下來的樹木，在倭寇的鐵蹄之下，綿延千里的長白山也未能倖免於難。「那時他（于承恩）發現中國需要植物，原來有豐富植物的中國被掠奪。」所以，力主創辦「園藝」。雖然，于承恩是個北歐人，卻對於中國充滿了憂患。

九月六日晚上，安樂克博士從奉天來到安東。在安東他和于承恩建起丹國醫院，並在此共事八年，往事歷歷在目。安樂克一走進丹國醫院，步子有些沉重了，秋風蕭瑟，梧桐樹的葉子黃了，隨風飄落，灑滿了一地。這院子裡的花草樹木，許多是于承恩栽下的。于承恩不僅對園藝情有獨鍾的，醫學也不陌生，至於白血病患者生命的延續，他心裡也是清楚的。朋友一再勸說他回丹麥治療，可是，終未排上他的時間表。

安樂克見于承恩面色蒼白，氣喘吁吁，又查看了他的病情，覺得來日不多了。於是，他將情況通報了安東教會以及牧師陳景昇。於是，陳牧師開始了準備「後事」，包括安排基督徒木工打造棺木。同時，帶領教徒們為于承恩祈禱和唱詩。由此，陳景昇每天去病房探望于承恩。在陳景昇的心目中，于承恩是他生命旅途中的導師。

一八九六年九月一日，陳景昇出生於遼中縣大坨子屯一個農家。雖然家窮，但父親「當我（陳）小的時候，曾發恨地說，等我兒子長大，（即使）要飯吃，也叫他多唸幾年書。」於是，陳景昇十歲時入讀本村私塾。十七歲時，即一九一二年春，由本鄉人（李桐林）介紹進入了安東劈柴溝園藝學校，成為該校最早的「十一個學生」之一。同時，于承恩也成為走進他生活中的第一個西方「老師」。年底，陳景昇在校「信而受洗」，皈依了上帝。三年後，考入傳道人培訓班攻讀聖經（劈柴溝神學院）。一九一八年，經學校介紹陳景昇任職安東教會傳道士。三年後，恰是而立之年榮任牧師，成為那個年代安東地區最早的一代牧師，也是跟隨于承恩（一九〇二至一九三二年間主持安東教會工作）時間最久的中國牧師。于承恩「生性安靜」，為人謙卑，給他留下了不可磨滅的印象。

1932年9月9日，于承恩先生在安東的葬禮。（照片源於DMS）

九月九日，元寶山禮拜堂響起了莊嚴肅穆的鐘聲。一具白色的靈柩由幾個基督徒抬著走出了禮拜堂，來到了山下的街上。一條長長的隊伍緩緩行進在盤道嶺的坡上，基督教的墓地便在那裡。人們舉著白紙黑字的輓聯，馬路兩邊的市民不斷地加入其中。送葬的人有在安東的丹麥人、日本人、朝鮮人，還有俄國人。更多的是三育中學的師生們，走在學生前面的有一個瘦弱的，肩背畸形的中年男子，他是孫紹賢老師。二十幾年前，在碼頭上他幫父親拉煤，于承恩走過來勸說父親讓他上學。就從那時起，于承恩解下了他肩背上套著的繩子，領著他走進了學校。後來，成為三育學校的老師。「孫老師的肩背畸形伴隨了他的一生，但他是一名受學生歡迎和信任的老師，因

為，他同時掌握舊漢語，後來還當了吳立身（Kajolsen，丹麥人、校長）先生的漢語老師。」（《三育中學》）

雄渾深沉的鐘聲迴蕩著……

「為他送葬的路程是從安東教堂到盤道嶺附近的八道溝基督教墓地。參加送葬的隊伍很長，一路上兩側佈滿哀悼的標記。銀行經理王筱東（一八六四－一九三七）寫了哀悼他的輓聯：

他來自西方，如福音之鐘，似潤地之雨。
鴨綠江東流的水聲伴隨著凜凜的秋風，就像是一曲沉痛的哀樂。」

（《三育中學》）

十

一九六六年八月，從八道溝基督教墓地下來一群人，打著一面紅旗上書三個大字「紅衛兵」，戴著紅袖標，手握小紅書（毛主席語錄），唱著流行的《紅衛兵戰歌》——

我們是毛主席的紅衛兵／大風浪裡煉紅心／毛澤東思想來武裝／橫掃一切害人蟲／敢批

判敢鬥爭／革命造反永不停／敢批判敢鬥爭／革命造反永不停／徹底砸爛舊世界／革命江山萬代紅／……

這群人，看上去都是十幾歲的孩子，其中，有些是軍人的打扮，包括女孩子的頭上也戴著軍帽，腰紮皮帶，一身的草綠色。大概有二三十人，卻招來看熱鬧的人若干倍，圍著這群新奇的「紅衛兵」。特別令人納悶的是，這隻隊伍的前面有一輛平板車，拉車的是一個瘦弱的老頭，一根繩子兩端繫著白骨，掛在他的脖子上。車上坐著一個身披袈裟的和尚，他的身旁有一堆白骨，上邊還沾著泥土……

拉車的老頭，八道溝的老人認出來了，他是元寶山禮拜堂的牧師陳景昇，那車上的僧人是寶光寺的，可是，那白骨是怎麼回事呢……

遊行的人群在元寶山南坡停了下來，這裡有北歐風格的建築群，比如，禮拜堂、育嬰堂、還有丹國醫院。站在這裡，可以望見奔騰的大沙河，潺潺的鴨綠江。

紅衛兵狂呼了一陣口號後，一個挽著袖子的女孩子面對著平板車上的「白骨」開始了大批判。那意思說，這裡是丹麥帝國主義的「文化侵略」之地，我們要批判和清算殖民者的罪行。接著，拋出了一個丹麥人的名字——于承恩。

這時，圍觀的人們才知道，原來，那「白骨」就是于承恩先生啊！有些人知道了真相後，不由得黯然神傷，悄悄地退出了人群。

這群紅衛兵是劈柴溝農校（前身即三育中學）的學生，他們在校園裡先是搗毀了于承恩的紀念碑，然後，來到八道溝基督教墓地，掘了于承恩的墳墓，扒了他的屍骨。這是一個瘋狂的年代，「掘墳扒屍」成了一種「革命」。孔子和他的七六代孫子的墳墓被掘了，康有為的遺骨被拴在繩子上遊街。還有，中共第三任總書記瞿秋白也未能倖免，紅衛兵逼著其遺孀楊之華對著丈夫的森森白骨「口誅筆伐」。搗毀西方傳教士在中國的墳墓，至今已覺不新鮮，早在半個世紀前，「拳匪」已經乾過了。那時，于承恩避難於旅順。未曾想，最終還是未能躲過這一劫，埋在地下了，又被「重見天日」。

附注：二〇〇九年九月九日，田方舟先生在接受訪談中敘述了于承恩被「掘墳扒屍」的事實。田先生，一九四四年生於安東，母親郭寶珍是安東育嬰堂（丹麥人所建）的孤兒，可見〈風雪夜歸人——記郭慕深Karen Gormsen〉。

三育中學院內的紀念碑：「榮神益人——于承恩牧師歸主紀念，三育中學畢業生敬立」（1936年）。

2012年，于承恩之後裔（重孫）來丹東，在田方舟的陪同下尋覓先輩的安息之地，獻上一束鮮花以寄託哀思。

附錄一　陳景升牧師自傳

一九五一年

中國基督教信義會東北總會副理事長，安東教區理事。
籍貫：遼中縣。出生日：一八九六年九月一日。

家庭經濟狀況：
不動產　房屋無間　土地無畝　其他　無
動　產　每月收入　薪金四十四元；每月支出　薪金四十四元。

一、歷史部分及家庭狀況

陳景升現年五十六歲，家中共有人口五名，皆未參加任何黨派，皆信耶穌，妻於王氏年五十八歲，為貧雇農成份，沒念過書。每日在家操持家務，思想在政府領導下稍見進步。次子作革，年二十三歲，初中二年文化程度，八一五前學鐵工，現仍作鐵工，在國家工廠為祖國工作著。小子作民，年十八歲，高小二年生。女福綿，初中一年生，十六歲。歷來房無一間地無一壟，生活靠我及子薪金量入為出以維持之，無雇傭人。

我祖父母沒念過書，皆已故去。父親業農，念過三年私塾，一九四五年九月病故去。母親跟我兄弟過，在黑龍江省克東縣農村中住著，兄弟自幼為農沒念過書。大女兒早已出閣，丈夫夏岩科業藥商，家住岫岩南大街仁和堂。二女兒亦早出閣，丈夫蓋文銀熔接工，住安東市中央區三緯路九十七號。他們經濟出入相抵，日日在人民政府下過著快樂感謝的日子。

友人段大經牧師，住安東市青龍街三四號；賈恩膏牧師，住旅順市毛澤東路四十一號；孫信愛牧師，住安東縣孤山鎮朝陽街二五號。他們皆愛國愛教的人，在思想上得他們的幫助不少。

二、個人歷史及社會關係

一八九六年九月一日生於遼西省遼中縣大坨子屯一貧農家裡，父親在世時因自己念書少，當我小的時候，曾發恨說：等我兒子長大要飯吃，也叫他多念幾年書。待我稍長沒上學前，在家幫助父母種地或作零活、撿燒柴。

一九〇五年十一月年十歲，入本村私塾讀書至一九一一年十二月休止。一九一二年三月年十七歲，由安東市基督教信義會傳道士李桐林同鄉介紹入安東辟才溝園藝高等小學，因此研究基督教，遂於十二月二十五日信而受洗，至一九一四年十二月舊制高小三年畢業。一九一五年三月年二十歲，入安東辟才溝明道園藝學校，三年畢業，以上六年來，前三年讀書與公立學校同；後三年重在基督教的道理。這兩個階段除念書外，每月作工（禮拜日除外）實習農林園藝二小時至四小時，免收學膳費，但吃的頗粗糙。一九一八年二月，二十三歲，至一九一九年七月年，二十四歲期間，經學校介紹任安東市基督教信義會傳道士職。一九一九年九月，年二十四歲，由安東市本國教會負責送我入湖北灄口信義神學院念書，至一九二三年六月，年二十八歲，四年畢業，回來仍任安東市基督教信義會傳道士職。自一九二三年十月，年二十八歲，至一九二五年九月，年三十歲，於一九二五年九月二十日受牧師職，在中國基督教信義會安東市教會任牧師職，以至現在。一九二三年中國基督教信義會東北大會成立，一九二七年九月被舉為中會會員（現稱理事）。一九三五年九月，因前大會會正病重退職被舉為大會會正（現稱理事長）。一九五〇年因改選退職，復被選為東北教區副理事長及安東分區理事至現在。

三、思想生活作風部分

回想我還沒有生來中國就受日本和其他以美帝為首之帝國主義並封建勢力的壓迫，九一八後，十四年中痛苦尤甚，邊心中憤恨邊努力傳福音，與惡風惡俗奮鬥。九三日至勝利炮響，敵日本投降，真是歡樂若狂，時安東漸漸解放，但這時尚存有正統觀念，對新中國前途的方向模糊不清。當國民黨反動集團統治安東時候，於一九四七年約在三月間被老百姓舉為保民代表，雖時期不足三月，今每想到十分懊悔（解放後黨團登記時已登記），見聞國民黨反動集團淫亂貪污腐化，國是日非，殊為痛恨，幸一九四七年六月九日安東復得解放。一九四九年十月一日，中華人民共和國成立，公布共同綱領，宗教信仰自由，欣感萬分。現全國除臺灣外全部解放，臺灣不久也必解放。從各方面看新國家在短時期的成就和抗美援朝的勝利，我們的祖國空前的強大了，在世界上的地位和威信提高了愈覺得偉大祖國的可愛，相反的愈覺以美帝為首之帝國主義和反動集團之可恨了。回念這一切都是由於共產黨和毛主席之英明領導，蘇聯盟邦之不斷援助。檢討到自己由於現實之啟示和學習發現有許多缺點，如與政府聯繫太少，學習太少，因此造成進步慢，政治覺悟不高，推行三自革新運動不澈底等。今後決緊密在政府領導下，加強學習政治時事，燃起反帝愛國熱情，普及和深入三自革新運動，肅清帝國主義影響，清除教會的敗類，宣傳基督純潔的福音，不講與愛國主義對立的內容，為建設一獨立民主和平統一和富強的新中國而奮鬥。

簡要說我的思想如何進步到現在，主要有四個原因：（一）四年來在人民政府領導下，不斷的教育了我；（二）趕出美帝為首之帝國主義，推倒國民黨反動政權，一九四九年十月一日新中國誕生，共同綱領頒布，全國勝利統一推動了我；（三）新中國兩年來，各種偉大成就的奇跡啟發了我；（四）抗美援朝的節節勝利提高了我等，我知道我很不彀，但我繼續求進步，也幫助別人進步，盡上我為建設新中國的一分力量。

附錄二　丹國醫院的一天

安樂克（Soren Anton Ellerbek）

早上七八點鐘，新的一天開始了。

我坐在醫院外面的槐樹下，看著前來就診的人群。各色人等俱全。他們當中的有錢人，身著綢緞，都是安東政府的公務人員。他們坐著馬車過來，這種馬車是俄羅斯人離開時留下的，現在坐這種車的人都是有錢有勢的人。

在這些富人當中夾雜著最窮困的乞討者，這些乞丐髒乎乎的，他們最典型的裝束就是腰間綁著的那根麻繩。麻繩的一段繫著一個空的鐵皮罐頭盒，用來討錢的。這些乞丐的傷口都在腿和腳上，但都被繃帶纏上了。即使是昨天剛剛在醫院綁上的，今天就

安樂克先生（1872-1956）建立的安東基督教醫院（丹國醫院）之前院西側。

又變得骯髒不堪，就好像用了好久了。

又新來了一個病人，是一個黃包車送來的富商。

不久，兩個農民從農村過來，他們兩人的肩膀上各擔著扁擔一頭，扁擔上掛著一個大筐，筐裡坐著他們年幼的兒子，孩子的膝蓋得了骨關節結核病。

又來了一輛黃包車。車夫把車停在了醫院的正門口，然後，小心翼翼的幫著車上的病人下車。病人的腿有毛病，而且孤零零的一個人來的。此刻他來到了這個外國人開辦的醫院尋求幫助。

又有一群人邊嚷著邊急匆匆的用門板抬來了一個病人。

這幫人看著像是在北邊的森林裡的伐木工人，門板上的應該是他們的工友。看樣子，大概是在去年冬天或是開春時受的傷。在這裡經常有伐木工人沿著鴨綠江拖木頭時受傷。受了傷之後遭了不少罪，現在實在是挺不住了，被抬到了醫院來。各種各樣的病人陸陸續續的來到了醫院，候診時間馬上就要開始了。

時鐘指向了七點，我們都進到診所裡，準備好問診。

在候診室裡，楊負責給病人們排號，以便更好地為大家問診。之後，他又讓候診的人都坐在凳子上等候。同時，他又開始給大家講述孔子的五種人際關係，並比較著介紹了基督教和基督教裡的第六人際關係，也就是上帝和人的關係。

八點左右，我必須開始給病人問診了。

我起身走進問診室，看到了兩個學徒，宋和李。李很高，因此，我們都喊他「大李」。此刻，大李正在忙著準備各種器械呢。宋也正忙著往瓶子裡注入苯酚，然後，注入各種不同的藥膏。李又忙著準備棉籤。我繼續走到候診室，大家看見了我，能站立起來的都向我敬禮，我坐下了，他們才又坐了下來。

問診開始了，一次叫十個人一起進來。大李用他那高亢而清晰的聲音喊每一組病人進來。

突然，有一個小男孩變得著急起來了。他和一個高個子換了手中的號碼牌。他是替一個商人來排號的。這個商人可能沒辦法早早的來排隊，也可能是他不願意和這些個病人們攪和在一起。可是，這時快輪到他檢查了，人還不見蹤影。小男孩急的不得了。

診室裡面的病人是按照我們幾個人的專長來分組的。大部分的病人都是一些小傷，只不過還沒有處理。這樣的病人由宋來負責。因為，宋最擅長處理這樣的傷口。但事實上，他們的這些小傷完全可以由他們自己處理。加之病人太多，我們也不可能一一幫忙處理完。因此，病人們必須自己把綁腿的繃帶拆下來，自己清洗傷口，然後在我的指導下，由宋為他們的傷口做進一步的處理。大李可不願意做這些事情，不過日子長了，他也越來越多的幫著忙活著。

下面我得介紹楊了。他初到這裡時，問我可否留他在這兒工作。起初，他也不確定自己能不能做處理傷口這樣的事。因為就像大多數人一樣，他極度厭惡骯髒的東西。可如今，什麼也阻止不了他處理最最難辨的傷口了。最嚴重的傷口莫過於脖子和背部的燙傷了。處理這樣的傷口需要特殊的技巧，每次楊都會問病人一些問題，比如你叫什麼名字啦、多大啦，等等。而且，只要他的處理工作沒做完，楊就會不停的和病人聊著。病人的痛苦越大，他講的就越多。常常經過二三十天的治療，楊會和這些病人成為好朋友。

大李可是我們診所裡的活寶，特別搞笑。但楊是那種冷幽默型的人。舉個例子看看：一天一個小男孩來了，說胃口不好，楊給他開了藥。男孩走到門口時問楊還有什麼要注意的嗎，楊回答說：「你要忌生冷的食物，還要忌壞脾氣、愛生氣、愛說謊、而且尖酸刻薄的人！」弄得孩子一頭霧水的走了。

下午早些時候我們開始手術了。楊和宋是我的副手，楊負責麻醉。手術之後，我們和病人的接觸就告一段落了。接下來是我的授課時間。我為他們講授解剖學和生理學。能為像李和楊這樣聰明學得快的孩子們講課真是一件幸福的事情。

到了下午晚些時候，我經常到病房看望病人們，常常坐下來和他們交談。這是病人們在醫院裡度過的最開心的時刻了。所以Kipling（英語作家）說的「東方就是東方，西方就是西方，永遠不可能融合」還真是沒有道理。你看，此刻在我們的病房裡，東西方不是融合的很好嗎！

附記：

《丹國醫院的一天》由丹麥友人聶曉羅（Sune Nielsen）先生提供並由原文丹麥語譯為英語。中文譯者孫成女士（一九七九年生），曾就讀遼寧大學、東北財經大學，碩士學位，現為遼東學院英語講師。

聶曉羅，一九七〇年生於丹麥，一九九六年畢業於哥本哈根大學，主學漢語和經濟，曾留學於中國遼寧師範大學，吉林大學等。聶之外公植物學家吳立身（KajJohannesOlsen）於一九二七－一九四六年在中國安東三育中學任教，聶之母親吳坤美（Estrid Nielsen）一九三四年生於安東，現為丹麥作家，中國遼東學院客座教授。

奉天醫科大學校青年會，查經班學生送查經領袖安校長返國攝影紀念。
前排坐者安樂克先生，此處說的「返國」即回丹麥休假，攝於1915年。

春到劈柴溝

記吳立身（Kaj JohannesOlsen）

吳立身KajJohannesOlsen（1898-1973），丹麥牧師、園藝師，曾任安東劈材溝三育中學校長，攝於1935年。圖片源自美國南加州大學，以下未注明者均是。

一

劈柴溝，雖說就在安東城邊，但城裡也是鮮為人知的。一百多年前，丹麥人已經這裡留下了足跡。

一九一二年，丹麥人在劈柴溝建起了一所學校，初期叫園藝學校，實際為一所職業中專。除了文化課程而外，重要的是培養園藝人員。所謂園藝，從字面上看，「園」的意思是指種植花木、蔬菜的地方，「藝」則是指技能、技術，合意即在園地栽培花卉、蔬菜、果樹等植物的技術和生產經營方法。顯然，這是從傳統農業向現代農業的邁進。

然而，中國是個古老落後的農業國，不知「園藝」為何物，也沒有專門的「園藝師」。於是，校長于承恩ohannes Vyff（一八七〇－一九三二）求助於國內丹麥基督教園藝協會。由此，在三十餘年的時間裡，三育中學先後來了三個園藝師。

劈柴溝最早的園藝師，也是最年輕的，來自黑龍江漠河——美國一家農業公司。這位年輕人患有肺結核。來到劈柴溝後，即負責園藝課和植物的栽培。可是，他的身體每況愈下，以至不能行走，學生用擔架抬著他去植物園講課。一九一七年冬，他病倒了。幾個學生抬著擔架，步行十餘裡，把他送至安東城裡的丹國醫院（丹麥人所建）。從此，再也沒能回校（一九一七

郭衛道（Niels Oestergaard, 1880-1929）的一家人，攝於1925年劈柴溝。（圖片源自《三育中學》）。

年一月三十日病逝）。對於他的身世記載甚微，只記得他的姓氏，和丹麥童話家一樣的：Andersen安徒生。

園藝師的去世，使于承恩先生失去了助手。雖然，校長也是園藝師，但畢竟還有一攤子教務纏身。過了四年，丹麥差會又派來一位園藝師，他的名字叫Niels Oestergaard，漢語名字是郭衛道。

一八八〇年，郭衛道生於丹麥西部農村的一個小鎮Nørre Vium。大學時，他學的是園藝和神學。畢業後來到挪威。後來，挪威基督教差會派遣他和一個醫生去中國西南邊區傳教。西南邊區人煙稀少，崇山峻嶺，歷來是「千裡帶枷」流放的煙瘴之地。一個刀耕火種，沒有文字的社會。寨子裡發生了瘟疫，竟然用美少女祭祀，還有的用人頭祭穀，就是在春播前砍活人頭祭祀穀神，祈求五穀豐盛。從一個文明社會，踏入如此的蠻荒極地來傳播耶穌，簡直是在石頭上播種。長期的水土不服，使郭衛道染上了一種惡性腹瀉的疾病。後來，又遭遇匪禍，作為同伴的醫生被殺害了。於是，郭衛道跑到了南京，住進了金陵大學（美國衛斯理教會創立）。

一九一七年，郭衛道踏上了回鄉之路。由於一戰的摧殘，交通混亂不堪，郭衛道乘坐的客輪行至加拿大西海岸拋錨了。於是，「在加拿大度過兩年的墾荒生活，在第一次世界大戰之後，曾在法國、美國和中國各地參加過戰俘助理工作。並在法國的中國士兵營擔任過秘書。」（丹麥女作家吳坤美Estrid Nielsen《三育中學》）這裡說的「中國士兵營」，即「華工營」。當時，北洋政府宣布參戰，派遣了大批華工前往歐洲戰場，擔負起挖戰壕、修工事、掩埋屍體、清掃地雷、築路架橋、裝卸給養等戰勤任務。這就是「以工代兵」的華工營。白天，戰鬥剛停息，華工們就開始作業於硝煙彌漫，屍橫遍野的戰場。夜晚，工棚裡彌漫著一種思鄉的愁緒。這時，一個又高又瘦，唇上蓄著鬍鬚的丹麥人來到華工營，為這些背井離鄉的中國人代寫家書，他就是郭衛道。幾經輾轉，郭衛道回到了丹麥。一年後，即一九二一年，郭衛道攜妻子Nary J.Ostergddrd（一八八七年生於英國）來到了劈柴溝，分管三育中學種植園。這已是郭衛道二次來華了。

郭衛道在劈柴溝工作了七個年頭，他引進和栽培了草莓、杏梅、番茄、櫻桃等近十種植

劈柴溝三育中學，由教學樓通往宿舍的一條路。

物，相繼在種植園及周邊鄉村種植。此前，整個東北地區都未曾發現這些植物類型。這些植物的種子大都是從丹麥郵來的。在園藝家的眼裡，種子是父，土壤是母，只有兩者完美的結合所生長的植物才會經久不衰。對於丹麥人郵寄種子，包愛光Helga Pallesen小姐（第二任校長包樂深之女）回憶說，因為要經過水上陸地長達幾個月甚至半年的時間，有時，當她和父親滿心歡喜地打開袋子時，種子已經發芽了。因為沒有生長空間和所需的水分，在漫長的途中死掉了。

一九二七年秋，瘦骨嶙峋的郭衛道攜家眷還鄉了。由於多年的顛沛流離，積勞成疾，兩年後，一九二九年六月二十四日，郭衛道與世長辭了。「那時候，已經從郭衛道的蹤跡裡長出了美麗的鮮花（牡丹和杜

鵑），當地的人總是想起郭衛道家庭的歌聲」。「他給人們留下最深的印象是他溫和的性格和悠揚的歌聲」。（《三育中學》）

二

一九二七年九月。

一片小樹林子的上空懸掛著一輪彎月，冷冷的清輝，灑在落葉繽紛的草地上。

林子裡低低響起了小號，彷彿幽深的泉水，和著林濤在夜空迴響，漸漸地由低沉而激昂起來，猶如響起攻城的號角……

一曲終了，頓時，響起了一片掌聲，號手的身邊圍了一群青春年少。吹小號的人是剛從丹麥來接替郭衛道的園藝師，年方二十九歲，漢語名字叫吳立身。

一八九八年，吳立身出生於丹麥哥本哈根的一個工人家庭，少時在半工半讀學校。後來，畢業於哥本哈根大學植物系。小號是他在童子軍學會的，還有步槍射擊。少時的喜好往往會伴隨一個人的終生，小號和獵槍是吳立身的親密夥伴。

在哥本哈根大學畢業前夕，他看到牆上有一幅招募廣告，大意是，誠聘一位具有園藝專業的同工，去中國安東蛤柴溝三育中學任教。發佈廣告的是丹麥基督教差會（Danish Mission

Society）。這幅廣告，令吳立身怦然心動，激發了他要服侍上帝的熱情，他要順應上帝的呼召，到中國去。

《創世紀》一開始上帝就把伊甸園交給人，讓人參與上帝的創造工程，成為神的同工。聖經在許多地方明白表示，工作是神的旨意，所做的工作，有神的同在。所以，基督徒把工作看做是天職。

一九二七年三月二十四日，北伐軍攻下南京的當天，爆發了武裝排外暴亂，襲擊領事館，殺害外僑，搶劫財物。其中，金陵大學副校長威廉姆斯John Williams博士喋血街頭。一時間，血雨腥風，猶如「拳匪」再現。教會的學校被迫關閉，有的被沒收，有的地方教會幾乎絕跡，活躍在內地的西方傳教士紛紛逃往日本避難，傳教運動陷入了低潮。

在這內亂不休的年代，吳立身來到了中國，先在北平學習了半年漢語，次年三月，來到劈材溝接替郭衛道。除了植物課，還兼任英語、地理、地質、以及木工的教學；還是學校的游泳、足球教練。後來，又成了學校樂隊的小號手。每當禮拜唱詩之時，總會聽到那嘹亮的號聲。劈柴溝老百姓對他的印象，是從一個故事開始的——

有一天，學校的馬車陷入了泥坑，車夫一邊揮著鞭子抽打著馬，一邊嘴裡不停地咒罵，馬呼哧呼哧地喘著粗氣，可是，車子越陷越深，車夫暴跳起來，拼命地抽打馬。恰巧，吳立身走過，他叫車夫停下鞭子，說他你不該這樣虐待牲畜。車夫問，你要我怎麼樣？吳立身說，你要

1920年代三育贏得安東中學足球比賽冠軍（《三育中學》）

好好跟它說話。車夫頭一次聽說人和牲口說話，在鄉下人的眼裡，好牲口都是鞭子打出來的。於是，車夫說，你給我做個樣子吧！吳立身走到馬的身旁，用手撫摸著拍著馬的脖子說，老夥計，別怕，咱們再加把勁啊！躁動的馬漸漸安靜下來，吳立身叫來幾個工人，他拉著韁繩，喊著號子，大家一陣忙乎，馬車從泥坑裡拉了上來。吳立身對大家說，馬是人的夥伴，生命和人一樣的寶貴，應該愛護它。由此，人和馬的故事在劈柴溝流傳開來。

吳立身和中國學生的相處，有過一段簡單的回憶——

「我覺得和我的學生在一起很愉快，我對他們懷有很大期望，希望他們成為國家棟樑，我們在這裡的種子，會有豐厚的收穫。他們的歌唱的非常好，我真希望我們在丹麥的朋友也能聽到他們的歌唱。」（吳立身〈學校裡的生活〉，文後附錄）

有這樣一張照片（一九三六）：水霧濛濛，幾個赤身裸體的背影，吳立身和學生在淋浴，這是學校對廚房餘熱的利用。學生每兩個禮拜可以享用一次。肥皂，對學生來說是陌生的，開始時，他們不喜歡這種滑溜溜的稀奇之物，過了一段時間就習慣了。

對城市而言，淋浴並非奇怪。然而，民國時的鄉下，人們也只能在夏季裸身下河。在一個小山溝裡出現淋浴，彷彿鐵樹開花。作家梁實秋說過：「我看人的身與心應該都保持清潔，而且並行不悖。」可見，身體的潔淨，體現了人類對清潔的精神追求。威廉皇帝Wilhelm Friedrich Ludwig有句名言：「清潔的軀體才能培育純潔的心靈。」

三

劈柴溝東邊有一片澇窪塘，每到夏季，滿塘荷花，十里飄香。可是，它不叫荷塘，偏偏叫蛤蟆塘。

一九二九年秋天，一群男女賓客從蛤蟆塘下了火車，坐馬車來到一座小山坡下，沿著蜿蜒起伏的小路，走進一片莊園。首先映入眼簾的是，一棟三層紅樓，牆

三育中學教學樓（建於1920年），作者攝於2014年夏。

上遮滿了綠色的爬牆虎。紅樓的東西兩地是果園，紅豔豔，金燦燦的，掛滿了枝頭。蘋果有紅阿拉斯特、約拿金、黃元帥；梨子有塞克爾、東巴特利特；葡萄有沃爾登、黑葡萄。從樓上的窗子眺望，遠處是碧波蕩漾的鴨綠江，近處是方圓幾百畝的土地（一九二七年兩百六十畝），碧草茵茵的牧場，幾頭黑白奶牛優哉遊哉。校園的東南有一片稻田。一條小河沿著山腳蜿蜒流淌，繞過田邊地角，向著大沙河流去。河水清澈見底，流動著又細又軟的沙子，這條河被當地人叫做劈柴溝河。小河名不見經傳，但三育中學的植物園在東北聲名遠播，商客紛紛慕名而來，採購瓜果菜蔬、樹苗和種子，也有來自海外觀光的。其中發生了一個美麗的童話（吳坤美〈Love or Fidelity Day〉）——

「一九二九年的三育中學，已是一個花園，裡面有很多花、灌木、果樹。一條溪流從附近的山脈中流過，春天的時候這裡能聽到很多鳥的聲音，特別是金黃鸝的嗓音更為優美。在草坪那邊的小樹林，種的是銀杏樹，那旁邊有許多開著花的灌木、綠連翹、紅杜鵑和白色的繡線菊……

那時的三育中學，已經接受許多社團和個人的果樹、花卉以及灌木的訂單。為此，三育中學還從南京大學、美國哈佛大學和丹麥Kolding地區的地理花園得到種子和植物。

一天，不尋常的重要事情發生了。

在一九二九年，丹麥幾個小社團來到了三育中學，他們是來為他們各自的社團訂購植物的。他們也想看看這個花園，當時正是吳立身在賣參觀花園的門票，在這些訪問中有一個年輕貌美的護士叫裴德馨（Johanne Olsen），她是來為所在的醫院的Xiuhua花園訂購植物。當吳立身第一眼看到她時，就立即愛上了她，並告訴她，你什麼錢也不用花。

1942年，吳立身一家人在劈柴溝。前排右一夫人裴德馨（Johanne Olsen, 1896-1992），其十六歲隨家由丹麥移居美國芝加哥，在奧古斯都醫院受訓。1924年來華，工作於黑龍江綏化縣（1924-1929）。之後，在安東劈柴溝三育中學任護士長。後排右一為女兒吳坤美（圖片源自《三育中學》）。

他們一見鍾情，所以很快就訂婚了，不久就結婚了。吳立身送給她一個好聽的中文名字『喜樂』，就是歡喜快樂的意思」

「喜樂」，對於基督徒而言，還有深層的涵義，聖經上說，「喜樂的心乃是良藥，憂傷的靈使骨枯乾」。喜樂，是聖經中的重要詞彙。有人考究，在新約中出現為名詞六十多次，動詞則一百多次。

「神所以造花、造草、造山、造水，以及一切自然界的美麗，原是要我們喜樂。神所以使獨生子降世，也是為使我們喜樂。天使報信說：『大喜的信息。』」

吳坤美女士，1934年出生於安東蛤蟆塘劈柴溝，1946年隨家回丹麥。1976年，入讀哥本哈根大學，研究丹麥人在中國東北的歷史（1894-1950），碩士學位。現為丹麥作家、中國遼東學院客座教授。

「在聖經上，神命令我們要有喜樂；我們需要喜樂，猶如需要日光和空氣一般。」（《荒漠甘泉》）無論環境怎樣艱難，怎樣黑暗，也應當一無掛慮，讓地上的生活成為喜樂之旅。

歲月悠悠，不知從哪個夏天開始，在劈柴溝河裡，鄉下孩子發現了玩水的「洋娃娃」。後來，「洋娃娃」的家裡時常傳出音樂之聲，有嘹亮的小號，美妙的琴聲，還有孩子們的歌唱……

裴德馨在劈柴溝生下了五個孩子，三個女兒和二個兒子——

長女吳坤榮　一九三一年出生　護士

長子吳文光　一九三二年出生　牧師

次女吳坤美　一九三四年出生　作家

三女吳坤芳　一九三六年出生　護士

二子吳文華　一九三八年出生　牧師

四

蛤蟆塘之北，群山起伏，遠遠望去，彷彿蜿蜒爬行的巨蟒，有一股起伏奔騰之勢，人稱五龍山。

五龍山，綿亙四十餘里，屬於長白山餘脈，地處暴雨中心地帶，是大沙河和靉河下游的分水嶺，自然形成了兩河的蓄水源地，溫和濕潤，孕育著豐富的野生動植物資源。

民國年間的《安東縣誌》記載：「東邊道未開禁前，山中古木參天，森林密茂。野生動物有虎、鹿、熊、豹、狼、麅、野豬等，禽多飛雉。」

春末夏初，茫茫林海中響起一陣歡聲笑語，吳立身帶著一群學生來深山「探寶」。山裡人發現帶學生進山的不是瘦瘦的，留著小鬍子的郭（衛道）先生了，而是一位英俊的年輕人，他在教學生怎樣觀察、識別和採集各種植物。忽然，孩子們驚呼起來，發現懸崖旁的岩石夾縫中鑽出了一叢叢紫紅色的花蕾，嬌嫩的泫然欲滴，十分耀眼，彷彿一片紅雲飄落下來，壯麗而迷人，這是杜鵑花，也叫映山紅。杜鵑花生長於岩石縫隙中，無論天涯海角，只要有一點點泥土，就能紮根生活，綻放出一簇簇鮮紅欲滴的花朵，傳送著春到人間的消息。

「布穀——布穀——」，山谷間迴蕩著一陣陣清幽的啼鳴，這是布穀鳥在催人播穀。每當春季，田間陌上，幽林深處，不時傳來布穀的鳴囀，聲聲不息，日夜啼叫。傳說，布穀血啼花上，就把花染紅了。所以，詩人感嘆：「疑是口中血，滴成枝上花」。而布穀鳥亦稱杜鵑，花鳥同名，這便是杜鵑花的傳說。在浩如煙海的植物世界，已發現杜鵑花有八百多種，在中國分佈的有六百多種，安東有兩百多種。雖說中國是杜鵑花海，但對杜鵑花的開發和利用卻只能望洋興嘆，正如Peter Valder在《中國的園林植物》中所言：「中國的杜鵑花比任何國家都多，但其很少應用於傳統園林中。」早在十九世紀末葉，杜鵑花就進入英國皇家植物園，成為世界名花。二十世紀二〇年代，在偏僻的劈柴溝，出現了移栽庭院的野生杜鵑花，還有牡丹，這是中國園藝的「北國之春」。從野外移植於田園，培育成一個觀賞植物的新品種，一般週期都在七年以上。植物學家傾其一生，所做的也只不過是大千世界的一草一木而已。詩人但丁有一句話：大自然是上帝的藝術作品。神的巧思細膩，有著無窮的奧妙。有多少「藏在深山人未識」的，又有多少寫在岩石裡面的生物史啊！

吳立身沿著前人的足跡，將杜鵑花（一九八四年命名為丹東市花）、草莓（一九八八年丹東為全國最大的草莓生產基地）、櫻桃、番茄、玫瑰香葡萄以及扁竹蓮等植物列為培育的重點。從踏上這塊土地那天起，不管是風裡雨裡，植物園裡都有他忙碌的身影。

一九三二年，三育的果樹、觀賞樹木、花灌木、木本植物幾大類，多達一百三十六種。蘋

丹麥人在安東的子弟學校師生，這些孩子大都生於中國（後排左一為三育校長包樂深Anders Aagaard Poulsen），右一為夫人包珍珠（Margrethe Aagaard Poulseh），攝於1932年劈柴溝。

校長吳立身（左五）、魯景民（左六）與師生合影，攝於1937年。

果有二年生的黃元帥、約拿金、紅阿拉斯特；梨有二年生的賽克爾梨、冬巴特利特梨；還有沃爾登葡萄、黑葡萄以及紅色覆盆子、攀爬薔薇（白色和粉色）等。無論春與秋，吳立身一鑽進植物園，就像飛翔在花叢中的一隻蝴蝶。

「願天歡喜，原地快樂。願海和其中充滿的澎湃，願田和其中所有的都快樂。那是林中的樹木，都要在耶和華面前歡呼。」（聖經）

牛頓在花園散步，看到一個蘋果掉到地上，想到了萬有引力。其實，更重要的是，牛頓有獨自來到花園禱告與默想的習慣。紐約大學歷史系教授曼紐Manuel，一九六八年在他所著的《牛頓傳》中寫道：「近代的科學是源自牛頓對上帝的默想。」

五

一九三三年四月九日，深夜。

風聲、雨聲、狗吠，使鄉村的深夜有一種恐怖的感覺。

咚咚！咚咚咚！——急促的敲門的聲，裴德馨打開房門，一個渾身濕漉漉的女人，不停地顫抖著，她是魯景民校長的妻子。她說，魯校長被三個土匪綁上山了。吳立身背起獵槍，裴德馨攙扶著魯的妻子，一起來到魯家。窗戶玻璃都被打碎了，風和雨灌了進來，屋裡一片狼藉，八個

圖中新郎李書杭（基督徒）曾在三育中學做工，後離開學校自種草莓成為當地第一家。（土改被鬥，見下文）其妻王淑娥（基督徒）曾工作於奉天瞽目重明學校，二人之姻緣是丹麥傳教士做媒。

月的女嬰在啼哭。吳立身準備帶人上山解救，來人說，魯校長回來了，倒在學校的廚房裡。原來，魯校長在上山的途中，土匪讓他扛著東西，走到樹林時，他扔下東西就跑了。土匪發現後，舉槍便打，只聽慘叫了一聲，土匪以為打死了，倉皇逃遁在黑暗之中。裴德馨查看了一下魯校長的傷情，子彈是從他的身後射入的，打穿了胃，失血很多，幾乎神志不清了。裴德馨給魯校長裹上了繃帶，讓他飲了一小杯葡萄酒。接著，吳立身摘下一塊門板當擔架，和學生一起把魯校長抬到十餘里外的丹國醫院。

在這個風雨之夜，土匪不但綁架了魯校長，還綁架了田百奎老師。所幸的是，土匪以為打「死」了校長，擔心官

魯景民是出生於牧師家庭的第三代基督徒，畢業於青島大學。曾任三育中學校長（1930-1937），並兼語文教學。妻子熱心於當地的婦女工作，曾任教於瀋陽女子神學院。

兵進山清剿，就放了田老師。（田百奎畢業於青島大學，在校教授數學和自然，並兼食堂管理）。但土匪仍不甘心，又向學校下了恫嚇信，揚言如不交出五千塊大洋，就要洗劫學校。隨後，又在路上綁架了兩名學生，並且，給學生的家裡分別送去了割下的一隻耳朵和一節手指，聲言不拿錢來就撕票。五千塊大洋，不僅對學生家，對學校都是個「天文數字」。吳立身背著獵槍，帶了幾個學生摸黑上山了。根據魯校長的記憶，吳立身朝著土匪的蹤跡，扣動了扳機，槍聲震盪了山林，土匪以為官兵在跟蹤，放了兩個學生，驚慌流竄了。

這個夜晚，孫紹賢老師也遭遇了土匪，「一夥土匪突然闖進農校的園子裡，綁了員工正要出門，孫老師走出來，看到月光下持槍的人，他是個領頭的，孫老師向前走了一步，對他平靜地說，要帶人就把我帶走吧！但是別把我的孩子吵醒，他們正在睡覺……」（《三育中學》）

一場恐怖，使魯景民的妻子「斷乳」了。其時，裴德馨的兒子（吳文光）也在哺乳期，於是，這位丹麥母親擔負起了兩個孩子的哺乳，中國女孩的名字叫魯坤麗。

六

在風雨如磐的歲月裡，三育學校依然有了長足的發展。一九四〇年，學校增加了一個四十名學生的班級，應招前來參加考試的學生有兩百六十五人。同時，在生產經營方面也出現了好的勢頭，種植園的產品除了原有的國外定戶，又增加了很多國內的商家，果樹產品頗受歡迎，「每年的收入值增至兩千元，其中盈利五百元」（《三育中學》）。三育的園藝碩果，令人刮目相看，許多學校競相效仿，便向三育索求教材。於是，吳立身和孫紹賢聯手編寫了園藝教科書。三育中學猶如夜空裡升起的一顆新星，卻也開始了它的「暗淡」，這是由於日偽當局的打壓所致。

要滅亡一個民族，先消滅它的歷史。一九

三育中學校長公寓。

四〇年六月，偽滿洲國皇帝溥儀出訪日本，回來後，按照主子的意圖，發佈了〈國本奠定昭書〉，宣稱滿洲國的建立和日本同出一源，都始於太陽女神，並把太陽女神作為滿洲國的「建國元神」加以供奉。顯然，這是日本人利用傀儡皇帝演出的一場替換祖宗的鬧劇。

為了讓日本神在滿洲國安家，日偽當局規定對於昭書要當眾宣讀。然後，用黃絲綢包起來，裝在一個精緻的盒子裡，放在學校辦公室皇帝掛像對面的臺上。但是，三育把「昭書」塞進了一個櫃子裡，半年多也無人理睬。在溥儀的掛像前面還蒙上了一塊布簾遮著。而且，在很長一段時期，學校沒有舉行鞠躬致敬的儀式（每天向東京的日本天皇鞠躬，再向長春的滿洲皇帝鞠躬以及崇拜太陽神）。關東軍憲兵隊獲得了這一資訊，立即撒下特務進校調查。一時間，山雨欲來風滿樓。

校長魯景民召集了會議，研究應對之策，考慮丹麥是二戰的中立國，吳立身是外籍僑民，由吳擔任校長與當局周旋可以避其鋒芒，有利於學校的生存，於是，魯景民退居二線，吳立身接任校長。由此，吳立身成為三育史上的第三任丹麥人校長。

但是，日本人在學校裡安插了秘密員警，監視師生們的一言一行。吳立身動輒被帶到憲兵隊接受審訊，甚至長達十餘小時。並且，要填寫五花八門的訊問表格：

「你夫人的髮型是長的還是短的？」

「丹麥校領導腦子裡都想些什麼？」（《三育中學》，下同）

在傳訊校長的同時，對學生展開了問卷式的調查，羅列的問題，包括校長和老師課堂內外的具體言行。「學生們咬著筆桿，互相使著眼色，然後回答了問題，上前交卷，結果是：沒人能記起什麼。」顯然，憲兵隊企圖從問卷中得到告密，藉以亮出屠刀來。當時，東北曾經發生一起徐漸久事件。鐵嶺市市長徐漸久在一次會議上，當講到供奉太陽神時，徐說，老張家的祖宗，硬叫老李家供奉，行嗎？結果，被人告密，遂以「大不敬罪」投入監牢，秘密處死。（江厚〈曾經轟動鐵嶺的「徐漸久事件」〉，《鐵嶺日報》二〇〇九年十二月十七日）在一個暴虐時代，一句話，就可以丟了身家性命。面對憲兵隊的威脅，吳立身依然拒絕強制敬拜儀式。對於丹麥人來說，跪拜帝王或偶像，是令人不能容忍的，因為，這是把人當神，背棄上帝，褻瀆信仰。史上記載，一個八十六歲的溫和老人——基督徒波利卡普，由於拒絕敬拜羅馬皇帝而從容地登上火刑場，在熊熊的烈火中高聲讚美上帝：「讚美主，感謝主，因您使我被納入殉道者的行列，使我嘗耶穌苦難的杯，使我借聖靈得永不朽壞的靈魂與身體而享永生。」

一九四二年七月三十日，在學校操場上，師生們安靜地站立著。校門口停著轎車和摩托，憲兵隊頭目、警察局長、縣長、教育局長紛紛駕到。雨後日出，大地像蒸籠似的悶熱，躲在樹葉中的蟬絲絲縷縷地叫著。憲兵隊的狼犬吐出了長長的舌頭，不停地喘著粗氣，樹叢裡隱蔽著持槍的士兵。

一個日本人走上台，繃著臉喝令師生跟著他開始敬拜儀式，首先向太陽神鞠躬，然後向日、滿兩個皇帝鞠躬。所有的中國人都深深地彎下腰去，唯有兩個丹麥人彷彿兩株偉岸的樹直立著。接著，一個偽官吏宣布決定——丹麥人開辦的學校因為不遵守祭祀儀式而勒令停辦。

校長吳立身因為不遵守政府的規定，撤銷其職務並吊銷教師執照。

最後，宣布在校的學生一律轉學至日本學校，開學日期八月十二日。

烈日當頭，沒有一絲風，樹枝低垂，蟬聲不斷，彷彿在唏噓、歎息……

三育中學校長公寓，現已拆除，作者拍攝於2010年冬。

七

「八月十二日（一九四二）是對每個學生都很悲痛的日子，大家寧願在家失學也不願意上敵人辦的學校。敬拜太陽神的儀式要照常進行，還是丹麥人直立著，中國人深深地鞠下躬。」（《三育中學》）

魯景民和田白奎回了老家山東，其他老師也各奔他鄉了。在校的丹麥人，吳立身、包樂深、許世光（Rev Jens Hoegsgaad）等人在要離開之際，遭到了日本人的阻撓：不許丹麥人離開所住區域；不許乘坐火車及其它公共交通工具；如去安東也必須申請。從此，丹麥人在日本人的看管下，每日勞作在種植園裡。「日本人命令他們（丹麥人）種一些專供日本人吃的，比如水稻和黃豆，還有豬肉也只能給日本人吃。」（吳立身之外孫聶曉羅Sune NieLsen先生二〇一〇年八月二十三日給作者的信，下稱「曉羅的信」）

兩年後，一支日本青年近衛軍進駐了校園。接著，搭起了一排窩棚——勞工營。被抓來的勞工（每戶一人）白天去修築水壩，夜宿在窩棚裡，許多人因勞累和饑餓而喪生。後來，勞工營裡發生了傳染病（傷寒），像一股旋風似的波及安東以至岫岩。不但瘟疫肆虐，又有山洪暴發，建築中的水壩沖決了，劈柴溝一片汪洋，

三育中學第二任校長包樂深（1880-1957）和夫人包珍珠（瑪格麗特），攝於1915年。此圖係包樂深先生之女兒包愛光Helga Pallesen於2012年提供。
包珍珠在丹麥時曾從業護士，1912年來華，在岫岩一帶給兒童種牛痘。1918年，隨夫包樂深來到劈柴溝，在家開設一個小診所，為附近老百姓服務。後來，先生調任劈柴溝神學院院長，包珍珠在校教音樂和詩歌。

逃上山的人眼巴巴地望著被洪水沖走的家畜。整個勞工營和沒有來得及逃離的人，都被大水吞沒了。洪水污染了水源，加速了疫病的蔓延，「如水泄地，似火燎原」，朝病暮死，哀鴻遍野。老百姓家家門窗貼上紅紙以求避邪，或者背井離鄉。在這場病魔肆虐的日子裡，在安東所有的丹麥人都奮不顧身地投入了這場救災之中。

「在岫岩城有兩位丹麥人，姚教士（Anna Johansenh）和倪大夫（倪樂聖Marie NieLsen），也被染上斑疹傷寒病，姚教士因患病去世，倪大夫倖存。」（《三育中學》）

裴德馨和包珍珠也在晝夜的救治患者之中。包珍珠在治療一個男孩（陶元勳）時，不幸被傳染了，幾天後去世。她的遺體被安葬八道溝基督教墓地，在安東的丹麥人冒著嚴寒，參加了包珍珠的葬禮。同時，八道溝和盤道嶺來了有百餘名的市民。

對於包珍珠女士，曾任丹國醫院總護士長的王立家先生有如下記述（《在安東的丹國基督教醫院》）——「劈柴溝包牧師（包樂深）的妻子包師娘（包珍珠），據說有一位子宮外孕婦女，包師娘將自己雪白的新被拿給病人蓋上，不嫌有血污染。一九四五年斑疹傷寒流行，她每天給病人送藥」。

1942年，包樂深先生和夫人包珍珠（瑪格麗特）及女兒包愛光（1927年生於劈柴溝）。此圖係包愛光女士於2012年春提供。

「臨終前她還掛念劈柴溝的奶牛，可能有結核病，提醒注意，怕孩子感染上。此時，說話已經語詞不清了。」

八

一九四五年秋，日本投降了。蘇軍的一個坦克旅進駐安東，實行軍事管制。

「在蘇軍進入的同時，乘坐安奉線列車的大量難民也流入了安東。結果，在安東的日本人很快膨脹到大概原來的兩倍七萬餘人。」（池田昌之《我的故鄉滿洲》）

蛤蟆塘小站，一下子被日本人擠得水泄不通，這些戰爭「棄民」一個個失魂落魄，孩子哭，女人叫，孱弱的老人蜷縮在牆角，「紅軍領袖斯達林大元帥萬歲！」的標語從牆上飄落下來，踐踏在人們的腳下……

這些日本人要從安東啟程，乘坐釜義鐵路（新義州－釜山），再由水路撤回本土。那些天，一直是淫雨淒風，月臺上的日本人瑟瑟發抖，他們要等上一兩天，才能趕上一趟火車，能不能擠上去，這要看體力和運氣了。於是，有些日本人另闢蹊徑，花高價雇傭漁船過江，再步行穿越北緯三十八度線，最後，渡海回日。一路上淒風苦雨，風波浪裡，不知有多少難民喪命途中。日本人倉皇逃生，蘇軍趁火打劫，財物和女人，是他們瘋狂追逐的目標。「鳳凰城沒駐

丹麥傳教士在劈柴溝建立的教堂。此圖為包樂深先生之女兒包愛光2012年提供。

蘇軍，不知從哪兒跑去一個，滿大街追女人，把座縣城鬧得雞飛狗跳。駐在當地的冀東部隊不得不把這個『老大哥』抓起來，送交安東蘇軍衛戍司令部。」（張正隆《雪白血紅》）

這時，吳立身失蹤了，一直到第五天仍不見蹤影。人們猜想也許是被蛤蟆塘的土匪「小鐵牛」（初忠義）綁票了，可是，土匪綁票為的是敲詐錢財，也不可能悄無聲息。有人想起蘇軍在街上抓人的事，不管是日本人還是中國人，抓住後押往西伯利亞去做苦力。於是，人們來到了蘇軍衛戍司令部，果然，吳立身被關押在這裡。原來，蘇軍懷疑吳立身是「德國間諜」。最終，在丹麥人和教會的證明下，這位「德國間諜」被釋放了。吳立身又回到了劈柴溝，他站在房前，望著荒蕪的植物園，覺得日本人走了，學校該自由了。隨著春天的到來，植物園也該生機盎然了。

一九四六年二月，蘇軍駐安東司令部轉移至朝鮮新義州，三月初，打道回府了。日軍受降了，蘇軍撤走了，中國卻不幸被俄國人的一句俏皮話所言中：「永久和平只維持到第二年」——國共內戰爆發了，東北大地成了血火交織的戰場。

九

一九四六年六月，吳立身開始打點行裝，準備攜家眷回國。這時，他發現五個孩子腳上的鞋子，有的露出了腳趾頭，有的鞋底磨透了，有的赤著腳。千里之行，始於足下，走路總要穿鞋的。吳立身有些害愁，他沒有錢給孩子買鞋。他走出屋子，在校園裡四下轉悠，忽然，發現有一個廢棄的舊輪胎，於是，他撿回家裡來，又找來一個帆布包拆了，給孩子們做起了鞋子。

「一九四六年六月十八日，吳立身帶領全家，趁戰火暫時停息的機會，步行離開了劈柴溝的家。他五個孩子當中還有一個沒有鞋，只能光腳走路，一家人在安東停了一夜。」（《三育中學》）

由於，原本複線的安奉鐵路（安東至瀋陽）被蘇軍拆走了一線，鐵路運輸格外的緊張。在站臺等了幾天後，一家人才擠上一列去瀋陽的火車。車廂裡的設施已經被拆個精光，旅客們擁擠在一起。火車行駛到草河口停了下來，要就地過夜。由於車廂成了空殼，旅客們只好下車投

1938年劈柴溝禮拜堂竣工紀念。

宿。丹麥人還算幸運，碰上了一位三育的學生安排了食宿。

第二天，火車繼續行駛，到下馬塘站就停車了，因為前方的隧道被炸毀了。旅客們從車廂裡下來。這時，幾個戴「青天白日」帽徽的士兵發現了吳立身，說他是蘇軍，硬要把他帶走。這時，來了一個軍官查看了吳立身的證件，知道他是在安東教學的丹麥人，這才放行了。這位軍官告訴旅客朝著東北方向前行，越過一座荒山，就可以看到沿線鐵路了。步行數日後，終於見到了鐵路。但又遇上了八路軍，說吳立身是「美國佬」，要抓走。吳立身一再說明他們是丹麥人，最終，經過一個當官的檢查後，允許可上路了。這一路上的遭遇，嚇的孩子們白天不敢走路，躲進村子裡的一個小教堂。到了夜裡，一個好心的農民趕著牛車把他們送到了一個小火車站，搭上了一列通往遼陽的貨運列車。幾經周折，吳立身一家人終於走出了戰禍不息的大陸，從天津港乘船回到了闊別已久的日德蘭半島。（二〇一三年秋，與聶曉羅訪談記錄）

十

回丹麥後的第一個春天（一九四七），吳立身接到了來自中國的一封信，拆開一看，寫信人是安東教會牧師陳景升，也曾是三育中學理事會長，他告訴吳立身戰事即將平息，學校要復課，懇請吳立身先生返回劈柴溝重建三育。那時，學校只剩下種植園的一名教師齊英廉和他的助手——兩個助理老師（王、楊）。

於是，一九四八年一月，吳立身踏上了重返中國之途。到達瀋陽之後，被告知需要等候中共簽發的必要證件。於是，拿到了「證件」後，便繼續趕路。途中路過八路軍的一個哨卡，「他身上帶的現金、冬裝、手錶、照相機全被沒收」。（《三育中學》，下同）五天後，即六月二十八日，吳立身終於回到了劈柴溝。

由於戰爭，莊稼都撂荒了，一場大饑荒在東北蔓延。布穀鳥聲聲不息，悲傷而淒涼……

「一九四八年農耕受到了嚴重影響，當年秋後的糧食和蔬菜出現緊缺，整個東北出現了饑荒，成人和孩子都吃不飽飯，因為私人小販的大量倒閉也出現了衣物的供應緊缺」。

由此，大饑荒的陰影籠罩著學校。吳立身和齊英廉以及兩個助理老師，還有一位從孤山來的宋振祚老師，為了讓學生挨過饑寒交迫的冬季，他們翻山越嶺，去搜尋所有能充饑的東西。

一九四九年春夏開學，九月份還增加了女生班，她們是來自安東郭慕深女士（注：丹麥女教士）孤兒院的孩子們。

年底，中共接管了三育學校，在校門口掛出了新的牌子：遼東省立安東農業專門學校。學生的第一課是集中受訓，然後，下鄉參加土改運動。

當時，劈柴溝也被捲入了土改的風暴之中，有一個三育學校的農工名李書杭，被工作組關押了半個多月，要他交代給丹麥人當「腿子」的罪行。（訪談李書杭之子李家恩，二〇一六年五月）

「吳立身回來的時候，開始比較自由，中共不干涉學校的一切。但後來卻完全不一樣，最後，不允許吳立身進學校。」（「曉羅的信」）

後來，吳立身被趕出了學校，在離開劈柴溝的路上遭到了一群中國人的暴力。

1950年夏，吳立身從安東啟程回國。1952年丹麥教會派遣吳立身來到臺灣華人教會。圖右為吳立身先生在臺灣華人教堂的工地上，左為啟安德斯・漢森，LCA先生，攝於1959年

附錄一 《靈修詩歌》序言

題記：包樂深Anders Aagaard Poulsen（一八八〇－一九五七）丹麥牧師、教師。

一八八〇年，生於丹麥日德蘭半島，父親是一個農業工人，家有十一個孩子，生活貧困。包樂深畢業於丹麥師範學院，從事教師，牧師工作。

一九一二年來華，於北平學習漢語。

一九一四至一九一六年，在大孤山崇正女校任教。

一九一五至一九一八年，工作於哈爾濱。

一九一九至一九二九年，任安東（劈柴溝）三育中學校長。

一九三〇至一九四二年，任安東（劈柴溝）信義神學院院長。在此期間，包樂深為了禮拜上帝「悦耳怡情」，與同仁編輯了一集詩歌，名曰《靈修詩歌》，並署名作序。為閱讀方便，將原半文言譯為白話如下：

序

語言是傳達人的內心聲音的媒介，詩句是某種心意或意境的表達。摩西、米利暗、大衛以及各位先人，各有各的詩歌作品，我雖然不熟悉詩歌所用的音譜，然而誦讀之後，很是讓人感覺到與上帝的友誼十分親切，保羅也說：「應當用詩歌、頌詞、靈歌，口裡唱，用心和的這些來讚美我主。」約翰和拔摩在海島也收錄了在天各位聖靈環繞寶座詩歌三十一首，上帝於是可以看到聖徒用詩歌敬拜我主，不僅僅是好聽怡情，而實在應當這樣。本信義會設立於滿洲已經有四十多年，所使用的基督教詩歌很適宜於作禮拜歌頌我主，唯獨在特別集會時，常常感到美中不足，所以本委辦會決定，再行準備詩歌一集，專門用於特別聚會和佈道之時，於是收集各位大家之傑作，並經多次會議詳細討論後，選擇其譯文正確、音律和諧協調之作，而為各門派所通行、各信徒所仰慕。通過彙集成冊，並且付以音樂簡譜，而使那些沒有受過特別教育的人一誦即會，即使那些婦女和孩子也易於學習領會。考慮到（彙集）其中難免有欠妥之處，還希望得到尊貴的人們諒解和

包樂深校長和中國學生，攝於1936年。
圖片係包樂深女兒包愛光Helga Pallesen 2012年提供。

指正，這也是編輯委辦的殷切期望。

編輯委辦　包樂深
安世恩（Alfred Hansen）
鄧敬堂
一九三八年

附錄二 〈學校裡的生活〉

吳立身（KajJohannesOlsen，一八九八－一九七三）

從幾個方面來看，我覺得我和學生生活的很愉快。我對他們懷有很大的希望，他們將成為國家的棟樑。我們在這裡播下的種子會有豐厚的收穫。他們的歌唱的非常好聽，我真希望我們在丹麥的朋友能聽到他們的歌唱，甚至做禮拜時也不需要管風琴的伴奏。

有的學生像貴族一樣傲慢，也許和他們已經結婚了有關係，他們要拿出一副成人的樣子來。我很高興有機會把這些「成人」變回大孩子的樣。這樣，他們會發現自己是孩子並非成年人。

我記得在一九二九年開始上木工課，夏天上園藝和苗圃課，冬天上木工課。上這兩種課的時候，學生的創作能力發展很快，他們身上的傲慢和和木片一起扔掉。

一九三六年，學校通電了，同時，安裝了淋浴。淋浴室靠近學生的廚房，因為是利用廚房的餘熱。學生每兩個禮拜去一次淋浴。開始的時候不喜歡肥皂，但過了一段時間就適應了。

學校的幾個中國老師是基督徒，他們都會教受洗班。比如田老師（田百奎），他和魯校長（魯景民）遠在山東大學（青島大學）是同學。田老師是教數學的，課外也幫助學生理解聖經。此外，幫助學生管理食堂，他們不知道要買什麼菜的時候，就去問他。和魯家一樣，田家也住在學校。

還想提一個老師，就是園藝的孫老師（孫紹賢），他原來是這個學校的畢業生。他非常謙虛，這也是我無法使他寫幾句話留在這本書的原因。他是一個非常能幹的人，除了教學外，還負責管理學校的農業。我感謝上帝安排了這麼些的好同事。

——載於《三育中學二十五周年》一九三八年，丹麥基督教會出版社

風雪夜歸人

記郭慕深（Karen Gormsen）

丹麥傳教士卡恩・郭慕深Karen Gormsen小姐（1880-1960）照片源自丹麥基督教會DMS。

一

一九〇六年，在安東的江邊，飄動的蘆葦蕩中出現了一棟洋樓和燈塔，這是英國人建起的海關樓，安東開埠的標誌。

這年，安東基督教丹國醫院來了一位丹麥小姐郭慕深・卡恩多西亞（Karen Gormsen），年方二十六歲，身材高挑，目光沉鬱，漢語名字郭慕深。她從哥本哈根港乘坐一艘英國客輪，到達香港後，又乘船抵達釜山，渡過鴨綠江，來到了安東，漂泊了五十餘天。

一八八〇年二月二十一日，郭慕深出生在丹麥偏遠的鄉下（菲英島），父親漢斯・彼得（G Peter Hans，一八四七－一九三五）是個勤勞的農民，患有憂鬱症。母親安娜・約翰尼・尼爾森（Johnny Nelson Anna，一八四四－一九二九）除了種地而外，還要給人家做針線活。這是一個擁有五個孩子的貧窮農家，生活的艱辛，使郭慕深還在十歲的時候，就去人家做保姆。

郭慕深上學時，從麥斯・延森・羅姆霍特

郭慕深小姐青年時代（圖片：美國南加州大學，以下未標明者均是）

（Rom Holt Max Jensen）老師那裡瞭解到「聖經的生動歷史」，使她的心中萌生了一個想法，要做一個傳教士，遠走他鄉，去傳播福音。一九〇〇－一九〇四年，她在一個社區醫院學做護士（助產士）。之後，在一個教區工作。一九〇六年，曾在一所女子教會學校任教。隨後，來到了中國遼東邊陲安東。這裡有一所丹麥人建立的小醫院就是基督教丹國醫院。由於初建不久，自然是急需人手，尤其婦產科還是個空白。所以，郭慕深小姐的到來無疑於雪中送炭了。首任院長安樂克Soren Anton Ellerbek先生（一八七二－一九五六）有了助手，他讓郭慕深擔任醫務助理，並負責婦產科和兼任護士長（一九〇七－一九一六）。

第二年，郭慕深在院子的西側建起了女子醫院，因為，那時只有男院，還沒有女院。這是安東史上的第一所女子西醫院。「開院初期，隨著發展，醫務人員不足，採取以師帶徒，邊工作邊學習，培養中國醫士。」（王立家《安東市的丹國醫院》，以下簡稱「丹國醫院」）後來，丹麥女教士艾濟民Mette Stauns（艾娜），創立了基督教醫院附屬高級護士助產學校（一九二二）。由南京中華護士學會立案並負責畢業試題。護校半工半讀，女生四年畢業，最後一年是學習婦產科；男生三年。護士學校的建立，為基督教醫院的發展培養了人才。郭慕深除

基督教醫院的護士（此圖為該院護士王葆真之子于美則提供）

了醫院的臨床工作而外，負責護校的婦產科教學。

清末，文明古國還沒有助產士，只有傳統的「接生婆」。曾經流傳過這樣一個故事：在中國，有一個孕婦出現難產，孩子的腳露出了一隻，接生婆就把一隻鞋套在孩子的腳上，意思讓孩子自己走出來，最後是母子雙亡。被稱為中國助產教育的開拓者基督徒楊崇瑞（一八九一－一九八三）女士，在民國十七年做過一個統計，中國每日產婦死亡不少於五百人。當時，民間流行這樣的俗語：「生兒如進鬼門關」，「孩奔生，娘奔死，兩命都是閻王手裡捏著的紙。」

郭慕深來華之時，新法接生在大陸還是新奇的，成都的引入是在一九一一年，加拿大傳教士在惜字宮南街建立了仁濟女醫院，也是在郭慕深女院的四年之後。郭慕深小姐是安東婦女分娩的第一助產士，新生兒的施洗者。她讓安東的孕婦第一次有了產房，而且，貧苦人家不但免費，還有護工（護理人員）把小米粥和雞蛋端到產婦的床頭。這新奇而溫馨的一切，彷彿是安徒生在編織又一篇童話故事。

二

在後來的日子裡，郭慕深發現在門外的樹下，山下的草叢裡，常有被拋棄的嬰兒，大多是女嬰，也有殘疾兒，有的凍餒而死，甚至餵了野狗。目睹這種慘象，郭慕深禁不住潸然淚下：

人啊！為什麼去做上帝不喜歡的事情呢？耶穌說過：「即便是一個母親遺棄了她的孩子，我也不能遺棄你們。我要將你們握在掌心裡保護你們。」

在基督徒的心目中，每一個嬰兒呱呱墜地，都是上帝賜給這個世界的禮物，不管孩子怎樣，都有生存的權利，每個孩子都是上帝所造，每個生命都是上帝所愛，任何人都無權將孩子拋棄。因此，基督徒每到一地，都要設立育嬰堂和學堂。在地球上設立棄嬰之家、孤兒院、托兒所的建立都是從基督教開始的。

聖經記載，有人帶著小孩子來見耶穌，要耶穌給他們按手禱告，門徒就責備那些人。耶穌說：「讓小孩子到我這裡來，不要禁止他們，因為在天國的，正是這樣的人。」

耶穌不但喜愛小孩子，並且把孩子看成自己的化身。耶穌還說過：「凡為我的名，接待一個像這小孩子的，就是接待我。凡使這信我的一個小孩子跌倒的，倒不如把大磨石栓在這人的頸項上沉在海裡。」

郭慕深最先收養是一個女嬰，第二個女孩已經六歲了，遺棄在醫院門外，由於腳底生了壞疽而被家人拋棄了。接著，又有人送來一對新生兒雙胞胎，棄嬰越來越多，有的人就把嬰兒放在郭慕深門前的石階上。為了使嬰兒免遭凍餒以及野狗侵害，郭慕深在醫院門口的外牆鑿了一個長方形的洞，邊框塗上了綠色，空間大小恰好放進嬰兒。這就是遠在清末小城安東出現的「棄嬰島」。據載，「棄嬰島」最早源於一一九八年的「棄嬰輪盤」，是教皇諾森三世發明的，它是一個圓柱形的裝置，安裝在建築物外牆上，類似於一個旋轉門，將嬰兒放在圓柱內，旋轉圓柱之後嬰兒就被送進了教堂內，接著，再按一下旁邊的鈴鐺提醒教堂內的人。

「棄嬰島」的出現，安東人用這種隱秘的方式放棄嬰兒，而不是以野蠻的方式拋棄。最初被郭慕深收養的嬰兒有：郭安慰、郭范福、郭福恩（男嬰）；女嬰有郭玉珍、張美玲、任重光、姜喜梅、郭愛德。這些孩子有的是留有姓名的，大多無名無姓的，郭慕深便以郭為姓給孩子起名。

由於，「棄嬰島」的孤兒日漸增多，迫切需要一個孤兒院。於是，郭慕深向官府提出建立育嬰堂的主張。在中國，洋人開辦孤兒院，雖為善事，卻不是輕而易舉的事情。因為，中國人信奉祖上的遺訓「非我族類，其心必異」。拋棄在荒郊野外的嬰兒，不管是狼吃狗咬，那是「命中註定」。然而，洋人要養活起來，那就是要「剖眼剜心」拿嬰兒做「藥材之用」。當年興風作浪的「拳匪」，便以此散佈了千奇百怪的謠言。雖然，建立育嬰堂的請求一時未竟，但郭慕深的癡心不改。

三

一九〇八年六月，安東地區霍亂流行，勢如烈火，「木排工人死者無算，屍柩無親故收

葬，其夥間舁送珍珠泡路旁地內，積柩遍野，屍骸暴露，傷心慘目，穢氣熏增，衛生有礙。」（《安東縣誌》）

在疫病肆虐之際，丹國醫院猶如一道抗洪的堤壩，阻擋了疫情的酷烈和蔓延，可謂「解民於倒懸」。政府官員感念於此，同時，眼見疫病又使很多孩子淪為孤兒。終於，官府批準了郭慕深設立育嬰堂的請求，在青龍山腰撥了一塊荒地，由此，圓了郭慕深的育嬰堂之夢。

一九一六年，丹麥教會為建立育嬰堂提供了資金。同時，在東邊道尹方大英的提倡下，由安東商業學校撥款兩百圓，安東商界王筱東等人捐款以及本地教徒的奉獻，在郭慕深的操勞下，小城的棄嬰有了一個家——元寶山中學胡同門牌十四號：安東基督教育嬰堂。

隨著育嬰堂的建立，孤兒日益增多，於是，土木漸興，並且，在院子裡設立了一所三育小學。二十年，初具規模，三十年代，蔚然大觀（郭慕深《安東基督教育嬰堂事業報告書報告書》，以下簡稱「報告

育嬰堂僅存的遺址，郭慕深小姐曾在此居住，作者攝於2010年6月。

書」）。

令人難以置信，一個從前網鳥的荒草地，變成了一座花園式的宅院，白石底座青磚到頂的圍牆，覆蓋著灰色魚鱗瓦的門樓，牆上立著一個木牌，白底黑字：安東基督教育嬰堂。牌子的邊牆上有一個木製白色的箱子，上書三個字「接嬰箱」。這是一個安裝在牆內可以拉動的木箱，如果把嬰兒放進去，就會觸動一個感應裝置，院內就會響起鈴聲，於是，保姆就會打開木箱抱走嬰兒。這是郭慕深的又一個「棄嬰島」，先前醫院門口的「牆洞」已經砌上了，但洞口的綠色邊框依然可見。

推開門樓裡的兩扇綠色的木門，映入眼簾的是碧草如茵，紅薔迎人的大院。一進院，腳下是約三米寬，四十米長的青磚路面，兩邊是水蠟綠籬，迎面一棟尖頂的矮層小紅樓，樓上靠東側那扇窗戶，可以眺望鴨綠江，育嬰堂主任（郭慕深）的宿舍就在樓下。

院子分為上院、中院、下院三部分，或者說前，中、後三院，占地面積大約三千餘平方米，建有房屋四座，其中，兩層樓房的三棟，分別為八間室、十六間室及十間室，還有一座瓦房含有四間室。此外，還有一間磨坊和一口水井。

房屋四座，內設兒童宿舍二十一間，其他有總務員室、副總務員室、禮堂、祈禱室、膳室、縫紉室、工人宿舍、廚房、儲藏室、淋浴室、廁所等。三個院廳，為孩子提供了遊戲的場所。

育嬰堂的內部組織如下：主任一人，主理本堂一切事宜；總務員及副總務員各一人，以監督保姆及乳母工作；保姆二十六名、每保姆負責其本組所有兒童養育之責（以孩子年齡劃分為不同的組）；乳母十三名。此外，保姆助手十名、工人十名。

育嬰堂初立時，收養孤兒七名。十年後，時有孤兒三十五名（一九二七）。現有兩百一十三名兒童（一九三九），男兒九十二名，女兒一百二十一名。具體數目與年齡如下：男兒一至五歲二十六名，六至十歲三十五名，十一至十五歲二十五名，十六歲以上者六名；女兒一至五歲三十二名，六至十歲三十四名，十一至十五歲三十九名，十六歲以上十六名。根據嬰兒年齡分為十八組，第一、二、三組是十四歲以上兒童，該等多半入校讀書或就職業。十五至十八組是乳母組，一歲以下之嬰兒，每人有一乳母，時稱「安娘」。其餘每組有一保姆，並配一、二名助手。

五至八歲的兒童皆入幼稚園，每個兒童都有與其年齡合宜的玩具，風琴是教室必備的。八歲以上的兒

安東育嬰堂的孩子在遊戲，攝於1933年。

童即入學校，每人備有收藏衣履和書籍的櫃箱。高小卒業後，或升學或就業。

兒童宿舍裡雖無華麗的陳設，但明窗几淨，空氣清新。兒童入室要換上軟布鞋，這樣，可以保護地板木質的完整和清潔。特別引人注目的是，各個屋子門窗的顏色是不一樣的，對此，于秉義（退休於元寶區府史志辦）先生對作者說，我父親（基督徒）是搞裝潢的，育嬰堂房間的油漆是他刷的，聽父親說，郭慕深找到我父親，她說，育嬰堂的孩子年紀小，記不住自己的房間，每個房間刷成不同的顏色，就不怕孩子們走錯屋子了。父親和丹麥傳教士多有來往，「元寶山禮拜堂」的幾個字是我父親寫的，丹國醫院走廊懸掛的「肅靜」也是他的作品。

四

育嬰堂每早六點，隨著悅耳的鐘聲，孩子們起床了。然後，梳洗和打掃臥室。七點早餐，學童（小學生）步入食堂，幼兒與乳兒「均食於室內」。

飯後，學童上學校，幼兒在堂內幼稚園受課，乳兒各有乳母照顧。九點，工人共同禮拜。十二點學童放學歸來，共進午餐。

下午一點，幼兒與乳兒休息，學童仍然上學。

晚四點，學童放學即與幼兒都在庭前遊戲。六點晚餐，七點，學童幼兒各有分班禮拜，八點幼兒和乳兒休息，學童自學，九點就寢。

每逢禮拜六，學童與工人要進行大掃除，禮拜日上午聚會於禮拜堂，之後，自由活動。周而復始，井然有序。

最快樂的是聖誕節，每個孩子都可以得到一份禮物，包括花生、糖果及本堂烤制的西式糕點，還可以得到一個有趣的玩具。當時，育嬰堂的玩具多是海外贈送的，五花八門、愛不釋手，足以令本土大戶人家的孩子羨慕不已。但是，這裡的玩具從無「刀槍劍戟」。

除了好玩的，每個孩子還可以得到一套新的毛衣毛褲，而每一件毛衣的顏色和圖案各有不同，這是平日大孩子們鉤織的。育嬰堂的孩子除了唱歌、彈琴外，織毛衣是必學的藝業。

五彩繽紛的聖誕樹，眉飛眼笑的聖誕老人，歡快的風琴聲，載歌載舞的孩子們，育嬰堂變成了一片歡樂的海洋。這時，郭慕深笑著說，來吧！孩子們，一起唱《幼幼客行》，這是她喜歡的歌曲（當年孤兒劉玉清女士於二〇一〇年九月提供）——

幼幼年客行永生路，背十字架永不回顧，／勞乏之時口念不住，耶穌我救主。
撒旦誘他令走差道，他自己力斷不可靠，／手拿信牌大聲呼叫，耶穌我救主。
遇有可怕抬頭望天，雖然安所遠在那邊，／想起一言精神立添，耶穌我救主。
求主憐我幼年如此，使我愛主謹守聖旨，／後必贊主萬年不止，耶穌我救主……

五

安東育嬰堂「初創時，育嬰尚少，逐年漸多，經費不足，民國八年，市政成立，由王筱東（注：商會會長）繪製提議，由市政項下每月支給奉小洋票兩百元。自開辦至今歷十有一年，現有男女嬰兒三十五名，歷年夭亡不少，因所收嬰孩私生者居多，飽受摧殘，不易飼活故也。內保姆、乳母、看護、女役共十八人。常年經費由市政公所按月補助外，餘款由郭慕深教士、樂教士（注：丹麥教士樂慕華Kathrine Niesen小姐）個人向中西仁人善士勸募而來，歲需金票三仟肆佰餘元。」從以上《安東縣誌》（一九三〇）的記載而言，育嬰堂的經費已有「市政」的支付，但杯水車薪，根據一九三六至一九三九年育嬰堂的收支數字，僅來自丹麥國內教會的捐款即佔百分之五十七。（「報告書」）可見，育嬰堂的生存和發展主要靠民間經濟力量的支撐，尤其是外援。郭慕深為育嬰堂立下的宗旨是：「救濟孤苦之嬰兒，養成有用之人才，授以生活上必要之知識」，具體的說，這些孩子要吃要穿，要看病，要讀書，要受教育，所有這些，若無經濟靠山也只能化為烏托邦。所以，如何養活這群孩子，還有支付教職員工的薪金，這是郭慕深要承受的巨大的經濟壓力。

郭慕深躬行節儉，精打細算，過著艱難的日子（「報告書」）——

「本堂感覺所得之金錢，皆系愛護本堂之人士愛心之捐助，故對於經濟方面力求節儉，意欲本堂之兒童自幼養成殷勤節儉之美德。

孩子們的穿戴，主要來自捐贈，有丹麥國內的信徒、親友，還有僑居滿洲的西國朋友。」對於贈送的衣物，「洗濯清潔，收拾整齊」，「新者直接為兒童穿著，舊者可以改作較小之衣服，稍破者仍可補綴之應用」。

對於實在不能成衣的邊角料，「粘在一起以為鞋之襯布」以及做拖布。長筒舊襪，「即利用未破之上端為嬰兒作成小衣服，柔軟而合用」。

捐送的廢舊輪胎，用來給孩子作鞋底。

育嬰堂對於所有捐助的物品，可以說，「無一物不可利用」，而且，多是「廢物利用」。

對於飲食方面，「務使兒童獲得夠用之營養，再一方面還得力求少費金錢」。於是，育嬰堂飼養了三十餘隻乳羊，乳牛三頭，還有七口豬，兩頭毛驢。有了乳羊和乳牛，那些嗷嗷待哺和體質虛弱的孩子，每天都有鮮純的乳飲。逢年過節都要殺豬，給孩子解饞，「以助其興致」。

為了讓孩子們吃到新鮮的蔬菜，而且，還可以節省一些錢，郭慕深就近租了一塊菜園（注：八道溝），有了菜園，在課餘時間，大一點的男孩可以到菜園、磨坊做一點力所能及的勞動。

俗話說，不當家不知柴米貴。日子的艱辛和苦楚，只有當家人的心裡最清楚。郭慕深想方設法，「消耗較小之費用，得較大之收穫力」，恨不得把一個銅板掰成兩半花，以至將父母留給她的一份遺產也奉獻給了育嬰堂（一九三〇）。

六

「九一八」事變後，安東淪陷了。從此，育嬰堂的糧食供應便被日本人「掐脖子」了，饑餓如影隨形。隨著戰爭的擴大，日軍掠奪的瘋狂，育嬰堂的饑荒日加嚴重。起初，孩子吃的餅子是混合麵的，就是玉米麵，攙上麩皮、米糠、玉米核、橡子粉等磨製而成的飼料。後來，便是豆餅和橡子麵。即使如此，也是供應不足。只能以土豆、地瓜、蘿蔔等來充饑。由於忍飢挨餓，缺乏營養，生病的孩子日漸增多，可是，在當局的控制下，藥品也十分匱乏。饑餓、病患和恐怖，像一股洪水沖擊著育嬰堂。

在飢餓的折磨之下，求生的本能會使人變得勇敢起來。育嬰堂發生了破天荒的事情，有兩個學童失蹤了，一時間，滿城風雨。學童，是指在育嬰堂上學了的孤兒，學校就在院子裡（三育小學）。一個男孩的乳名叫「拉撒路」（聖經裡的人物），另一個是女學童。突然失蹤了兩個孩子，整個育嬰堂陷入了恐慌之中。

郭慕深憂心如焚，派人去四處尋找，碼頭、街市、山上、江邊，兩天過去了，仍然無影無蹤。這時，郭慕深想起了百里之遙的太平哨（注：寬甸縣），數日前，應邀去一個大戶人家做客，當時，她帶了幾個孩子，其中就有「拉撒路」。如果是去了那裡，這麼遙遠的路途，跋山涉水的，令人擔心。郭慕深催人套車，準備下鄉。這時，那大戶人家趕著馬車送回了兩個孩子，果然是拉撒路和那女孩。拉撒路說，在堂裡餓得慌，老是想起人家香噴噴的「大碴子（玉米）小豆稀粥」。所以，就偷偷的跑了。（訪談作家劉金銀，即當年的孤兒「拉撒路」。二〇一〇年，劉以育嬰堂的經歷出書《中國聖母院》等。）

郭慕深看著「拉撒路」純真中帶著悲傷的眼睛，心裡有一種難言的痛楚，她毅然踏上了向日本人的「反饑餓」之路。對於要讓孩子吃飽飯——郭慕深這一合理的要求，偽滿安東市長一再推諉塘塞。於是，郭慕深又找到副市長日本人。這個日本人蠻橫的說，糧食的問題去找糧管所。郭慕深說，「你是市長，義不容辭，難道你不知道《日內瓦兒童權利宣言》（一九二四）嗎？——「必須提給食物給飢餓的兒童」。孤兒也有生存的權利。如果你繼續讓我的孩子飢餓，我就帶著這二百多孩子來到政府門前靜坐。」言罷，郭慕深徑直而去。日本人望著這個丹麥女人的背影，瞠目結舌。

丹麥作家吳坤美女士在〈安東基督教會歷史簡介〉一文中，有如下的記述——

1937年，郭慕深（前排右五）創辦的安東育嬰堂榮獲「安東省社會事業優良設施獎」。

「一九三一年日本佔領了安東，管制了安東的糧庫，育嬰堂的孤兒吃不飽。郭慕深找到了控制的糧管所，要求供給孩子們足夠的糧食，被日本人拒絕了，郭慕深含著淚水離開了。但是，郭慕深的行為感動了一個日本工程師，他和他的朋友幫助解決了孩子們吃飽飯的問題。在中國內戰時期，育嬰堂的孩子們遇到了更嚴重的缺糧問題，年近七十的郭慕深到處為孩子們尋找糧食，甚至為孩子們乞討。」

隨著時光的流逝，安東基督教育嬰堂「逐漸在海內外變得家喻戶曉，以至於其他地方的人常來參觀考察」。「一直被作為在東北孤兒院機構中的典範和例子。」

七

一九四〇年春節（二月八日）過後，育嬰堂的禮堂裡常有人聚在一起唱歌，不但有學童，還有保姆和工人。既不是做禮拜，也不是唱詩，而是學唱三十年代的一首流行歌曲《二朵花》，不過歌詞的內容做了改動，歌曲的名字也變成了〈教師的恩惠〉。後來方知，二月二十一日這天是郭慕深的生日，恰好六十歲，中國人叫「花甲之年」，通常都要祝壽。處於感恩之心，幾名幼師自發組織了六十人的合唱團，準備在生日那天把《教師的恩惠》這首歌曲獻給郭慕深——

教師的恩惠

我們是纖微的嫩芽，我們是嬌柔的鮮花／在狂風暴雨裡生存，在無知無識中長大／

我們是失去了母親的羔羊，辛苦的教師變作了慈愛的媽媽

教師是慈祥的太陽，給我們溫和的陽光／教師是甜蜜的甘露，給我們滋潤的培養／

教師用心血澆灌我們生存，教師用精力培植我們長大

可是強壯的教師，現在變得衰老了／她的鬢髮蒼白，她的耳目昏花，／容貌身體一

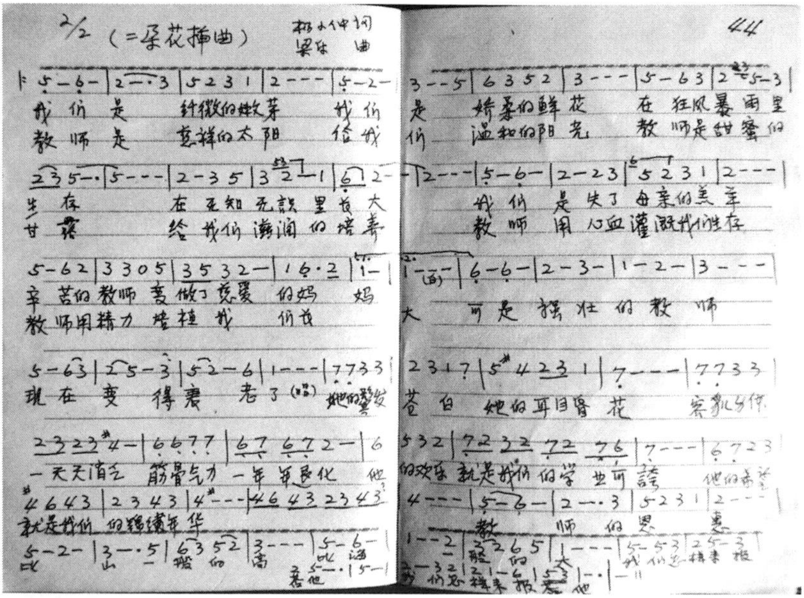

2010年9月，訪談當年育嬰堂孤兒劉玉清女士，她曾提供了此歌的手抄歌詞，並加以注明「是爸爸的恩惠改為教師（注：應為教士）的恩惠」。2018年秋，再度訪談劉女士，她提供了保存的手抄歌曲如上。

> 天天的消乏，筋骨氣力一年年的退化
>
> 她的歡樂就是我們的學業可誇，她的希望就是我們的錦繡年華／教師的恩惠比山一般高，比海一般的大／我們怎樣來報答，我們怎樣來報答。

風風雨雨三十四年，郭慕深濃密的棕色頭髮已見稀落，且染上了銀霜，身板也顯得微駝了。二十六歲來到安東後，她從未過生日。所以，發現這事後，批評了組織者，這些人大都是在她身邊長大的孩子。這些孩子說，你從不過生日，

郭慕深小姐在六十歲生日這天和育嬰堂的孩子及員工的合影，攝於1940年。

育嬰堂的孩子也是這樣，所以，大家一起過個生日。同時，也借這機會答謝一下那些幫助育嬰堂的人們。而且，請帖已經發出了。孩子們說的入情入理，並且，生米已經即成熟飯了，尤其是下了請帖。郭慕深不僅為孩子們的良苦用心所感動，而且，她也覺得對那些多年來救濟孤苦嬰兒的社會人士，做個答謝也是必要的。所以，她便順水推舟了。但是，一再提出不可奢侈、浪費，而且，請她的助手樂慕華小姐「掌舵」。並囑咐說，應邀的貴賓不可為她贈送禮品，但歡迎捐助本堂。

二月二十一日，迎來了郭慕深小姐的生日。非常巧合的是，這天是正月十五元宵節。育嬰堂紅燈高照，賓客盈門。孩子們一片歡樂，每個人都分得了一份禮物。郭慕深的禮物是一頂棗紅色的帽子，這是一個孩子用毛線鉤織的。還有一雙圓口布鞋，這是幾位保姆的手工。郭慕深用手撫摸著鞋底，針腳是那麼細密，那麼均勻，這一針一線的都是心血啊！這種布鞋的製作是需要功夫的，郭慕深親眼見過，最難的是納鞋底，先搓麻線，把麻絲放在大腿上用手搓成一根根的線。然後是粘鞋底，把剪好的各種不同顏色的布底用米糊一層層地黏起來，一隻鞋底一般要黏上六至七層。最後是納鞋底，穿針引線是有技巧的。郭慕深帶上了線帽，穿上了布鞋，然後，高興的說，你們看，我像不像一個中國老太？她的話引起了一片掌聲和笑聲。

八

一九四〇年四月九日凌晨，丹麥人還在睡夢之中，德軍向丹麥發動突然襲擊，四個小時後，丹麥王國淪陷了。由此，丹麥教會在安東創辦的社會事業的經濟支柱斷了，迫使安東教會走上「自養」的道路，同時，也陷入了難以為繼的困境。

育嬰堂「歷年經費由丹麥國匯來資金達萬餘元」（「報告書」），由於，丹麥的淪陷，失去了遮風避雨的大樹，育嬰堂處於風雨飄搖之中。

七月的夜晚，郭慕深站在窗前，望著一片蘆葦遮掩下的鴨綠江，夜霧朦朧。樓下草叢中傳來蟋蟀的陣陣鳴叫，帶著顫音的淒婉……

她坐在桌前，在紙上寫下了一行字：安東基督教育嬰堂事業報告書。在這寂靜的深夜，她想把育嬰堂一路走來的艱難，特別是目前的困境，向社會公開發行「報告」（一九四〇年七月十日印刷，十五日發行），上至官府，下至黎民，讓世人知道育嬰堂的生存危機。她祈求上帝感動每一個善良的人，都施給孩子一點憐憫。孩子是上帝的珍寶，上帝最愛的一群，聖經有訓：兒女是耶和華所賜的產業。她心情沉重地寫到：「歐洲戰事驟起，以至丹國捐助資金之來源杜絕，百貨價格又日漸昂騰，雖有僑居滿洲各國基督教信徒及各界人士之捐助及官府方面之輔助，但對於本年之用度，深恐難以維持，維繫我們所依賴供給我們一切需要的上帝，感動關心社會事業及本堂工作者之衷懷，使能協力援助本堂之事工，使本堂進展不能因此等困難而稍綴。」

……

蟋蟀仍然鳴叫著，清泉般的晨光從窗上流進來。郭慕深在「報告書」上畫下最後一個句號，放下筆，站起身，推開窗戶，鴨綠江像墨綠的段子在霞光中抖動……

自從設立了育嬰堂，貧困和飢餓卻像一隻禿鷲不時地襲來，郭慕深用整個身心守護著孩子們，就像把小雞聚集在翅膀低下的雞媽媽。在社會所有善良、正義人士的關愛下，郭慕深帶領孩子度過了戰爭的難關，迎來了抗戰的勝利。

郭慕深、樂慕華Kathrine Niesen小姐（後者，1923年來到育嬰堂協助郭的工作）和七個女孩子在一起，左起姜學梅、郭寶玉、郭寶珍（文中「田方舟」之母）、郭恩光、蔣淑清 郭愛德（後文再現）、陶芝珍。（攝於1925年育嬰堂，照片源於DMS）

「在一九四五年日本投降之後，俄羅斯人開始進入中國，他們搶奪日本人佔領過的城市、村莊。」（〈丹麥教會檔案之郭慕深〉，以下稱「檔案」）在安東，雖然只有兩百餘人的「老毛子」，卻把小城攪得雞犬不寧。蘇軍不但搶劫財物，而且，強暴女人。當時，為了慶祝光復，丹國醫院組織護士去電臺教唱〈三民主義歌〉，由於，街上出現了「老毛子」，不歡而散了。並且，在城郊劈柴溝的丹麥人吳立身（Kaj JohannesOlsen）失蹤了（〈春到劈柴溝〉）。如此混亂、恐怖的日子，女人們只好「足不出戶」。郭慕深也擔心育嬰堂的姑娘遭遇不測，所以，她採取了「宵禁」，不許姑娘上街。而她卻來到蘇軍衛戍司令部，「展示了她一直以來的勇敢和堅持不懈的精神，她向俄羅斯人要求供給育嬰堂足夠的糧食。」（「檔案」）

郭慕深小姐是戰亂年代的兒童權利捍衛者。

九

俄羅斯人進入東北時，許多年紀輕輕的日本女人為了活命，爭先恐後地嫁給了當地的中國男人。據載，僅東北光復後的兩個月內，遼寧、吉林兩省就有嫁給中國人的日本女人多達十一萬多人，比光復前十幾年的總和多出一百多倍。（石學峰，〈避免被蘇軍騷擾，東北光復後日本女紛紛嫁給中國男〉）

「俄羅斯人走後，一九四六年中共的部隊來到這裡。沒有逃掉的日本人被關了起來或被槍決。郭慕深還營救過一位日本朋友和他的家人，她把日本朋友的女兒們藏在了她的育嬰堂。而她之前也通過這種方式救過一些被懷疑（注：抗日）的中國人。後來，這一家日本人一直等到允許後回國了。」（「檔案」）

中共捷足先登，在蘇軍的支持下接收了安東，隨後，匆匆撤離。

一九四六年十月，號稱「千里駒」的五十二軍收復了安東，老百姓期盼的中央軍終於來了。而且，國民政府在安東進行了善後救濟的工作。所謂善後救濟，是在美國總統羅斯福的推動下，由四十四個盟國而組成，即聯合國善後救濟總署，意在對二戰中的受難者施以救濟，幫助戰後經濟的復甦。尤其是中國人民災難深重，許多大中城市化為廢墟，交通癱瘓，農田荒蕪，三千萬難民流離失所，數以百萬計的難民饑寒交迫。因此，善後救濟總署決定對中國提供五億美元的緊急救濟和善後修復。由此，按照自上而下的組織和運作，安東也成立了相應的機構。如下，安東分會救濟委員會之名稱與機構——

中國國際救濟委員會東北區會安東分會

主任委員　陳景昇

幹事　孫柏齡

司庫　杜韶宣

委員　郭芬　閻玉林　孫紹先　郭慕深　焦鰲　劉錫元

東北基督教救濟委員會安東分會

主任委員　陳景昇

幹事　孫柏齡

司庫　杜韶宣

委員　郭芬　閻玉林　孫紹先　郭慕深

以上機構，「一套人馬」，兩個「牌子」，實為同屬一體，區別在於基督教救濟委員會主要是針對教會所辦的社會事業以及貧困教友和傳道人。

聖誕節的前夕，在育嬰堂的門前停下了一輛軍車，一個戴眼鏡的先生陪著兩個軍人走進了院子。戴眼鏡的是教會的陳牧師（陳景升），育嬰堂的人都認識，一個堂役馬上進樓通報。郭慕深迎了出來，陳牧師介紹說，這兩位是五十二軍的長官，他們給育嬰堂送救濟物質來了。趕快叫人卸車吧！於是，在郭慕深的招呼下，雜役們開始從車上搬卸物資，有大米、白麵，衣服，還有毛毯，院子裡的孩子們拍著手歡呼起來。

臨走時，二位軍人給郭慕深鄭重地敬了軍禮，其中一個握著郭慕深的手說，郭教士，辛苦啦！孩子是國家的元氣，民族的活力，您為中國人的所做的一切，令軍人肅然起敬。郭慕深凝視著眼前的軍人，熱淚盈眶，她高興的是育嬰堂的孩子有了一個好過的暖冬。同時，覺得為孩子們「討糧」的日子該結束了。

十

一九四七年六月四日，五十二軍棄守安東，倉皇而逃，據說是「縮小防線」回瀋陽了。

忽然，一天，不知從哪來了許多傷兵湧進了丹國醫院。而且，逐日增多，以至人滿為患。於是，附近的女子中學也成了傷兵的「醫院」。原來是共軍展開了夏季攻勢，屍橫遍野，這些傷兵是從前線下來的。由於，國軍撤退時，丹國醫院的院長杜韶宣跟著跑了，所以，郭慕深被抓了「壯丁」，擔任共軍「後方醫院」（丹國醫院）的院長，醫護人員大都是從私人診所召集來的。郭慕深每天要面對二百多傷情各異的患者，同時，育嬰堂裡還有二百多個孩子的生活問題需要她來解決，苦於沒有分身之術，只好請來了岫巖丹麥基督教醫院（西山醫院）的院長倪樂聖（Marie Nielsen）小姐接替她。雖然，身邊圍繞的不再是痛苦不堪的傷員，但是，鮮血和呻吟依然揮之不去。自從來到這塊土地上，幾乎一直沒有脫離戰禍。在她落腳之時，日俄戰火剛熄（一九〇四－一九〇五），田園荒蕪，殘垣斷壁，彷彿在控訴著十九個月的戰爭摧殘。清廷方面統計（百科），東北人死於戰火約二萬人，財產損失折銀六千九百萬兩。可是，如今消除了「倭寇之災」，卻又打起了國共內戰。外患結束了，還有什麼比化解內憂，和平建國更讓一個民族為之振奮的呢？雖然，郭慕深在這塊土地上生活了三十餘年，但依然讀不懂這個古老民族的「文明」。只有祈禱上帝，讓和平早日降臨這片戰火下的焦土。

一望無際的東北平原成了國共內戰的主戰場，戰爭波及之地，田禾被毀，房屋被焚，安東育嬰堂又陷入了飢饉與死亡的夾縫之中。為了讓孩子們既有飯吃，又有書念，郭慕深想到了城外的劈柴溝三育中學（園藝），這裡有莊稼、果園、林場，奶場，育嬰堂的幾頭奶牛就在這裡飼養。她從三育小學挑選了二十三名男孩子（十二、三至十五、六歲）送到那裡半農半讀，如此，也可以緩解一下育嬰堂的經濟壓力。

「一九四七年七月份，（育嬰堂）一隊男孩搬到劈柴溝。是郭教士請『三育』三個中國老師：孫（紹賢）老師、宋（振祚）老師和齊（英廉）老師，養（育）他們和給他們教育，就像以前在『三育』的教育包括苗圃實踐、學習。男孩不聽話，讓三個中國老師不知道怎麼辦。郭教士的孩子搬進包牧師（丹麥人校長包樂深Anders Aagaard Poulsen）的房子。那時，國民黨和共產黨還在打仗。」

「一九四八年出現了飢荒災難，像一九五九—一九六一年飢荒災難一樣嚴重，不少人餓死了。所以，那年的收穫很重要，不管是糧食或者果實，所有的孩子，包括郭慕深的（育嬰堂），要參加搜尋所有能吃的東西，包括山上的野菜、栗子，等等。」（吳坤美、聶曉羅給田方舟的信，二〇一一年九月三日）

安東育嬰堂之遺址，郭慕深、樂慕華小姐公寓，包括客廳及嬰兒室。

和孩子一起上山挖野菜的郭慕深，已經六十八歲了。

「據畢翠雲大夫（丹國醫院）說，郭慕深和孩子一起吃大蘿蔔。孩子死了，她大哭一場，一九四三年有個叫劉興亞的孩子，夏季在大沙河洗澡溺死，筆者（護士總長王立家）隨她到大沙河子去準備搶救，看到打撈到溺水者，她在河沿上哭起來，我的孩子呀！……」（「丹國醫院」）

十一

一九四九年夏，深夜，狂風像深山裡的一群狼似的嚎叫著，驚雷在天空中翻滾，瞬間，暴雨猶如江河決了堤，隨著震耳欲聾的炸雷，幾道耀眼的閃電，劈天蓋地的一聲巨響，育嬰堂院的一棵大樹被劈斷了。這棵高大筆直的白楊樹，幾個小孩拉著手才能圍過來。抬頭仰望，樹冠如同遮天蔽日的巨傘。在建立育嬰堂的那天，栽下了這棵白楊，它跟著孩子們一起在風雨中長大。

清晨，肆虐的暴雨總算停了下來。人們發現老樹折斷了，在樹下的積水中，有遍地死去的麻雀。幾個老者觸景傷情，搖頭歎息：不祥之兆啊！

秋季，育嬰堂來了三位陌生人，她們是政府派來的工作組。組長是一位身體微胖的矮個中年婦女，她是民政局的科長馬國蘭（民政科），隨同的二位是她的屬下，一個和她一樣齊耳短髮的女人，但比她要年輕，叫王德全；另一個是留著分頭的男士，叫張天野。三個人都穿著灰色的吊兜服，也叫「幹部服」，在衣服的右上兜插有鋼筆。他們來這裡是奉政府之命接收育嬰堂的。三十幾年來，育嬰堂撫養了三百餘名孤兒，家喻戶曉，有口皆碑。所以，要「下山摘桃」，從丹麥人手中接收育嬰堂，這是需要講究「政策和策略」的。

在郭慕深的安排下，工作組住進了育嬰堂北樓之後，便開展了政治工作，著眼培養一批兒童，作為來日接受育嬰堂時的骨幹。範圍是大孩子，也就是學童。但是，要培養骨幹力量，首先就要瞭解這些孩子的「階級成分」。因為，分清敵我是「革命的首要問題」。育嬰堂孩子的出身和來歷，最知情的莫過於郭慕深了。

「育嬰堂的孩子有著不同的出身，有由於政治威脅被廢黜的王公貴族的情婦生下的孩子，有妓院生下來的，還有被扔到街頭的嬰兒。有時嬰兒送來還附帶著衣服和名牌，但大多數送來的都沒有名字的，用布或狗皮包著。而這些沒有名字的嬰兒會以郭慕深的姓氏作為他們的姓，並以一個單詞作為他們的名字。」（「檔案」）

工作組的人來到了郭慕深的屋子。郭慕深坐在安樂椅中，她摘下眼鏡，兩隻手托著下頷，神情有些憂鬱。馬科長寒暄幾句後，開始了會話——

她說，郭教士，有件事情，還要你配合我們政府。據我們掌握，你手中有一份檔案沒有交給政府。

郭慕深問，我不明白你說什麼？

馬說，就是關於育嬰堂孤兒的檔案。

郭問，孤兒有什麼檔案？

馬說，打開窗說亮話吧！就是這裡的孤兒，每一個人的情況你都有記載吧！

郭慕深沉默不語。

接著，馬又說，郭教士，自從建立育嬰堂，三十幾年來，收養了有三百多個孤兒吧！那麼，每一個孤兒何時何地來的，他們的出身背景，這些，你不會沒有記載吧！

郭說，啊，這是孩子的個人隱私，政府要做什麼呢？

馬說，這個你就不懂了，革命嘛，首先要做階級分析，認清敵我。孤兒，這裡面的出身可以說是魚龍混雜，當然，政府要掌握第一手材料。聽說，這裡還有朝鮮和日本的孤兒。

郭慕深從未想到，孩子的出身還要被打上政治烙印，她感到有一種說不出的悲哀。那三個人目不轉睛地盯著她的臉。她說，孩子的情況有記載的，因為，孩子長大了，會問我的。但是，我擔心這些記載會給孩子帶來什麼不幸。

馬說，既然如此，你就趕快交給政府吧！

這合影的四個孤兒，其中，有被妓院抱送來的（1938），有母親在獄中的八個月嬰兒，有被賣到妓院後逃脫至育嬰堂的（1939），還有一個是腿有殘疾的，這些不幸的孩子，都是在郭慕深身邊長大的。

……

馬科長瞪大了眼睛，郭教士！你不要抵觸，別忘了，你是捏在我們手心裡的。

郭慕深沉默著……

十二

工作組通過調查摸底，組織骨幹力量，除了要選出身貧窮，「根正苗紅」的，同時，還有「苦大仇深」的，或者說，對育嬰堂「心懷不滿」的，比方說，挨過打罵的孩子。將這些孩子組織在一起，啟發他們的「階級覺悟」，鼓動他們揭發和告密郭慕深以及其「走狗」的「罪行」。在組織兒童之時，工作組在員工中間也進行了「發動群眾」的活動。經過「洗腦」教育，於是，育嬰堂出現了對於郭慕深和她的「忠實走狗」的揭發——

〈揭露育嬰堂主任郭慕深的罪行〉（摘錄）：

帝國主義分子丹麥人郭慕深於一九〇六年來到中國，一向披著宗教和慈善的外衣，進行帝國主義之實，將她所主辦育嬰堂的黑幕揭露出來，叫人看見郭慕深的真實面目，認識帝國主義的本質，不再受她的欺騙和蒙蔽。現將她的罪行分作四項列舉如下：

一、虐待和殘殺中國兒童
二、操縱包辦婚姻
三、侮辱和苦待中國工人及工人的孩子
四、反對新中國反人民

在最後「反對新中國反人民」的該條中，提到郭慕深送育嬰堂男孩子去劈柴溝半農半讀的事情：「郭慕深因反對新中國，不叫孩子上學唸書，受時代教育，把大些的孩子由育嬰堂搬到劈柴溝種地，美其名曰生產。」

〈「**老鬼子」郭慕深的忠實走狗**〉（**摘錄**）：

郭愛德，是郭慕深（「老鬼子」）在育嬰堂的主要負責人之一。國民黨來安東，用精神手腕說美帝國怎樣救濟中國人，郭愛德就每天往國民黨救濟官那兒跑，製表請求救濟，育嬰堂每人五百元（流通券），小孩在內，毯子、布、藥品、衣服、鞋，等等，但只把老保姆的五百元及毯子給了，藥品根本沒看見。

在國民黨在時，給育嬰堂白麵、布、奶粉，除了教士屋蓄有一些做麵包外，下落不明。應該追查郭愛德。

郭愛德在育嬰堂雖然不是堂長，但她是美國幫凶，老鬼子郭慕深的忠實走狗，更直接統治孤兒們的自由，上學的，在家（育嬰堂）的，哪一個都不能例外。有專人為她整理屋子，一不遂心，即毒打。

我請求政府發動孤兒院孤兒控訴她，想必她的罪惡事實肯定會暴露，在她的打罵影響下，死去的孤兒不堪計數。

親近反動政府，如蔣介石過生日，她寫標語。

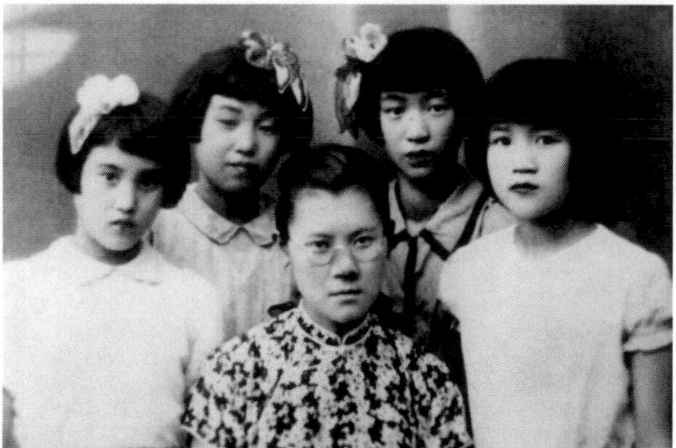

育嬰堂的女孩，圖中戴眼鏡者是郭愛德（1919-1999），安東人，曾在東邊道實業銀行工作。婚後丈夫早逝，郭慕深聘其回育嬰堂做總務（管理）。1952年12月19日，被安東市人民法院以反革命罪判處有期徒刑七年；1980年，該法院以（79）刑監字第486號判決書「撤銷原判，宣告無罪」。（圖片由孤兒作家劉金銀先生提供）

工作組經過三個月的發動，為開展對「帝國主義及其走狗」的控訴，準備了「彈藥」。雖然這些「彈藥」並非孩子所「製造」，但是，可以裝進槍膛裡讓孩子們去射擊。

十三

十二月三十一日，工作組在育嬰堂擺上了宴席，從食堂擺到院子裡，這是告別育嬰堂的最後的晚餐。席間，馬組長宣布，要跟黨走的，回到黨的懷抱的，四菜一湯，豆干飯；想留在育嬰堂，和帝國主義「老鬼子」在一起的，小碴子粥（碎玉米）、鹹菜。我們是民主政府，不強迫人。

艱苦歲月的孤兒們，很難懂得一頓飯所包含的「學問」。什麼「隱藏在十字架背後」的，什麼「帝國主義分子」，對於這些「政治話語」，孩子們更是一頭霧水。但對於吃得好一點，誰不眼饞呢？可是，有一個女孩子卻放棄了「四菜一湯」。她叫小清（劉玉清），九歲，正在讀二年級，長的圓臉蛋兒，大眼睛，像個布娃娃。她走近冷清的飯桌旁，發現小碴子粥黑乎乎的，像是熬糊了。工作組的王德全看見了小清，伸手將她拉過來，按她坐下，又夾了一筷子豆干飯遞到小清的嘴邊，逗趣地說，你告訴我，饞不饞？小清一扭頭跑了出去。

一九五〇年元旦，早晨，育嬰堂的學童無論男孩女孩，都換上了一套灰色的新裝，頭上的棉帽子也是灰色的，帽檐很長，帽子前面釘著兩顆黑色的扣子，時稱「朱德帽」。上衣的樣式也有點特別，西服領、雙排扣、對襟的兩側下方配有斜插的衣兜。據說，這是革命家列寧喜歡的行頭，叫做「列寧服」。在工作組的指揮下，孩子們陸陸續續上了汽車，要搬到政府的孤兒院去。汽車馳往山谷地帶的七道溝，車上響起了孩子們歌聲，天灰沉沉的，車上的人是灰濛濛的，路上翻滾的塵土，也是灰濛濛的……

郭慕深站在陽臺上，弓著腰，兩隻手扶著冰冷的欄杆，寒風吹起了凌亂的頭髮，望著漸漸消失的汽車，她的一顆心，有一種被掏空了的感覺，淚水模糊了她的雙眼……

天黑了，下雪了，鴨綠江上凍了，喧鬧的野鴨子了也不知飛哪兒去了。北風像一把刀子颳的人骨頭生疼，路上的行人凍得直打顫。郭慕深坐在安樂椅上，兩手托腮，心裡想著離去的孩子們。聽說，孤兒院那邊的屋子很冷，褥子單薄，只是在底下鋪了一層稻草，郭慕深有些擔憂。這時，她聽到樓道裡有腳步聲，而且，步子很輕，是一個孩子的腳步，那聲音越來越進近，在她的門前停了下來，接著，響起了輕輕的「咚咚」聲。郭慕深沒有問「是誰」，直接拉開了門，一個女孩子出現在她的面前，圓臉蛋兒凍得通紅，郭慕深顫抖著叫了一句：「是小清啊！」孩子

劉玉清女士於郭慕深故居（育嬰堂）留影，作者攝於2008年秋。
劉玉清，1941年1月2日生於安東，自幼在育嬰堂生活，1950年遷入政府孤兒院。現退休與本地某銀行，其夫俞秀儒系安東市中級法院法官，1993年病故。

撲到郭慕深的懷裡，眼淚撲撲地落下來……

在這寒冷、漆黑的冬夜，從七道溝到八道溝，中間隔著一道山梁，這女孩竟然如此的勇敢。郭慕深給小清熱了一杯牛奶，她疼愛地問道，小清，你走夜路不害怕嗎？小清笑著說，害怕我就唱〈幼幼客行〉，唱著唱著就不怕了。

次日早飯後，郭慕深給小清找了幾件衣服，又拿出她的一張照片，還有一本小冊子《安東基督教育嬰堂事業報告書》，一起裝進了包裹。然後，讓一個保姆送小清回了七道溝。後來，孤兒院的操場上開了一個鬥爭會，老師叫小清站到臺上，那臺子是磚砌的，有一米高，沒有臺階，平時老師領操或訓話一蹴而就。但小清跨不上去，老師就把她舉起來放臺上，在臺下的同學們揮舞著小拳頭，要她低頭檢討，吵吵嚷嚷的：為什麼不和「老鬼子」劃清界限，為什麼不聽黨的話……

十四

七道溝小學的舊址住著安東崇儉會（慈善組織）收養的孤兒，育嬰堂的學童與其合併為「孤兒院」。工作組將育嬰堂的大孩子轉來，堂裡只剩下了小孩，包括嗷嗷待哺的嬰兒。這時，工作組在育嬰堂的門外掛出了「育兒院」的牌子。但育兒院的衣食住行，仍由郭慕深負責。可是，該院的經費日漸枯竭，難以為繼。因為，育嬰堂的原有生產土地被政府沒收了，而社會善款也消失了，誰還肯來捐助「披著宗教和慈善外衣」的「老鬼子」呢？郭慕深已經山窮水盡了，於是，瓜熟蒂落了——

「迫使丹麥教士郭慕深主動交政府接管。至此，將該堂全部接收。」其時，「（育兒院）有收容人員一百八十餘名，保姆十名，工人四名。」（《關於接收育嬰堂的報告》，詳見文後附錄）

八月一日，在蓋有安東市人民政府紅色印章的「接收育嬰堂」的一紙文書上，郭慕深戴上花鏡，寫下了她在華的漢語名字：郭慕深。從此，安東基督教育嬰堂落入了歷史的塵埃之中。

這年秋天，郭慕深幾乎成了丹麥教會在安東的「慈善大使」。八月，代表丹麥基督教會「主動」將育嬰堂交給了安東市政府。一個月後，即九月五日，又將丹國醫院讓渡於安東教會，又一次在有紅印的官方檔上，簽下了「郭慕深」三個字。郭慕深的這兩次「外事」，並非丹麥王國的安排，而是歷史性的落在了她的肩上。「秋風落葉飛，群雁向南歸。」此時，丹麥人大都已經回國了，在安東只剩下了三位丹麥小姐，或者說三位單身老太婆。一位是五十六歲的倪樂聖，仍然工作於丹國醫院，另一位是她的朋友，年已花甲，原在鳳城教會的孫慕仁（Missionær Petra Nielsen），準備與其結伴回國，再就是古稀之年的郭慕深了。

在歷史的轉折關頭，西方傳教士被逐之際，郭慕深依然工作在安東。九月「簽名」之後，

育嬰堂孤兒郭寶珍之子田方舟（左）與作者鴻路，攝於2008年秋丹國醫院遺址。

政府敦促她離開中國，如還不走，就要疏散到內地城市西安去，因為，安東地處於韓戰之前沿。在韓戰爆發之後，政府就動員她「速歸」。看來，這回是「最後的通牒」了。於是，郭慕深開始了啟程的準備。她來到安東教會，恰好，牧師陳景昇、段大經，還有崔錦章、袁仲倫二位先生都在場。郭慕深打開一個小包裹，裡面有一個金元寶和三個金戒指，這是她多年攢下的家當。她說，這點積蓄是留給孩子的，比如，還躺在病床的孫童（腰脊骨結核），趙桐的重沙眼，要失明了，崔先生，你是眼科專家，千萬千萬啊！還有住在你（崔）家的趙愛信（鉤蟲病）。說到此，她嘆了口氣，又說，李永恩的學費你們也想著點兒。最後，教會決定這些金貨由司庫崔錦章保管，陳景昇、袁中倫作為見證人，並且，形成書面文字交由段大經保存（見於崔錦章，一九五六年寫給最高檢察院的上訴書）。

十五

郭慕深在安東生活了三十幾年，總有些親朋好友，大都是多年來給育嬰堂有所奉獻的社會名流，臨別前應該道別一下。但是，自己被潑了一身的污水，人家唯恐躲之不及，所以，只好深居簡出了。不過，也有上門敘別的。一個年近三十的女人，領著一個男孩，一進屋就摟著郭慕深淚如雨下。這女人叫郭寶珍，她來到這世界是郭慕深接生的（一九二一年）。不多日，她就被爸媽抱給了郭慕深，這夫妻倆是南方人，供職於安東教育商會，與郭慕深相識。送孩子來時說，暫且托養，但後來聽說遇難了。從此，這女孩便有了「郭寶珍」的名字。在育嬰堂念完小學，又到奉天瞽目重明女子學校（丹麥人建於瀋陽），學會了幼兒護理，鉤織毛衣，彈奏風琴。學業期滿後，便回了安東育嬰堂工作。不久，嫁與一個姓田的鐵路工人，郭慕深給她「準備了一小木箱嫁妝」。後來，她生有一個男孩，郭慕深給起了個名字：「田方舟」。三個月後，郭寶珍抱著孩子神色驚慌地回到育嬰堂，說她丈夫出事了，日本人正在抓捕。聽罷，郭慕深便讓母子倆躲進了地下室。這一天是：一九四五年三月十二日。

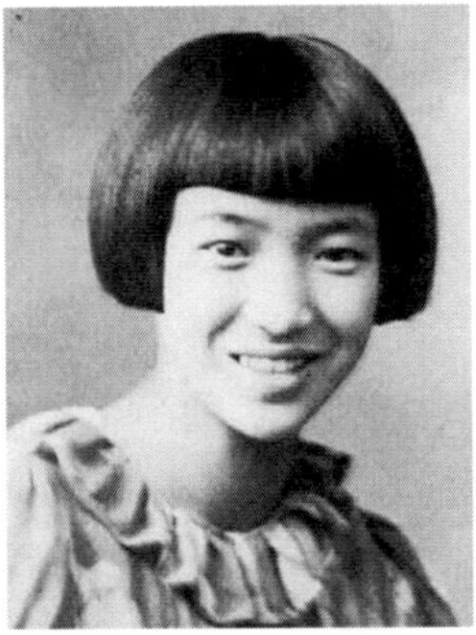

謝真林（1930年5月22日生於安東），自幼生活在育嬰堂，先後在丹麥人所設立的基督教三育小學、奉天瞽目重明女子學校讀書。1950年入讀丹國醫院附屬護校，畢業後為該院護士。

育嬰堂的女孩長大後，或謀職或嫁人，也有的考入丹國醫院的護校，位於育嬰堂的坡下。謝真林便是其一，小謝芳齡二十，美麗大方。在她生下來的時候，父親就已經故去了，所以，被人稱為「遺腹女」。此時，她有兩個姐姐，一個哥哥，四個孩子要靠母親一個人來撫養，對於一個貧民而言，只能是「仰天長嘆」。多虧好心的鄰居，一個姓車的女人給出了一個主意，讓謝母把真林送給育嬰堂撫養。當時，育嬰堂收養的不只是棄嬰，家境特別貧寒的也可把孩子抱到育嬰堂代為撫養，父母可以隨時來看望，等家境轉好了再把孩子領回去。郭慕深聽過謝母的訴苦，查看了一下嬰兒，便履行了寄養手續。事後，謝真林在自傳（一九五四年）寫道：「幼兒時的生活很好過，只知吃玩，並不知道自己是孤兒，所以，每天生活還很天真，一直到八歲時唸書，才知道自己的生活與別人、同學是不一樣的。」由此，在她幼小的心靈上有了一道陰影。同時，也產生了一個願望，希望自己長大後，能「找到適當的職業，不願再依靠育嬰堂的幫助」。十九歲那年，即一九五〇年初，恰逢丹國醫院招聘護士，並送護校學習兩年。於是，郭慕深便送她去了那裡。

育嬰堂的女孩，前排左起：馬愛華、黃顯佩；後排左起：李亞男、郭永林（郭與謝真林為郭慕深送行）、李永愛。（以上兩圖由劉玉清女士提供）

謝真林不是孤兒，卻在育嬰堂長大的，於是，這段歷史便成為工作組認為育嬰堂存在「假孤兒」的證據。工作組的人曾動員謝真林揭發郭慕深的罪行，謝真林搖頭說，不懂什麼叫罪行。於是，「工作組」便直接了當地說，就是郭慕深殘殺兒童的事情。謝真林很吃驚，她睜大了眼睛說，殘殺？我才知道，郭教士收養被拋棄的孩子，還有，家裡窮養活不起的，難道不是為了養活，而是為了殘殺啊……

謝真林來到育嬰堂，見郭慕深一個人偎依著安樂椅，顯得神情憔悴，疲憊不堪的樣子，她覺得此時應該讓教士歇息，於是，沒有多言，只是說她和郭永林（一九三二年生於安東，育嬰堂孤兒，後為綢印廠工人）要一起為教士送行。

十六

風雪彌漫的天津港，隨著汽笛的一聲長鳴，一艘客輪緩緩離開了港灣，駛向了波濤洶湧的大海。這是一九五〇年的聖誕之夜，從安東輾轉而來的三個丹麥小姐要在海上顛簸了。

郭慕深站在甲板上，倪樂聖和孫慕仁在她的身旁，握著她的手，她們似乎感到了彼此的心跳。岸上的萬家燈火漸漸遠去了，飛舞的雪花落在臉龐、唇間，有一種冰涼和苦澀。雪大風寒，兩個女伴扶著郭慕深回到了艙室。是的，年紀不饒人啊！在火車上（十二月十八日），送行的女孩子謝真林、郭永林、葉雅麗請她吃蘋果，她告訴孩子們，她的牙齒已經啃不動帶皮的蘋果了。聽到這，孩子們哭了。在瀋陽站臺分手的時候，葉雅麗送給了她一把削水果的小刀。三個女孩子和她擁抱在一起，灑淚而別。讓她感到失望和不安的是，原想在瀋陽能見到郭愛德一面。可是，不知何故，未能如約。工作組接收了育嬰堂，使郭愛德失業了。由於，她被揭發不但有「問題」，而且有「罪行」，尤其是「為取得帝國主義分子歡心」，「用盡殘酷毒辣手段虐殺兒童」。如此，小城沒有誰敢招聘她做工。於是，她便流落到瀋陽，在皇姑區聯合醫院做掛號員。郭愛德丈夫早逝，孑然一身，離鄉背井，郭慕深不僅憂慮她的患難，更擔心的是命運不測。郭愛德的流落他鄉，使她想起工作組在孩子中培養的「骨幹力量」，在逼迫和誘惑之下，這些單純的孩子，在懵懂搖擺的一瞬間，學會了說謊，學會了仇恨，學會了語言暴力……

郭慕深想起了什麼，她彎下腰打開那隻泛黃了的旅行箱，這是初來安東時用的箱子，裡面裝著孩子們的相冊和幾件衣物。她拿出一份信來，戴上花鏡看，這是由一個女孩代筆的信，在尾端寫了一連串的名字，讀著這些名字，幾個花季女孩浮現在她的眼前，都是育嬰堂的「待業青年」，風吹樹倒，傾巢之下，無家可歸了。「一九四九年從共產黨執政後，他們希望郭慕深在下一年就離開中國。郭慕深在離開之前盡可能把育嬰堂的孩子安頓在不同的私人家裡……」（「檔案」）

雪依然下著，船在波峰浪谷中穿行，她的一顆心在上下翻騰。她的感覺彷彿不是回鄉，而是要去另外一個陌生之地。人生幾何，她在安東度過了四十四個春秋，身邊圍繞著那麼多的孩子，還有那些至愛親朋，陪著她一起走過了窮困、饑餓、挫折以及災害。那裡有她太多的回憶與牽掛，彷彿是一棵樹的根鬚深深地扎進了這塊土地，即便狂風折斷，老樹凋零，但仍然是根深蒂固。

她回到丹麥之後，住進了一家養老院。此後的日子裡，她的精神生活依然在安東，在她的孩子中間。與她朝夕相伴的是那本育嬰堂相冊，她含著淚給思念的孩子寫信，記不清寫了多少封，石沉大海。「她多次尋求重新回到中國，但都遭到了拒絕。」（「檔案」）

她對前來探望的吳坤美（一九三四年生於安東，丹麥作家）女士說，在她的一生中，最快

郭慕深小姐在家鄉的紀念碑，田方舟攝於2012年4月21日。

樂的是和中國孩子在一起，最痛心的是離開了他們。她每天都為中國孩子祈禱，時常自言自語地說，世界可以把我和孩子分隔，但在天父那裡我們是會相聚的。

一九六〇年十二月二日，早晨醒來，她微笑著說，我做了一個夢，和我的孩子在一起……

這天的午後，她在魂牽夢繞之中離開了這個世界。

在她的彌留之際，陪伴在身邊的是她的侄女凱倫小姐。

郭慕深在休養期間，朋友約根森Agnes Albinus根據她的口述，於一九六一年出版了《我的中國孩子》一書。

附錄　關於接收育嬰堂的情況報告

一、接收日期和方法步驟

安東市育兒院原為丹麥基督教育嬰堂，於（一九）五〇年八月一日由安東市政府接管。當時，有收容人員一百八十餘名，保姆十名，工人四名。在接收前，由民政局派幹部到育嬰堂協助工作，從中進行政治工作，培養了一批兒童，這些兒童便是以後接收時的骨幹。另一方面，組織該堂兒童（主要是年齡大一些的）到市孤兒院參觀，孤兒院吃的好，穿的整齊，可以隨便外出看電影。而育嬰堂兒童卻生活很低，並且不准外出。在這樣對比之下，由於派去的幹部教育，使兒童主動要求到孤兒院去。就在這情況下，將一部分大孩子轉到孤兒院。大孩子走後，剩下一部分小孩，由於當時該堂經費不足（原該堂生產土地被沒收以及無人捐獻），迫使丹麥教士郭慕深主動交政府接管，至此，將該堂全部接收。當時將年齡較大的兒童和原崇儉會孤兒合併成立孤兒院。接收育嬰堂年齡小的兒童成立育兒院。三反後是為精簡機構合併為育兒院至今。

二、接收後收容人員的思想變化情況

在接收當時，收容人員普遍認為丹麥人（他們叫老鬼子）好，他們說，沒有老鬼子，我們也不能活這麼大。我們就像小林子似的，沒人撫養還能長嗎？就是幹部也不敢在兒童面前說「老鬼子」不好，恐怕遭到兒童的反對。一部分兒童認為，政府對他們也不錯，他們說政府和「老鬼子」都一樣好。只有少數兒童，特別是在堂內受過丹麥人打罵的兒童才贊成政府接收。至於被接受留用的保姆、工人也和兒童們的思想大致相同，大部分人不滿意政府接收，害怕被解雇。因為每個保姆都帶幾個孩子，在堂內都享受孤兒待遇，他們感謝丹麥鬼子，甚至個別被鬥地主家屬，以育嬰堂為防空洞，反對政府接收。

（一九）五一年春經過鎮反教育，發動兒童訴苦，吸收保姆參加，在訴苦當中揭露丹帝國主義的陰謀，提高了兒童的階級覺悟，紛紛控訴「老鬼子」的罪行，並將原育嬰堂管事人員郭愛德逮捕法辦。經過這次教育，對兒童的思想有很大的轉變，兒童們認識了丹麥鬼子的本質。個別親信分子雖未解決思想問題，但表面上也不敢說丹麥人好了，工人、保姆通過這次教育也有很大轉變。到現在，兒童們經過了長期教育，基本上肅清了帝國主義的影響，但仍有個別工人和兒童懷念帝國主義，如平日唱基督教歌子，存有丹麥人的照片等，甚至個別工人還說，現在不如帝國主義好。

荊棘叢中

《香港時報》發表文章，根據大陸一百五十六種報紙、五十七種雜誌作出了一個確切的、但是不完全的統計。一九五〇年至一九五三年的「三自更新運動」期間，被監禁的新教徒約六萬人。其中被處決的共一萬零六百九十人。在一九五七年至一九五八年「三自愛國會」領導的反右鬥爭期間，被劃為右派的新教徒不計其數，其中被處決的有兩千兩百三十餘人。

——王怡〈一九五七年基督徒的右派分子們〉

顧美箴，1915年生於遼寧省鳳城縣，1950年代安東基督教會教士兼司琴。圖為中國著名鋼琴演奏家、作曲家崔世光先生提供（2014年10月1日）。

一

一九五〇年十二月十八日，自從白髮蒼蒼的丹麥女教士郭慕深Karen Gormsen小姐（一八八〇－一九六〇）望了最後一眼她工作了三十四年的育嬰堂，踏上了回國之途後，這個院子便漸漸沉寂下來了。附近的人家說，夜深人靜之時，院子裡不時傳出嬰兒一陣陣的啼哭聲，聽起來令人心悸。直到有一天，育嬰堂搬進了一位新房客，夜裡亮起了燈光，嬰兒的啼哭也消失了。

進入育嬰堂院，迎面有一棟北歐風格的小紅樓，尖屋頂大斜坡，且有地下室的二層樓。當年，育嬰堂的主任（院長）郭慕深小姐就在樓下辦公。時下的新房客是一位單身女人，住在樓的左側，朝北的一間，陽光從西側的窗子投射進來，恰好映照在屋牆上的一幅油畫，釘在十字架上的耶穌痛苦地伸出雙手，似乎在呼喚，下面有一句話：上帝不是以強力和榮耀來顯示自己，而是以自己的苦難和十字架來顯示自己。（馬丁路德）

1916年，丹麥教士郭慕深小姐建立的育嬰堂遺址，顧美箴曾居於此。（作者攝於2009年冬）

這女人來自鳳城，名字叫顧美箴，三十五歲，一身天藍色的士林布旗袍，膚色的長筒襪，是自己用毛線鉤織的，令人一種淳樸和端莊的感覺。

一九一五年，顧美箴生於鳳城，幼時受洗於丹麥傳教士。從小學念書到師範，都是丹麥人所辦的學校。師範畢業後，在鳳城三育小學校當了三年老師。接著，入讀鳳城女子聖經學院學習（校長為丹麥女教士卜思溫，Nanny Brostrom）。不久，丹麥人送她去青島神學院讀了三年。之後，顧美箴在膠縣（膠州）教會學校教了四年書。以後，她在青島信義中學作傳道員。

一九四九年冬，戰亂結束，她從青島回鄉。可是，家已經從鳳城搬往哈爾濱了。哥哥顧紹堂沒有走，在安東基督教會工作。於是，妹妹就投奔哥哥來了。人到中年了，仍然是孑然一身。安東教會安排她做教士兼司琴，所謂司琴，就是為唱詩班彈琴和教歌。從此，每逢禮拜日，教堂裡就會傳出悅耳的風琴聲，還有顧美箴那清澈動聽的歌聲。

由於，育嬰堂人去樓空，所以，教會就讓顧美箴住在這裡了。從此，這個院子不再沉寂了，時常有些姊妹來到顧美箴的屋子裡唱詩、禱告。

二

不久，小紅樓又有一位女房客搬進來，住在樓上右側的一間，方向朝南，自然是滿有陽光的。這女人也是安東教會的教士，她叫王淑桂，年齡要比顧美箴大得多，已經半百了，也是終身未嫁。

她的一隻手有些殘疾。小時候，不小心碰倒了油燈，燒傷了。於是，家人就送她去了丹國醫院（丹麥人所辦）。在這裡，遇上了丹麥教士郭慕深小姐。住院期間，郭慕深瞭解到王淑桂的家境貧窮，出院後就把她收養在育嬰堂，讓她在教會學校讀書，最終培養成為元寶山禮拜堂的教士。

對於基督教而言，牧師通常是一個教堂的負責人，教士工於宣教。元寶山禮拜堂的主日學是由王淑桂和顧美箴負責的，每當禮拜天，在信徒們敬拜上帝之前的一個小時，禮拜堂是孩子們的樂園，王淑桂負責給孩子們講聖經故事，顧美箴教唱讚美詩，孩子們還可以分享到關於聖經的美麗畫片。這兩位女教士分別被孩子們稱為王姨和顧姑。

樓上住著這兩位女教士，樓下的一個大屋子住著安東教會的牧師段大經一家人，兩個女兒，兩個兒子（長子在山東），太太楊芳春操持家務，青年時畢業於鳳城女子聖經學校，也曾一度做傳道工作，她是哈爾濱人。段大經也並非安東人，其老家在山東蓬萊段家莊，少時隨家闖關東落腳安東。起初在店鋪學徒，後來做司帳助手。二十一歲那年（一九二八），投奔在金縣經營

段大經牧師（圖片為段大經之子段開亮先生提供）。

鞋鋪的三叔。之後，又到金州南街一家商鋪做司帳。此間，他結識了一個叫趙革林的基督徒，跟著去教堂聽道，於是，「聽道受感，自願受洗做基督徒」，這一天是一九三〇年十一月二十三日。次年，入讀安東劈柴溝神道學校（丹麥人所辦），畢業後開始了傳教士生涯，曾經在大連、哈爾濱、新民、長春等地。一九五〇年回安東，時任基督教信義會東北教區理事長。段先生是個地道的神職人員，從資歷和聲望而言，可謂安東宗教界的知名人士。但是，這與職場的官人是不一樣的。因為所有信徒都是兄弟姊妹，都是一個天父的孩子，沒有「等級森嚴」的官氣。所以，段牧師和二位女教士同一屋簷下相處融洽。但是，如果風雨襲來，或者說遇到了逼迫，那又將怎樣呢？這個院子彷彿一個舞臺，在一個特殊的歷史背景下，演繹著三個傳教人的人生軌跡。

三

一九五〇年夏季，政府發動了一場自上而下的「三自愛國運動」，也叫基督教革新運動，要求每一個基督徒，凡是愛國的就必須簽名，所以，也被稱為「簽名運動」。拒絕簽名的，那就等於「自蹈死地」——對於運動中「遇到個別反動分子，間諜敵探，進行阻撓或陰謀破壞者，應依法處理」。（〈關於支持基督教人士發起的「中國基督教在新中國建設中努力的途徑」的指示〉，一九五〇年十月十日）安東教會引領教徒們積極參加了簽名運動，之後，又投入了反右派鬥爭。

一九五七年夏季，安東的基督徒陸續參加了幾個會議，如基督教人員「愛國主義學習」、「社會主義學習」以及「各界人士座談」等。在這些會議上，教徒們被號召和鼓動幫助黨整風，給黨提意見。

一九五八年一月，在安東市宗教界的一次會議上，宣布了被劃為右派分子的名單，令顧美箴震驚的是，她並沒有在會上「鳴放」，卻也被劃了右派分子。接著，顧美箴遭到了一連串的批鬥。這時，她如夢初醒，原來，她的「反黨言行」都是主內兄弟姊妹的檢舉和密告。有些話是掐頭去尾，斷章取義，而有的話是憑空捏造，經過「移花接木」就成了「反右」運動中的「鳴放」。這是一個欲加之罪何患無辭的年代——

她說（顧美箴），《天風》（「三自會」期刊）登載王明道反革命那些事，是政府編的，不是事實。

她說，叫我說共產黨好，我不能說，那不是我的心裡話，主教我忠實。

她說，各地許多傳道的大人物，開始共產黨是那樣的信任，自己又那樣積極，不久，就被打為反黨了。何苦去得罪了主，自己也沒得好？所以，我決定這樣了：寧討主的喜歡，就是現在拿我的頭，我也高興，求之不得。

1925年，鳳城女子聖經學院的校長丹麥教士卜士溫（Nanny Brostrom）小姐（前排中黑衣者）與學生合影。

她說，你看張烈（注）這個人，逮捕崔先生（崔錦章）時講話多激烈啊，她怎麼上吊自殺了呢，從繩子上解下來，還被人扇了兩個嘴巴，多可憐哪！

她說，報上（安東日報）登載主內姊妹批判被劃成右派的王澄美（崔錦章之夫人），這不是「相咬相吞」嗎？晚上，她領著大家禱告，念耶穌的話：「你們要謹慎，若相咬相吞，只怕要彼此消滅了。」（加拉太書，五：十五）

有一次，空襲警報響了，大家都鑽防空洞，顧美箴掀起門簾給美國飛機報信……

（安東市法院，一九五九，刑字

第二七七號，顧美箴刑事卷宗，以下簡稱「卷宗」）。

附注：張烈（一九一五－一九五八），山東人，一九三二年加入中共，早年組織學運，曾在北平從事地下活動。一九五〇年，任中共安東市委書記，後任遼寧省總工會主席。在反右派運動中，被定為「反黨反社會主義的極右分子、政治野心家、壞分子」。一九五八年一月九日，自殺身亡。一九七九年四月十一日，中共遼寧省委做出了〈關於為張烈同志案件平反問題的通知〉。

對於張烈之死「一位回憶者說，「那時整張烈整得好厲害喲。張烈終於經受不住這種心靈的摧殘，含恨上吊自殺。當人們將張烈的遺體從繩上解下後，聞訊趕來的那位總工會『遼西』副主席竟然當著眾人的面狠狠抽了張烈兩個嘴巴！嗚呼！縱有何等深仇大恨乃至於此?!」（紅箭，〈我所瞭解的「王錚、杜者蘅、李濤反黨宗派集團案」〉）

四

幾個月後，顧美箴被送到鄉下「勞動改造」，一個叫黑溝的小山村。一直在城裡生活，從來沒有摸過鋤頭，被趕到下鄉種地，心裡難免有些恐慌。更可怕的是，在大躍進年代，新生事物層出不窮，有的地方還要女人「裸胸勞動」，說什麼，「共產主義新創舉——婦女赤膊衝上陣」，（湖南平江縣）還有什麼，婦女裸身修水庫，火線入黨。

小山溝比較閉塞，謝天謝地，還沒躍進到「裸胸」，只要幹活就行了。顧美筬被安排在一個叫臥龍山的採石場。因為「全民煉鋼」，建高爐需要石頭，有了石場，就可以不必強拆民房了。但是，植被遭到了毀壞，山體逐漸裸露，村裡有個老人悄悄地說，這採石場地底下臥著一條龍，打石頭就是剝它的鱗片啊，總有一天，那龍就會暴怒起來，推倒山巒，毀滅這個村子。

採石場的活不但笨重、單調，而且，也是最危險的。單說掄大錘，一般男人也是幹不了的，很容易砸傷掌釺人的手，或是砸傷自己的腿。一到石場，顧美筬的活兒是掄錘，掌釺人看著她戰戰兢兢地掄起錘子，嚇得呲牙咧嘴的。無奈，只得叫她去搬石頭。她兩手捧著石頭，氣喘吁吁，臉上滾著汗珠，挪動著步子，棱角鋒利的石頭刺傷了她的手指，殷紅的血從磨破的白線手套滲出來……

白天出工，夜裡挨鬥，在昏暗的燈光下，彌漫著一股濃重、刺鼻、嗆嗓子的煙草氣味，耳朵裡是一陣陣的咆哮，還有躲在黑影裡的如雷鼾聲。

批鬥會散了，顧美筬回到山坡下的一間茅舍，燈光如豆，映照著斑駁的泥牆。

白天，這裡也是黑洞洞的，唯一的窗戶被釘死了。從前，這裡住著一個單身女人，是從北邊（山區）過來的，據說，老爹是地主被打死了，她跑了出來。一個女人孤零零的住在一間屋子裡，好比一條鮮魚掛在牆外，難免招來一群瘋狂的野貓……

後來，這女人懸樑自盡了。從此，這房子就傳出鬧鬼的故事：夜裡人睡在炕上，醒來卻躺在地下。不知誰的主意，說是基督徒只信神，不怕鬼，於是，鬼屋就成了顧美箴的「改造之家」。

五

一九五八年六月，顧美箴從農村回來，臉色黝黑，身體消瘦。聞知她回來了，幾個姊妹來小紅樓看望。閒聊了一陣後，顧美箴又帶領大家禱告、唱詩。空閒了些許的屋子，又有了生氣。但是，有時發現有人在門外竊聽。後來，段牧師就找到顧美箴，告訴她不許家庭聚會。不久，令人意外的事情又發生了。

七月，安東教會召開了一次會議，段大經在會上鄭重宣布——撤銷右派分子顧美箴的傳教士職務，並令其離開教會（遷出育嬰堂），「回家重新做人」。接著，又在教堂裡進行了一場批鬥。事後，又有人檢舉顧美箴——

「她說，大家鬥我的時候，一點也不害怕，耶穌受審的時候，不是一聲不響嗎？我們要向耶穌那樣，順服神的旨意。」

前排左二王玉光、左三崔美玲（訪談對象），後排左二顧美箴
提供此圖的崔美玲女士說明如下：「在1958年失學時期（因父崔錦章蒙冤入獄而被禁上初中），得以暗暗和顧姑（顧美箴）等年長者上鎮江山唱詩禱告。那時，好像她被打成右派，在教會裡備受批判揭發。據說王淑桂（另一女傳道人）是急先鋒者，想必也是被指示吧，可憐她文革中上吊，走了猶大的路。」

夜晚，窗外樹葉間響起清越的蟬鳴，一絲絲一縷縷，嫋嫋不斷，絲毫沒有倦意。這渺小而卑微的生靈，在黑暗中鼓動著翅膀歌唱著所期盼的陽光。

顧美箴打開了珍藏在身邊的一本書，綠色封面的《荒漠甘泉》。有這樣幾行句子跳入她的眼簾，彷彿一泓鮮活的生命甘泉，在她的心中緩緩地流淌。

「相信他站在你和你的難處中間，無論什麼困難都會在他面前逃跑，如雲在疾風面前被吹散一般（梅爾）。」

在她被打成右派的日子裡，一天去書店，她發現了這本夢寐以求的書。聽牧師講道時說過，在戰亂年代，宋美齡曾捉筆將此書譯成中文，送給蔣先生靈修之用。在蔣晚年的病榻上，唯一不變的書，就是這本《荒漠甘泉》。

段牧師宣布「撤銷教士職務」，但顧美箴覺得，宣教是耶穌的呼召，人豈能阻擋神的計畫。雖然不許走進教堂，但普天之下，上帝何處不在。

鎮江山下鐵道旁有一個澡堂子，劉有道（基督徒）弟兄在這燒鍋爐，同時看管澡堂子。他的家就在澡堂隔壁的一間小屋，房後有一片菜地。這地方除了澡堂和劉家，再沒有其他人家，是一個僻靜之地。於是，顧美箴就和幾個姊妹約會於劉弟兄家。晚上，澡堂關門後，劉弟兄便打掃澡堂，收拾完後，顧美箴便和六、七個姊妹來到這裡，其中，還有劉家大娘和女兒劉美華。大家席地而坐，也不開燈，摸著黑，悄悄的唱詩和禱告。（訪談崔美玲女士）

六

九月三十日，顧美箴不幸被捕了，理由是「以宗教為掩護，非法進行秘密傳教活動」。

（安東市法院，一九五九年，刑字第二七七號，刑事判決書）

一九五九年十一月二十一日，安東市人民法院由審判員李殿慶和人民陪審員谷振江、任淑華組成審判庭，書記員李宗信擔任記錄。在檢察員戴文華的參加下，依法不公開審理了檢察院控告顧美箴反革命一案。

在此，要說明一點的是，沒有辯護人參與訴訟。因為，「一九五七年一個反右風暴，律師全部被打成右派分子（二千名左右），律師制度也同時取消。理由很明確，給壞人辯護的人也是壞人。」（田文昌大律師）

顧美箴和她喜愛的《荒漠甘泉》等幾本書也被押上了法庭。作為罪證的「反動書籍」，羅列在警方的扣押單上（「卷宗」）——

反革命分子顧美箴利用宗教進行反革命的一部分宗教書籍：

《荒漠甘泉》

《谷中清泉》

《在密雲黑暗的日子》

《默想主恩》

《舊約故事畫冊》

《教會禱告職事》
《簡易祈禱法》
《勞倫斯屬靈格言》
《父親的心》
各一本，共九本。
《荒漠甘泉》，列為七株毒草之首，而且，法官在庭審筆錄中竟然把「荒漠甘泉」寫成了「皇魔甘泉」。

……
法　官：對於《荒漠甘泉》這本書，你都和誰講過？
顧美箴：我和劉有道、曲靠恩、董麗榮、王姜氏、張李氏、王淑傑、王淑春、金生素等人講過。
法　官：你說的這些人都是教徒嗎？
顧美箴：是的，都是我們教友。
法　官：你和董麗榮講過下面這些話吧——「《荒漠甘泉》對我幫助可大了，現在受點苦不要緊，困難是神的考驗，患難是神所賜的福氣，我們要想的是將來的天國。」你還引用聖經的話說，「『仇敵魔鬼，如同吼叫的獅子，遍地遊行，尋找可吞吃的人。』我們不要害怕，也不要灰心，要堅固信心，向魔鬼作鬥爭。」你還送《荒漠甘泉》給董麗榮、給劉有道包括《荒漠甘泉》在內的九本書，送給曲靠恩《父親的心》。你為什麼這樣？你有這個義務嗎？

顧美箴：我知道了，不告訴他們，就是我不愛他們。如果他們看到好的，也要告訴我。

法　官：你不知道這書有毒嗎？

顧美箴：我認為是好書，不然的話，政府怎麼能讓出版呢？

法　官：……你在什麼時候看的？

顧美箴：打我「右派」時，越看越愛看，它告訴我患難不過是主把我放在熔爐中，試煉我的信心。

法　官：你是右派分子嗎？

顧美箴：我不承認，那是你們按的，我們信主的沒有的事就是死了也不能承認。

法　官：你在被鬥時，有一次在家包餃子不去參加會嗎？

顧美箴：對，那是我怕餡兒壞了。

台下有人發出了竊笑聲（內部旁聽者）。

在庭審要結束的時候，法官問顧美箴：「你現在還信不信教？」

顧美箴回答：「信，我要一信到底，我所以不結婚，就是把我交給主了。」

……

（摘錄於《審判庭筆錄》，一九五九年十一月二十一日）

七

顧美箴案開庭審判的三天後，段大經向法院遞交了一份「證實材料」（卷宗）——

證實材料

顧美箴因反黨反社會主義於一九五八年一月間被打成右派分子後，仍然頑固堅持反動立場，不肯徹底改悔認罪，重新做人。約於一九五八年七月間，黨和政府給她寬大處理，撤銷她在教會的傳教士職務，讓她離開教會，予以回家重新做人的機會。但是她堅不搬走，在她住的屋裡同個別教徒唱詩禱告，並且時常在劉有道家裡暗中聚會。她既被撤職，不是傳道員，就無權傳道。所以，她不但違犯國法，而且，對教會進行反帝愛國運動做了不良的影響。她曾對曹鳳鹽（教徒）說，不僅安東教會冷淡，其他各地教會都不興旺。這就是她污蔑我們政府的宗教信仰自由政策，使思想落後的信徒對政府不滿。顧美箴一貫拉攏落後信徒，打擊進步的教徒，特別仇恨我和王淑桂（注），這說明顧美箴的反動立場。因此，請政府給她以應有的處分。

基督教信義會東北地區理事　安東信義會

牧師段大經（印章）

一九五九年十一月二十四日

牧師，源於聖經「牧羊人」之意。既是牧羊人，那麼，看護群羊當然是其職責了。當羊兒陷落井中，牧羊人是不會袖手旁觀的，更不必說「落井下石」了。

段大經年輕時受洗皈依上帝。然後，曾經兩次上神學院深造（四年半），不僅研讀聖經，還包括國文、教會史、外國史等課程。為了行使上帝的使命，東奔西走於滿洲大地二十幾個春秋。可以說，不但造詣頗深，而且久經試煉。無論人品和學問在東北基督教的圈子裡是享有聲望的，否則，就不會被選為東北教區的領袖。可是，出乎所料的是，竟然把一個無辜的羔羊拱手送上了權柄的祭壇。對於身旁的姊妹是人是鬼，段大經是心如明鏡的。

一九五一年春天，段大經被公安局政保科找去談話。所謂政保科，也就是政治偵查科，主要的是對付政治犯，比如反革命。段大經從局子裡回來神情有些憂鬱，說公安局懷疑他有「歷史問題」，要他寫交代材料——在民國、偽滿時期都有哪些活動，尤其是丹麥人回國前對他都有什麼交代。最後，要求他揭發崔錦章（安東教會理事長及醫院院長——〈基督教醫院的末任院長〉）的反革命罪行。寫交代材料，段大經倒是無所謂，無論在哪個朝代，他就是一個基督徒，別無牽扯。但是，心情有些壓抑，感到利劍在懸，擔心哪天會落到頭上。因為，崔錦章是個例子，本是土生土長的安東人，不但歷史清白，還是政府的「紅人」（省、市人民代表），一夜之間卻被打成了「反革命」，世事多變，風雨無常啊！後來，政保又找他談話。這回談完，段大經的臉面舒展了。令其感動的是，由於教會拮据，兩個月沒給發薪，家裡的六個孩子眼瞅著要挨餓。政府聞知派人送來了兩百元錢，「補助」無米之炊。一九五四年，政府安排他進京參加全國基督教大會，並且成為中國基督教常委會委員。一九五八年，又任職遼寧省基督教三自愛國運動委員會副主任。段大經有些春風得意，不再「壓抑」了，每站在聖壇之上，「奉上帝的名」禱告時，口若懸河……

可能你早已曉得，有些「基督領袖」為了待在高位而背後捅人一刀。假如禱告降格為純粹自我意志，欺哄自己說一切都是為了上帝的榮耀那還叫禱告嗎？

——英國神學教授侯士廳

滿洲基督教信義會於哈爾濱禮拜堂封立解省三段大經朱洪昌三位牧師典禮全體攝影紀念，1941年4月20日。

附注：一九六六年八月，我（劉忠仁，安東教會司琴）姥姥王淑桂（劉是外孫，即王妹的孫子）被教會的人找去談話。談了些什麼，回到家啥也沒說。三天後，姥姥把她的被褥送給了外孫。凌晨兩點半多鐘，家裡人起來，發現她吊在門框上，已經嚥氣了。死後，教會的人紮了個草人寫上「王淑桂」的名字，然後，擺在教堂裡批判，大約批鬥了兩三天，還把我母親（王妹）拉到街上遊鬥了一天。

（訪談劉忠仁先生
二〇一〇年七月二十五日）

八

法院在審理顧美箴反革命的當日，做出了有期徒刑十年的判決。

在押往外地服刑之前，犯人家屬是可以會面的，因為還要送行李、衣物等。顧美箴的弟弟顧紹康從哈爾濱匆匆趕來，和姐姐見了一面之後，又來到姐姐的宿舍——育嬰堂，收拾一下東西。崔美玲和王玉光聞訊趕來，領著顧紹康一起上了小樓。

時已入冬，夜裡十分寒冷。屋子不大，沒有往日那樣的規整，有些狼藉不堪，顯然是被外人翻過了。天棚下懸掛的一盞燈在風中輕輕的晃動，床上有一張小桌子，上邊擺著一雙筷子，一隻碗盛著的東西，已經風乾了。看來，飯還沒吃完，就被帶走了。窗臺有一件沒有織完的綠色毛衣，裡面夾著一張紙條，上面寫著主人的名字和住址，大概是要被帶走時匆匆寫下的。她的生活來源，除了弟弟顧紹康的資助外，平時靠給人家鉤織毛衣換取一點零錢。作為神職人員的顧美箴，安東教會規定月薪人民幣二十七元。但是，由於教會拮据，總是「畫餅充飢」。在顧紹康的記憶中，曾經給姐姐買了一條毛毯，姐姐還沒能感受一下溫暖就響應政府號召——捐獻給志願軍了。當時，有人勸阻，拿個幾毛錢就行了，何必犯傻呢。顧美箴一生清苦，家徒四壁，除了牆上那幅耶穌在十字架上的畫，別無他物。

不久，顧美箴被押送海城女子監獄了。次年（一九六〇），王澄美去凌源探監（崔錦章），轉道來到海城女子監獄（遼寧省第十九勞改隊）探望顧美箴，但被獄警拒絕。後來，有兩個姊妹前去探望，當時，顧美箴蓬頭垢面，形容憔悴，一眼看見籃子裡的幾棵大蔥，一把抓過去就塞在嘴裡……

未過一年，顧美箴便死在了獄裡。

（訪談崔美玲女士，二〇一二年六月十二日）

附錄一　關於顧美箴的判決書

安東市人民法院刑事判決書

（一九五九）刑字第二七七號

本院於一九五九年十一月二十一日由審判員李殿慶擔任審判長和人民陪審員谷源江、任淑華組成審判庭。書記員李宗信擔任記錄。在檢察員代文華的參加下，在審判庭依法不公開審理了受審人顧美箴反革命一案。

查受審人顧美箴　女　四十四歲　小資產出身　漢族　遼寧省鳳城縣人　現住安東市元寶區青龍街五組　一五七號　無職業　無前科

本案業經本院審理完結，現查明：

被告顧美箴，自幼受帝國主義宗教的奴化教育很深。於一九四一年在青島信義神學院畢業，歷任女子中學教員，青島信義會傳道員，信義中學教員等職。一九五〇年至一九五八年來我市任基督教信義會傳道員。由於，被告解放前多年受帝國主義的奴化教育，養成徹頭徹尾的洋奴思想，積極為帝國主義效勞，忠實於敵人，因而，解放後不僅不聲討帝國主義在中國利用宗教統治奴役中國人民的罪惡活動，反而堅持其帝國主義、資產階級立場，仇視人民，一貫的進行反黨反社會主義的活動，於一九五七年末當基督教整風之機大肆向黨進攻，辱罵我黨領導，破壞宗教三自愛國運動，被定為極右分子，故給予開除傳教士職務之處分，搬出教堂之外，由群眾監督參加勞動。至此被告本應痛改前非，重新做人。但被告則相反的由公開轉入秘密繼續進行反革命活動。其主要罪惡如下：

一、進行反革命造謠破壞，污蔑我黨各項政策。如被告被定為右派分子開除後，從一九五八年五月至一九五九年五月間先後針對我人民公社，解放婦女參加勞動生產，勤工儉學，深翻地等項方針政策進行大肆造謠污蔑，企圖達到煽動群眾，使落後信徒對我黨不滿之反革命之目的。

二、以宗教為掩護，非法進行秘密傳教活動。如被告被開除傳教士職務後，已宣布不准再傳教，而被告竟私自網絡教徒十餘人在其家與道徒劉有道家利用聖經等書中某段詞句向教徒們散步毒素，污蔑黨的方針政策和造謠破壞，情節十分陰險惡毒，企圖藉此煽動道徒對黨不滿，以達其反革命之目的。

三、藉傳經講故事辱罵我黨和給青少年灌輸反動思想，企圖使青少年和我黨鬧對立，藉此進行反革命活動。

上記事實，經審理屬實，並有證人證實。

查被告顧美箴，解放前一貫忠實的效忠帝國主義的宗教侵略事業，奴役中國人民，解放後仍堅持反動立場，堅決與人民為敵，披著宗教的外衣進行反革命造謠活動，情節嚴重，應予重處。故本院根據中華人民共和國懲治反革命條例第十條三款及十六條比照第八條之規定精神，依法判處被告顧美箴有期徒刑十年。刑期由一九五九年九月三十日起計算之。

如不服本判決，可於接到判決後第二天起五天內向本院提出上訴狀及副本上訴於安東市中級法院。

審判員　李殿慶
陪審員　谷源江
　　　　任淑華
安東市人民法院（印）
一九五八年十一月二十一日
本件核對與原本同
書記員　李宗信

注：一九八六年十一月二十日，經丹東市元寶區人民法院再審，判決撤銷原安東市人民法院（59）刑字第二七七號判決，對原審被告人顧美箴宣告無罪。一九七九年一月二十日，中共丹東市統戰部做出了「對顧美箴錯劃右派的改正意見」。

附錄二　段大經牧師自傳

一九五一年

段大經：中國基督教信義會東北總會理事長

原　籍：山東蓬萊金果村。

出　生：一九〇八年一月三日。

家庭經濟狀況：

不動產　房屋　無間　平方米；土地　無　畝／米；其他

動　產　每月收入　四十四元；每月支出　四十四元；其他

一、歷史部分及家庭狀況

一、家中共有六人，妻楊芳春今年三十七歲操持家務，高小畢業後，入鳳城女子神學三年畢業傳道員出身，長女段淑清年十歲，因體格弱尚未入學。次子段開明，年八歲，亦未入學，次女段淑慧，年六歲，三子段開亮，年四歲。

二、光復前三年內，既無動產，亦無房地，家庭生活靠每月工薪維持，沒有雇傭人，全年收支精簡節約，勉強度日。

三、社會關係：長子段開誠，年十五歲，去年回蓬萊省親，便入本鄉小學讀書，不料，我父母相繼去世，乃暫住我叔父家中繼續就學。我叔父段可賞與我父早已析拆居，他是農人，家庭生活無何困難。胞妹段秀英粗通文字，在山東與孫福修結婚，現有三個小孩，家庭服務，住在長春市二道河子。妹丈夫孫福修修理鐘錶工人，自己開業，生活沒有困難。岳父楊國有木工出身，現職攤販。內弟楊久春在哈爾濱鐵路醫院職員，家庭生活僅可維持。在社會中與王保忱、謝恩榮為友。王保忱在德惠教會任傳道員職，謝恩榮任金縣教會牧師。他們的家庭生活均僅糊口，他們的為人誠樸勤勞，他們的政治態度站在人民一邊。

二、個人歷史及社會關係

一、我生於一九〇八年一月三日。一九一六年九歲入蓬萊縣趙家莊私立小學六年高小畢業，那時讀共和國文，稍微有點國家觀念。一九三二年二十四歲秋天入安東劈柴溝神道學校二年半畢業。一九三八年，三十一歲秋季入安東劈柴溝神學院二年半畢業，在神學時期，讀教會史，國文，外國史及教義神學等，受了「超政治」思想的影響，由於見到帝國主義對於中國侵略壓迫，則感覺國家必須富強才能不受外人的侮辱。

二、一九二二年，十五歲因家境困難，無力繼續升學，乃隨表兄馬廷鐸來安謀生。介紹到安東財神廟街永順慶商店學買賣，三年該號歇業。一九二五年十八歲入安東財神廟街洪成厚充店員，做司帳助手三年。因病辭職返里療養。一九二八年二十一歲，赴金縣我三叔處，他開設小鞋鋪，我們早已析居，介紹我到金州南街協豐厚充司帳職三年，因入神學而辭職。一九三四年二十七歲到大連西崗基督教信義會傳道試驗工半年。下期暫轉金縣和平街信義會傳道試驗工半年。一九三五年二十八歲到大連西崗基督教信義會任傳道士三年半，因入神學而離職。一九四〇年底神學畢業。一九四一年，三十四歲，經中會介紹到哈爾濱道外信義會任牧師。當時偽滿統治勉強該會與自立會合一。於一九四三年，三十六歲轉任新民縣教會牧師四年三個月。一九四七年，四十歲應長春市信義會之聘，乃辭職新民教會牧職，而任長春信義會牧師三年三個月，一九五〇年四十三歲，六月份起轉任中國基督教東北教區理事長之職，同年七月間，離長來安，並兼任安東分區理事長職，直到現在（一九五一年）。

三、一九三〇年，二十三歲，十一月二十三日於金縣參加基督教，由趙革林介紹聽道受感，自願受洗做基督徒，現仍篤誠信仰。

四、一九二七年，二十歲與本鄉袁耀光結婚，不幸她於一九四二年在哈因病去世。一九四三年三十六歲在哈爾濱與楊芳春結婚，她係傳道員出身，城市貧民，現在操持家務，熱愛祖國。

三、思想生活作風部分

我在商店為店員時，只圖個人家庭生活若能得到解決，就以為足。一九三一年「九一八」事變後，日寇統治東北，身受敵特的壓迫，處處受到限制，甚至不能返里省親，深覺奴役生活之苦，切盼祖國光復。一九四五年「八一五」日寇聲明投降，當時快樂非言語所能形容。迨見國民黨反動派之貪污腐化，姦淫擄掠，大失所望。同時，對於共產黨缺乏認識，不敢靠近。及至中華人民共和國成立，共同綱領頒布了，保障宗教信仰自由，從此放心大膽，過幸福的日子，和宗教信仰自由的生活。美帝發動侵朝戰爭，中國人民為了保家衛國，掀起了轟轟烈烈的抗美援朝運動，打得美帝落花流水，國威大震。覺得新中國的可愛，帝國主義的可恨。我對於時事學習和教會革新工作均不深入。今後要加強政治學習，肅清帝國主義在教會內的影響，發揚高度的愛國主義思想，中國人民在英明的領袖毛主席和共產黨的領導下，站起來了，中國基督教也隨著解放的勝利，得以實行三自革新運動，我要以愛國愛教的精神，來完成教會革新的光榮任務。

附錄三　關於宗教界段大經思想情況的報告

段大經是基督教牧師，宗教界代表人物之一，由於受帝國主義影響較深，在（一九）五一年宗教革新運動中表現較為頑固，且有反革命嫌疑，故當時對他是採取孤立、打擊的政策，直到公安局對其有關方面及歷史問題進行了調查，並沒有發現其反革命的問題。由此，改變了政策，對其採取團結教育改造的政策，並進行了一系列的團結、爭取工作，如，經與東北局宗教辦公室研究和批准其參加五四年八月召開的全國基督教代表大會，段出席這次會議後，受到了一次深刻的愛國反帝教育，回來後對三自愛國運動表現較積極，因此，市三自革新委員會改造後成立三自愛國運動委員會，吸收段為副主席。同時，批准其參加愛國學習。（一九）五五年三月召開市政協首屆第一次全體會議，將其安排為政協委員。從此，也吸收其參加政協組織的中國近代史核心組進行學習，並委其領導宗教界學習分會的學習。同時，經常吸收其參加政協主辦的雙周座談會，列席政協常務委員會、市人代會等。政協對其家庭生活也給與了必要的經濟上的補助，由於教會收入少，每月不能發滿薪（規定二百五十分，實際只能拿二百分），而且，還拖欠兩個月的薪俸。其家庭人口多（六個小孩兩個大人），這樣，生活是很困難的，政府先後給其補助近二百元，並貸款二百元，作為其自行組織生產的資金。經過以上這些工作，從目前來看，段是積極靠近黨和政府的。主要有以下幾方面表現：

（一）積極參加和領導教徒學習。該人一方面表現在政協組織的近代史學習上認真積極，如每次參加核心組的討論時，都能認真準備發言提綱，並在討論會上積極發言，且能聯繫思想實際。

另外，平時關心國內外大事，經常帶動教徒人員看報紙，學習教會刊物，並積極領導宗教分會的近代史學習。因為積極學習，因而對提高教徒人員的思想認識起了很大的作用。

（二）能帶動宗教界貫徹和執行國家各項政策。由於段是基督教牧師，是教徒的最崇拜的人物，由於近年來段表現的較為進步，自安排政協委員後，常參加市裡一些活動，代表宗教界參加政協組織，是政府對宗教界的重視，也是宗教界的光榮，因而就更加提高了段的威信。段在這種情況下，政治積極性較高，他每當參加政協召開的各項會議，如雙周座談會或列席常委會之後，都能積極地根據會議精神向群眾進行宣傳教育，並帶動群眾貫徹各項政策。

（三）積極靠近政府。經過我們的一系列的爭取工作，段現在表現積極靠近政府，主動反映情況，經常向市民政局反映宗教內部情況，同時也經常主動和政協取得聯繫，反映他在宗教界的活動情況以及宗教界的教徒人員的思想動態。

基督教醫院的末任院長

三十餘年前，我接觸到一位剛從監獄出來的老人。過往由於辦案工作的緣故，我見過不少形形色色的涉案人，記不清見了多少，唯獨他像一尊石刻雕像清晰地印在我的記憶中。歲月的流逝，沒有沖掉那沉重之感。他是走進我生命中的第一個基督徒，讓我知道了家鄉的基督教是自清末時期丹麥人傳來的。同時，丹麥教會還在遼東地區不少鄉村、城鎮建立了教堂、學校、育嬰堂等，其中在安東八道溝有一所醫院叫做丹麥基督教醫院，安東的老百姓都習慣稱之為丹國醫院。而這位常年被關監獄的老人，就是這醫院的最後一任院長崔錦章（一九一六－一九九二）。

清末，丹麥傳教士在安東天后宮街建立的基督教醫院，俗稱丹國醫院。作者攝於2010年冬，樓牆上有標語「此樓危險」。

第一章

一

安東市座落於鴨綠江出海口，是中國最北端的一個海港。鴨綠江東南一側是北朝鮮新義州市郊區，西北一側則為安東市區。安東地方小，倚山臨江，城市就夾在山水之間，最寬處不過二公里，好像一條狹長的島嶼，漂浮在綠水之中。市內最高的一座山，海拔不過一百八十餘米，卻是城裡的最高峰了。由於其形狀像一個倒扣的元寶，所以稱元寶山。在山的西南坡，有幾棟套著圍牆的北歐風格小樓，院子裡面栽植了幾棵梧桐樹，這是丹麥人于承恩（Johannes Vyff）在清末年間（一九〇六）建立起來的基督教醫院，安東人習慣把它稱作「丹國醫院」。在半個世紀漫長的歲月裡，這所醫院陪伴著安東人經歷了劇烈的社會變動。她以獨特的視角見證了歷史沉浮的浪濤。

在中國人民抗日戰爭勝利以前，遼東地區是當時偽滿州國（一九三二年三月一日－一九四五年八月十八日）的一部分。二戰結束後，戰勝國美、英、蘇三國首腦在《雅爾達會議》（Yalta Conference，一九四五年二月四日）中決議把遼東地區由倒臺的偽滿政府交還當時的中國政府管轄，安東才正式回歸中國的版圖，擺脫了滿洲國統治。

一九四五年八月十七日清晨，從丹國醫院院子裡飄出來合唱歌聲，是中、丹醫護人員，還有拄著拐杖的患者共同列隊目睹一個掛旗儀式。他們隨著「青天白日滿地紅」旗幟的升起，莊嚴地唱了一首〈三民主義歌〉，歌詞附錄如下：

國旗飄揚，金風送爽，倭寇敗腳下，光復我祖邦。／三民主義，前程輝煌，國父創共和，與地久天長。／國旗飄揚，金風送爽……

此歌歌詞是該院院長助理兼總護士長杜韶宣先生（詳見文後附錄）和幾個同事現湊起來的，旋律為一首老歌的曲調。升旗儀式用的這面中華民國國旗，則是杜韶宣先生組織幾位護士臨時縫製的。因為在當時的店鋪是買不到民國國旗的。安東人第一次目睹這面旗幟，還是在十七年前，張學良通電全世界，宣布東北易幟，遵守三民主義，服從國民政府領導的那一次。後來，又被掛起了滿州國黃底色「五色旗」（旗上半部分紅藍白黑，下半部分黃色）。安東的老百姓在滿州國時期經歷過被強迫食用「橡子麵」的經歷，對偽滿的歷史倒退和背後的日本強權從來都不認可，他們常常調侃這面黃底色的滿州國旗早晚是會「黃」了的。

最早聽到日本投降的消息是丹麥人葛力夫（Erik Gjaerulf Larsen，一九〇六－一九八六），

元寶山麓丹麥建築群（丹麥人所建的醫院、育嬰堂及學校），攝於1938年（圖片源自美國南加州大學）。

時為安東青年會的牧師，他手裡有個小型收音機。杜韶宣從他那聽說這個令人振奮的消息，馬上飽蘸濃墨在紙上寫了「還我山河」四個大字，黏貼在院牆上。幾個日本憲兵跑到院子裡咆哮起來，這些「小鬼子」還不相信天皇下詔書「投降」的事情。就在幾天前，一到中午，城市的上空還會響起刺耳的汽笛聲，街上的行人都要停下來，為那些戰死的鬼子默哀。如若不從，就是牢獄之災。「小日本」及「鬼子」，是偽滿時期安東市民私下裡對日本兵的稱呼。

聽到醫院院子裡的歌聲，不少人擁進來觀看升旗儀式，他們看到的是「青天白日滿地紅」旗升起，慶賀的是可以挺直腰桿，結束亡國的屈辱。

對於這次歌詠活動，組織者杜韶宣先生有過如下回憶：

一九四五年八月十六日，我們基督教醫院做旗（中華民國國旗）的時候，我們（張濤、黃中興、于天民、宋殿邦）這些人提起掛旗的時候要唱個歌，就找到教會李潤的兒子李榮中教唱〈三民主義歌〉，詞是大家在一起湊的，調是李榮中教的。十七號掛旗的時候，李領著唱，大家跟著唱。事後，有黃中興（後為湖南衡陽鐵路局醫院藥劑師）、張濤、蘆秉免、宋振邦、孫榮生學熟啦，忘記了誰提出來到廣播電臺去教教老百姓，大家都同意。當然，我應負主要責任。黃中興去電臺聯繫的。

訊問筆錄：一九五六年十一月七日　長春新生醫院，見於安東市法院　一九五一年，刑字第一七一號卷宗，以下簡稱「卷宗」

慶祝國家光復，教唱愛國歌曲，安東電臺十分贊成，決定開播這個節目，做為雙十節的遊行歌曲。為了讓市民熟悉和學會它，還在報紙上登載了這首歌曲。教唱歌曲，需要找一個懂音樂的人，杜先生想到了一個朋友－本市的眼科大夫崔錦章先生，他不但喜歡音樂，而且，他太太還是一位音樂教師，鋼琴也彈得好。他們二人如果去參加教唱活動的話，效果一定會更好。於是，杜先生便去崔家登門邀請。

二

走出丹國醫院，下坡左轉穿過上行火車的通道（八道溝橋洞子），便來到了興隆街。早年，安東有六條主要的商業街，在英國人當年繪製的安東縣城區地圖上（一九〇七）便有了這個最為繁華的商業中心「六道口」。這是一個有著六條岔路的大街口：財神廟街、興隆街（分東、西段）、通江街、菜市街和金湯街等四通八達，興隆街可謂街如其名，是買賣興隆之地。這條街上有最早由安東人開設的美昌照相館、最洋氣的鐘錶行、「指日高升」名牌帽子，夜間閃爍著耀眼的霓虹燈紅綠燈光的瀛西藥房，是安東最早出現的現代化動感霓虹燈廣告。此外，還有享譽東三省的「鴨江春酒樓」。

一九四五年春天，興隆街上出現了一家診所：「美明診療所」。該診所坐落在門牌四十一－四十二號的一棟二層小樓中。美明含有明眸的意思，因為診所是眼科專科，由眼科專家崔錦章和夫人一起經營，夫人名字叫王澄美。診所的樓上住人，樓下行醫。與「美明診療所」幾個字的標示相對稱的，另有一個標示：「歡迎聽道查經」。原來，在樓上夾在四十號及四十二號兩個套房之間有個大單間，是當地教會為教友晨更聚會而設的福音堂。在小樓的背面，緊貼樓外牆的木製樓梯，為四十號、四十二號及福音堂共用。崔錦章和杜韶宣交誼甚篤，是兒時在元寶山教堂院內的三育小學同學。這所學校也是丹麥傳教士于承恩Johannes Vyff（一八七〇－一九三二）先生所建。

三

崔錦章出生於城外西北六十餘里的鄉下——湯山城。該地區有十幾個村落，其中最小的榆樹林村，村外有個只有三戶人家的太平溝屯，小地名叫太平嶺，人煙稀少，只有三間草房和八畝石包地的便是老崔家。一九一五年，農曆十二月四日（一九一六年一月八日），崔家又添了一個「老疙瘩」（排行最小的孩子），也就是崔錦章。當時，爹四十八歲，娘四十二歲，七個閨女，三個小子。孩子多，年紀小，沒有幫手，一家人的生活全靠老子種地和放蠶，過的是經常吃了上頓少下頓的日子。據崔錦章回憶，童年，總是籠罩在饑餓的陰影下，大山又像一道柵欄把人圈在山溝裡。因此，早早便造就了他對外部世界的好奇和幻想。在學齡期，由於學堂在翻山越嶺八裡外的鄉里，因此太平嶺十歲往下的孩子沒有能去上學的。十一歲那年，哥哥崔明章領他進了城裡教會的三育小學，這是丹麥傳教士建立的學校，哥是元寶山禮拜堂的傳道人。在此，年幼的崔錦章和杜韶宣同在一個唱詩班。

教會院內的三育小學只有初小，教會的高小在城外十里遠的劈柴溝——丹麥人所建的三育中學。崔錦章和杜韶宣同去三育中學從高小念到初中，依然是一個唱詩班的。那時，三育還只是初級中學。於是，讀完初中，杜韶宣便上了劈柴溝神學院，也是丹麥人建立的學校。而崔錦章則去了奉天（瀋陽）還是靠哥哥的資助，讀了私立文匯高級中學（一八七六年，蘇格蘭長老會羅約翰Luoyuehan牧師創立），該中學也是基督教教會學校。崔錦章在奉天讀完高中，還想繼續上大學，但哥哥供不起了，崔錦章便由英國牧師康沐恩（Moore OConnor）引介，來到康牧師創辦的營口培真初級中學，當上了數理化教員。

四

一九三六年冬天，二十二歲的崔錦章在培真中學校園裡認識了來自關裡的青島女教師王澄美。

王澄美於一九一一年出生在山東濟南一個虔誠的基督教家庭，到她這一代算起，已是第五代基督徒了。王家祖輩世居嶗山，清朝晚期，美國傳教士乘船從嶗山仰口登陸，由此，王家有了早先聆聽福音蒙恩的機會。因著信主的緣故，祖父王守仁年輕時得以在煙臺教會學校上學，畢業後教書。父親王玉璋（峨峰）就讀於青島禮賢書院，這是德國傳教士魏禮賢在清末創辦的知名洋學堂。畢業後，在濟南先後擔任華德洋行行長、郵政局長以及膠濟鐵路局材料所長，他會說一口流利的德語。母親梁峨茹是即墨城小李村人，婚後信主。王澄美姐弟四人，她自小就由祖父領到即墨老家，在鄉下與祖父祖母一同度過。到了學齡之際，祖父請來了家教，直到高小第一年才去北嶺教會學校上學。教室就在禮拜堂裡，平日上課，星期天做禮拜。高小第二年，王澄美從祖母家回到了濟南，入讀浸德小學，次年升入東關漢美女子中學。後來，在祖母的安排下，她離開了濟南，來到了青島教會文德女子中學上學，從初中二年級一直讀到高中畢業。之後，王澄美在一所教會小學工作過一段時間後，去南京就讀於金陵女子文理學院。一九三五年，金陵女大肄業。這時，她應一個在營口佈道的姑姑焦維真教士呼招，來營口的教會學校培真中學工作，在這裡邂逅崔錦章，兩個背井離鄉的人走到了一起。

一九三七年暑假，王澄美和姑姑一道坐火車回青島。火車停在天津的那天早上，月臺內外撒起了像雪片似的號外，人們爭相傳閱，原來發生了震驚中外的七七事變。由於日軍阻斷了東北與內地的一切交通，王澄美在關裡回不去東北，只好滯留濟南。姑姑焦維真也是由於營口難歸，便去了安徽懷遠教會佈道。接著，又到了壽州（壽縣）。那裡的教會委託焦維真聘請一位會彈琴的教師，於是，焦維真又寫信請王澄美來壽州幫忙。當時，王澄美的姐姐（畢業於上海伯特利助產學院）正因結核病在家修養，父親擔心濟南失陷，便讓她帶著姐姐一起去壽州。這樣，姐妹二人踏上平（北平）滬火車，離開了濟南。途中遭遇了日本飛機的空襲，險些喪命。到壽州不久，南京失陷（一九三八）。隨之，日本人又佔領了壽州。王澄美姐妹倆經

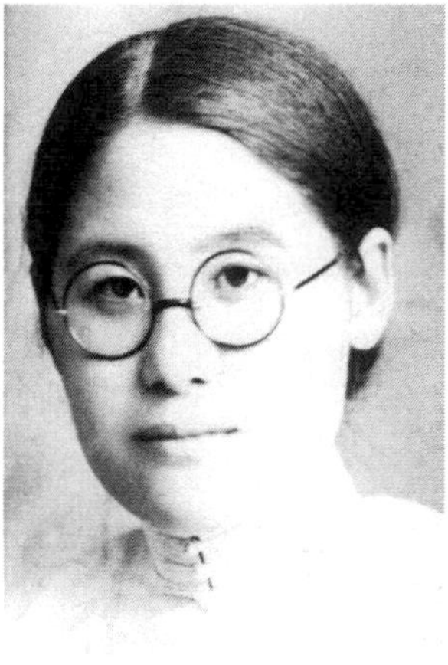

王澄美女士（1911-2005）

歷不少輾轉周折，從南京抵達上海，搭上了駛往青島的英國客輪，下船後投奔堂叔王德潤牧師家。最終，又回到了濟南與父母團聚，結束了這一段的顛沛流離。（王澄美女士口述，崔美玲執筆，《母親的自述》）

五

在營口的崔錦章，目睹東北日偽當局經常以「反滿抗日」的罪名抓捕老師和學生，學校的環境動蕩不安。於是，他辭去了教職，打算在這亂世之時專注於夢寐以求的學業。他報考了新京（長春）醫大。在考場上，日本考官突然問崔錦章一個離奇的問題：「講一下共產黨」。

崔回答說：「不知道。」

考官又問：「講講共產主義是什麼。」

崔仍說「不知道。」

崔錦章不是裝糊塗，因為，當時日本人在滿洲國搞奴化教育，新聞封鎖，一個普通民眾對這些政治概念並不清楚。崔錦章被新京醫大錄取了，他考中了第二名。但是，因為聽說了學校裡的日本人經常抓學生，說是赤匪，那種氣氛令人望而生畏，他放棄了去「新京醫大」學習的機會。後來，崔錦章遇見了文會高中時期的英文老師，滿洲神道院（東北神學院）的英籍傳教士院長方德立（J. W. Findlay），他勸導崔錦章上神學，於是，崔錦章便隨他去了神學院。一年後，營口的康沐恩牧師邀請崔錦章攜王澄美重回營口培真中學任教，應允只要二人回來，可以安排結婚的房子。崔錦章寫信告訴已回濟南與父母團聚的王澄美，二人便先來安東結婚再去營口工作。就此，他放棄了繼續在神學院的學習。

王澄美第一次來到安東，在步出火車站的人流中，便感受到這座城市的獨特：到處都是穿著和服的日本人，也有許多身穿奇異民族服裝的朝鮮人和滿人。熱鬧的人群中充斥著聽不懂的語言。安東火車站是一棟兩層的木頭房子，沒有青島火車站那種鄉間教堂式的情調，也沒有濟南火車站的歐陸風格，看上去簡單、樸素，卻也不失獨特的美感。在車站不遠的東邊，就是碧波蕩漾的鴨綠江。眼下江面已被冰雪覆蓋，可以望見冰上的雪橇。

一九〇四年，鴨綠江邊爆發了日俄戰爭，沙俄失敗，日本人藉口防止沙俄捲土重來修建起鐵路，並設立了簡易火車站，起初叫「鐵─浦驛」，後來叫「安東驛」，直到一九四一年才正名「安東站」。從車站出來是東西方向的一條筆直的大街，叫大和橋通（七經街）。順著大街一直走到六道口拐彎向北，穿過八道溝橋洞子，不遠處便可以看到元寶山南坡那幾棟套圍牆的基督教醫院小樓。順右手邊斜坡再爬百餘步便是元寶山禮拜堂，三育小學就在教堂院裡，恰逢寒假，顯得十分的安靜。崔錦章和王澄美沿著這條坡路走進了教堂院子，他們即將在這個禮拜堂舉行結婚典禮。

六

婚後的一天，崔錦章和王澄美坐馬車一路顛簸回到了太平嶺——離安東六十餘里外的鄉下，白雪皚皚的五龍背大山腳下。一個窮山溝裡的孩子，在城裡念書、教書，還娶了一個才貌雙全的大家閨秀，在鄉下是天大的事。村裡的鄉親們一下子蜂擁而至，擠滿了崔家小院。崔家雖然不是富人家，卻名聲在外。像這樣全家老少都是基督徒的狀況在那個年代的農村十分罕見。老大崔明章身為傳道人，也是安東當地遠近聞名的音樂人，民間樂器樣樣通。崔家的炕上地下，一片歡聲笑語，這是王澄美第一次領略到的遼東農家的生活。

寒假快結束時，康沐恩先生發來了電報說事情有變，暫且緩行。崔錦章一個人趕去營口，瞭解事情的原委。原來康沐恩計畫要新建一所學校，新校由崔錦章出任校長，王澄美當訓育主任。但是，對於教會辦學，特別是英美國籍的人士，在日偽時期猶如夾縫裡掙扎，碰壁的事是經常發生的。當時，培真中學的校長廖國恩是一個親日派，暗中勾結日本人從中作梗，阻撓建立新校。結果，康沐恩牧師的辦學計畫破滅了。不久，被日本人趕回英國。

康沐恩先生給崔錦章夫妻支付了三個月的工資作為彌補。崔錦章回到安東，在三育小學當起了代課老師。他一邊教書，同時也為重返大學校園做各種準備。為了籌集學費，王澄美也回青島謀職去了。不久，王澄美接到安東基督教教區陳景升牧師的來信，介紹她去遼東大孤山崇正女校任教。

大孤山崇正女校雖然是丹麥傳教士所辦，但在偽滿時期日本人為了實施奴化教育，強迫學生學日語，並且還要唱滿洲國歌。對此，王澄美有很生動的追敘：

師生（對此）都很反感，學生們把偽滿國歌〈天地間有個新滿洲〉的歌詞戲改為「天地間有個新饅頭」，內容改得很滑稽。朝會升旗時，眾口一詞，一本正經地大聲唱著，日本人聽不懂，一臉的嚴肅。我們老師都裝著沒聽見，暗自發笑。（〈母親的自述〉）

七

一九四〇年二月，崔錦章考上了瀋陽盛京醫科大學。該大學最初由司徒格（Dugald Christie）博士在英國蘇格蘭長老會資助下於一八八四年開辦，規模由小到大，自創辦以來為中國培養出許多著名的醫學教育家及醫學專家，也為中國引進西醫做出巨大的貢獻（抗戰勝利後改稱遼寧醫學院，即現時的中國醫科大學）。當時，學校提供的生活品質異常低劣，崔錦章因為用功過度，以致一九四〇年冬天就染上了肺結核。醫生建議他休學養病，而崔錦章考慮年齡已大（二十四歲），決定抱病繼續攻讀學業。在這種情況下，王澄美決定繼續工作以供丈夫之所需，開始了顛

王澄美女士（左）與孤山崇正女校校長姜寶珍合影。

沛流離的生活。她先是在崇正女校執教，兩年後學校被日本人關閉，離開孤山來到江蘇徐州培真中教書學（即培正中學，一九〇五年美國南長老會牧師葛馬可Gmake創立）。兩年後，又回到青島母校文德女子中學（一九四四）任教。一九四四年十二月，崔先生苦熬了四年寒窗終於畢業了。他最初的理想是留校任教，覺得教學工作是神聖的。可是，由於當時學校裡的日本人經常興風作浪，常常攪得學校動盪不已，令人不安。高文瀚教授（眼科專家，曾任盛京醫大校長）便建議崔錦章還是自己開業為好。於是，崔錦章寫信把回安東開業的打算告訴了妻子王澄美。隨即，王澄美辭去了青島母校文德女子中學的工作，踏上了北去的列車。

八

一九四五年春天。在興隆街四十二號，我們租一處臨街的套房，註冊一間私人醫院美明診療所。樓下開業，樓上居住。起初，我們倆人。錦章只管看病人，我（王澄美）兼任護士、藥房、清潔工，並包攬採購、燒飯、洗衣一應雜事；每天，樓上樓下，不知跑多少次，累得腰酸腿痛；有時睡到半夜，就被急促沉重的敲門聲驚醒：急診！請崔大夫快去。我跑下樓開門，送錦章上車。小醫院病人越來越多，晚間出診的事也多，創業的辛苦自不必說。錦章不免抱怨：將來咱們有孩子，決不學醫……不到一年，我們還了借債，還有盈餘。（〈母親的自述〉）

日子忙碌起來逝如流水，一晃到了秋季。一天，街上響起了熱鬧的鑼鼓聲和鞭炮聲，大批人群揮著拳頭，喊著口號，間中有扭秧歌、踩高蹺、耍獅子的——這是安東人在慶祝祖國光復遊行！崔錦章和王澄美走出屋子，站在路旁鼓起掌來。兩天前，聽說基督教醫院掛起了青天白日滿地紅，這才知道小日本終於垮臺了！

全中國人都歡喜得發瘋了！這是一點也不值得奇怪的。半世紀的憤怒，五十年的屈辱，在今天這一天宣洩清刷了；八年間的死亡流徙，在今天這一天獲得報酬了。中國人民驕傲地站在戰敗了的日本法西斯者面前，接受了他們的無條件投降，這是怎樣的一個日子呀！誰說我們不應該歡喜得發瘋？誰說我們不應該高興得流淚呢？

——《新華日報》（一九四五年八月十一日）

崔錦章夫婦和遊行的人群一同沉浸在祖國光復的歡樂之中。然而，遊行中除了鑼鼓沒有樂隊和歌聲，崔先生感覺還不夠雄壯。他猛然心生一股音樂創作的衝動。

抗戰勝利了，祖國光復了，人人都在歡騰歌舞。我（崔）也不知怎樣才能表達出來我的歡樂心情。我看到街上遊行的人，只在敲鑼打鼓，連一個歌子都不會唱，我想，若能找幾個中國歌，交給大家唱唱，那麼遊行的時候，就顯得威武了。

（崔錦章於一九五六年八月二十二日寫給最高檢察院的上訴書，以下簡稱「上訴書」）

晚上，崔錦章從夫人一個收藏樂譜的箱子裡翻出了一本歌集，是汪精衛政府時期出版的。從內容來看，有國父孫中山的〈大中華國歌黨歌〉，也有辛亥革命元老章太炎的〈華夏歌〉，還有國民黨元老戴季陶的〈國旗歌〉。雖說已是古董了，倒有些個中國的味道，但裡邊也有很多「反共建國」的口號。

1940年代崔錦章先生（1916-1992）

我（崔）根據七七事變時聽到的「國共合作，一致對外」，再加上上初中時一位老師對毛主席和朱副主席的評語，從字面上來看，共產黨是叫人人都有飯吃，有衣穿，有房住，那是好事……日本鬼子是侵略者，他們反對共產黨，我們今天是中國人怎能反共呢？所以，我就把反共的詞語都去掉了。（「上訴書」）

於是，崔錦章經過一番斟酌，從中篩選，而且，又搜集了九一八以前自己唱過的幾首。但覺得仍不如意，因為都是老歌，似乎在「炒冷飯」，應該有自己的作品。於是，他讓太太找來了兩首簡譜，嘴裡哼著曲子，腦子裡浮想聯翩，琢磨起填詞來了。

上小學時，是張作霖在東三省當權的時代。聽過孫中山推翻滿清的故事。後來，學校掛起了青天白日旗。當時的課程有「黨義」一課，主要講孫中山的生平事蹟。由此，小時候知道了孫中山是國父。九一八事變，「青天白日」落地了，掛起了滿洲國五色旗。如今，大地重光，藍天之下又飄起了「青天白日滿地紅」，唱一首頌歌，首先告慰一下國父的在天之靈吧！於是，署名崔錦章作詞的〈國父頌〉就這樣出現了。另一首〈蔣委員長讚〉，當時，蔣介石被譽為世界反法西斯四大領袖，以歌頌二戰同盟國中國戰區最高統帥來表達一種愛國情懷，乃為情理之中。除了這兩首之外，還有〈國民新覺悟〉、〈起來大中華民族〉等。最終，編輯了三十一首歌，名曰《中華復興歌集》。然後，交與隔壁的聚文山房印刷，定於雙十節之前發行。他想這樣在節日遊行之時，市民就有歌唱了。在歌曲集出版之際，崔錦章又提筆為歌集作了一篇

序言：

國父推倒滿清建立中華民國，人民脫離帝國的專制壓迫，言論出版自由，教育蒸蒸日上。二十年來文化高漲，惜哉！我東北同胞自民國二十年九月十八日陷入地獄，淪於苦海。倭寇當道苛政暴行，殘虐以及無可言述。豈止焚書坑儒，豈止犯文字獄！連無言無語的思想都成了罪犯！監刑殘殺有識者幾多流血！痛何可言！由此，殘虐東北民眾只得忍耐於黑暗中，以待祖國光臨。喜哉慶哉！十四年後的八月十五呀！倭奴屈服中華勝利，東北光復了，國民無一不在渴求祖國的知識，奈因書頁無跡，隻字何存？敝以為領導國民，認識祖國，為當之急務。故於診療之餘，與王澄美女士共編輯祖國歌曲卅首，付印問世，以供所需。希同胞藉端奮起，供獻佳作，以止乾渴，是所至盼。

此序　中華民國三十四年九一八

崔錦章　於美明醫院

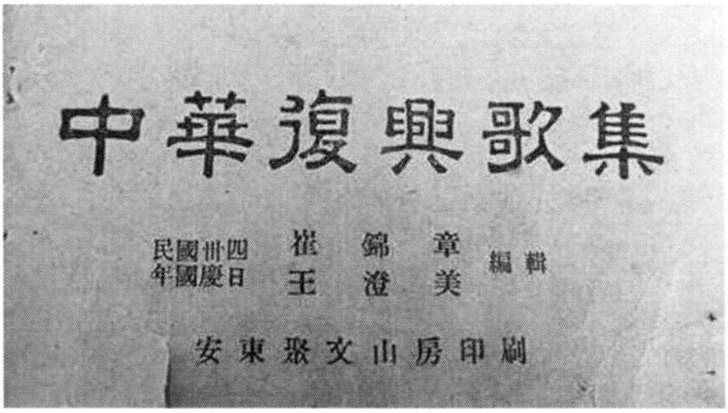

民國三十四年國慶日，崔錦章、王澄美編輯的《中華復興歌集》之封面。

九

一九四五年秋，安東大街兩旁變成了日本人的舊物市場，大到衣櫃，小到照相機，以至衣褲鞋帽、鍋碗瓢盆，林林總總，令人眼花繚亂。這些仍滯留在中國的戰敗國難民實際上不少是日本在東北殖民時期出生在中國的。他們巴望著把不能隨身攜帶的一些東西拋售出手，然後背起行囊，早日踏上回鄉的路程。當時，興隆街上的永福鐘錶店有一架日本人寄賣的鋼琴，王澄美叫先生陪去看看。果然，店裡擺著一架立式鋼琴，比衣櫃矮一些，深棕色光澤的琴殼。琴身上方擋板的兩側有燈檯的模糊痕跡，那是可以活動拉出的銅鑄蠟臺，已經拆除了。琴譜擱板上印著英文字母：MOUTRIE Shanghai，中國人叫「矛翠」，現在通用翻成「莫德利」，是英國公司在上海組裝。從刻著的阿拉伯數字出廠時間是一九一八年，算一下琴齡已經二十七年。王澄美試彈了一下，便以一兩黃金和五百元現鈔買了下來。接著，雇了四個工人把鋼琴抬上板車拉回美明診所，抬上了樓。

崔家買鋼琴的事，不管是親戚還是鄰居，沒有不見笑的：兵荒馬亂的年月，有錢買地多好，買這麼個沒用的東西，是不是書念愚了。崔錦章心裡知道夫人喜歡，所以，不管別人怎麼說，只當耳旁風了。

小時候，教堂裡伴唱聖詩的鋼琴聲音，深深地吸引了王澄美，她從心裡喜歡上了鋼琴。入

崔家的老鋼琴，1918年出廠的「茅翠」。

讀青島教會文德女子中學（從初二年住校直到高中畢業）後，跟著一個俄國老太學鋼琴，一學期琴費二十塊現大洋，比上學和住校的費用高一倍。俄國老太回國了，她的女兒來接著教琴，成為王澄美的第二個鋼琴老師。中學畢業後，王澄美在一所教會小學工作。不久，入讀南京金陵女子大學，鋼琴是她的選修課程。多年中，除了教授音樂課程，她還兼任教會司琴，鋼琴從未離開過她。

杜韶宣來把去電臺教唱的事說後，崔先生夫婦覺得正合心意，三人一拍即合，十分愉快，覺得「雙十節」那天，市民可以唱著歌遊行，那就有氣勢了。從八月二十三日起，晚上七點，安東的市民家有電匣子（收音機）的，都可以聽到安東電臺播放的教唱歌曲節目——指揮崔錦章先生，鋼琴伴奏王澄美女士，演唱者基督教醫院醫院護士合唱團，歌詞講解杜韶宣先生。

原來打算教完〈三民主義歌〉，再教唱〈總理遺囑歌〉和〈國慶歌〉。可是，教唱沒幾天不歡而散了，原因是街上出現了「老毛子」。「老毛子」是當時遼東民眾對蘇軍的稱呼，蘇軍士兵常常對女性進行騷擾，合唱團的女護士晚上不敢出門。

第二章

一

八月二十七日，蘇軍第四十四坦克旅進入安東。一個營的兵力，約有兩百人，在日本大和旅館（安東火車站附近）駐紮下來，作為蘇軍駐安東警備司令部，其司令是少校營長格列牛西（Grenani）

當時，安東城邊老鴟嶺，四道溝一帶住有日軍七十九旅（獨立混編）約萬人，蘇軍採取了原地集中受降。同時，接管了百餘座工廠。然後，將這些工廠、倉庫拆卸一空，就連安東到奉天（瀋陽）的複線鐵路也被拆走了一線，全部運往蘇聯。此外，街上行人的鋼筆、手錶、皮大衣，也是劫掠的對象。（中共松江軍區副司令盧冬生在哈爾濱遭遇蘇軍搶劫並被打死）。在安東的日本人成了蘇軍眼中的獵物，因為被搶光，衣食無著，難以生存，有的服毒而死，有的跑到鎮江山後坡上吊，也有的跳了鴨綠江。蘇軍不但搶劫財物，還強暴女人，嚇的女人剃光了頭，臉上抹上鍋底灰，用布纏胸平平的，就這個樣子也不敢上街。在安東的日本女人，一夕數驚，惶惶不可終日。

日本人池田昌之在〈我的故鄉滿洲安東〉文中寫道：

我的家也突然出現蘇聯兵，搶走了手錶和鋼筆。我還目擊了日本女性被蘇聯兵強迫帶走，在悲慘叫聲的吉普車上掙扎的女性被老毛子押著。

為了保護婦女，在安東幼稚園設了為蘇聯兵所用的慰安所。在建築物的正面裝了亮燈看板。這是日本人想出的苦肉計。

在二番街（二經街）出現了一個「卡巴萊舞團」，為蘇軍提供妓院式服務。老闆是一個日本女人，安東數萬日僑中的一員，四十歲出頭，人稱「大町」。這個昔日的藝妓，招募了一群日本女性，「說服她們要為日本獻身。犧牲自己來保持更大的群體的安全與尊嚴」，地點設在「安寧飯店」。

因為秉承「不問政治」的立場，對於所有客人一視同仁，使得歌舞團所在的安寧飯店很快成為安東的避風港。不僅有蘇聯人，還有日本退伍軍官、新來的國民黨軍官、中共黨員、昔日的漢奸……他們在此或尋歡作樂、或尋找情報。

（許知遠〈歷史的曖昧角落〉）

關於日本女人「為國捐軀」的故事，安東人早有所聞：

「一九〇四年十二月，日本軍人在安東地區建設新市街，一九〇五年這條街上的飲食店，組織開設了轉為日本軍人提供性服務的妓院『醉雷亭』。雖然『醉雷亭』不是軍隊經營的，不過這明顯是對軍隊表示支持，也是後來『慰安所』的雛形。」（李濤《大和魂——日本的根性窺探》）

一天，幾個「老毛子」從卡巴萊舞團出來，又來到市場通（五經街）的一家店鋪，拿出一張粉紅色的紙幣要買高粱白酒。店主（佟來福）接過來一看是「紅大鼻子票」（紅票），上面印著「蘇聯紅軍司令部」。這種紙鈔是蘇軍在東北強制使用的貨幣（一九四五・八－一九四六・六），沒有黃金支持的毫無價值的紙片，上面還印著「為一切支付必使用」。這種赤裸裸的搶奪，在東北引發了多起命案。佟店主跟蘇軍的翻譯官說，換張「老綿羊」吧！所言「老綿羊」票是滿洲國政府發行的錢幣，因為百元背面是一群綿羊，所以習稱「老綿羊」。當時東北處於過渡時期，「綿羊票」還在流通。可是，手拿紅票的「老毛子」見店主不肯接收，便如狼似虎的一擁而上，頓時，血濺街頭，佟店主當場斃命。

淪陷了十四年的安東，才見天日，卻又是虎去狼來，兵荒馬亂，老百姓何時能過上一個太平日子啊！街上不時傳說，今天中央軍來了，明天中央軍到了，事實上誰也沒見著中央軍。

二

中秋節（九月二十日）過後，安東帽盔山下過來一支人馬，大約七、八十人，一個個破衣爛衫。聽說，是從山東那邊海上過來的，在莊河登陸，然後，到了大孤山。當行至帽盔山時，被一隊頭帶船形帽，手持轉盤式衝鋒槍的蘇軍攔住了。因為，安東是在蘇聯的軍事管制之下。經過盤問，眼前衣履不整，不配軍銜的這幫人自稱「東北人民自衛軍」，司令呂其恩，政委鄒大鵬，原來是國民黨說的「赤匪」。「東北人民自衛軍」是八路軍臨時編的番號，為了與國軍迅速搶佔東北，掩人耳目的。因為，中蘇有約（中蘇同盟條約），由蘇聯支持中華民國政府接管東北行政。也就是說，蘇軍受降日軍之後，地方政權應由國民政府接收。但是，蘇共與中共都是對著「鐮刀斧錘」宣誓的兄弟。因此，蘇軍雖說不許共軍進城，卻可以駐紮在八道溝、東坎子一帶。於是，共軍便在八道溝駐紮下來，並且，成立了安東保安司令部。

從八道溝穿過一道橋洞子，興隆街市也就在腳下了。興隆街上有一個聞名東三省的鴨江春飯店。不僅中餐拿手，西餐也是絕活。出入這樣的高級飯莊，不是當地政要，達官貴人，也是金融巨頭，土豪大亨，尋常人是難以跨進這個門檻的。不知何時，呂其恩成了鴨江春的常客，他的座上賓是蘇軍駐安東警備司令部司令格列牛西少校。

十月十日早上，呂其恩率隊來到六道口西街的金湯小學，這裡曾是安東縣衙署的舊址（一八七六－一九四四）。

在雙十節那天，居民組長來告訴大家今天是國慶，都到金湯小學院裡開慶祝會。在主席臺上講話的是一個八路軍官，後來知道他是司令員呂其恩。他在講話中說，有些人說，八路軍不是國軍。你們大家說，八路軍不是國軍是什麼軍？我們不是大鼻子，也不是小鼻子，你說不是國軍是什麼軍？有些人天天在盼中央軍來，我告訴你們中央軍不能來啦！中央軍到喜馬拉雅山去啦！毛主席和朱德總司令領導我們八路軍抗戰八年，今天，我們已經打到鴨綠江岸上來了！（「上訴書」）

呂司令的講話，讓站在人群裡的崔錦章感到震撼和困惑：原來抗戰八年的是毛和朱領導的，不是蔣介石啊！那麼，「中央軍到喜馬拉雅山去啦」，這話是什麼意思呢……（注：蔣百里在《日本人——一個外國人的研究》的一書中寫道「如此，中國抗戰的勝利已是必然。今後的事情，就是勝也罷，敗也罷，退到喜馬拉雅山也罷，就是不要和它講和。」）

崔錦章又朝操場上的八路軍看了幾眼——

我看見八路軍衣服襤褸，鞋子破爛，腳背上還結的帶子，槍桿子很舊，還倒扛著。我不禁心寒一戰，自己心中說到，哎呀！中國軍隊怎麼貧窮到這個程度?!這若不是蘇聯紅軍出兵東北，中國的抗戰勝利真是不堪設想了。不但我這樣想，街上的熟人也都這樣議論著。（「上訴書」）

最讓崔錦章惴惴不安的是，「抗戰勝利的領導者是毛澤東主席和朱德總司令，我在歌本上稱讚了蔣介石領導抗戰勝利這是錯了（〈蔣委員長讚〉）。已經賣出去的沒辦法，沒賣出的，乾脆作廢。」

散會後，崔錦章馬上去隔壁的聚文山房，告訴老闆把「歌集」原版和沒賣出去的二、三百本全部作廢處理。

後來，崔錦章看到街上出現了這樣的標語（「上訴書」）——

擁護雙十協定！擁護蔣主席！

擁護中國人民的領袖毛澤東同志！

反對國民黨一黨專政！

成立聯合政府！

要求蔣介石履行雙十諾言！

三

在蘇軍駐紮安東時，偽滿安東省省長曹承宗組織了安東省地方維持會，簡稱「維持會」，一邊維持著殘局，一邊等待國軍來接收。由此，下邊的市、縣政府也都改頭換面稱為「維持會」了。

十一月三日，在蘇軍的配合下，共軍收繳了「維持會」的武裝槍支，解散了「維持會」，建立了安東省政府。兩天後，安東市政府應運而生，呂其恩上任市長。

新政伊始，少不了開會。於是，省府民政廳召集安東市的開業醫生開會。崔錦章接到通知後，便從家出來去政府開會。走出八道溝的橋洞子，繞過基督教醫院的院牆，後面有一棟三層大樓，便是遼東省政府了。

崔錦章發現大門旁掛出了一個新牌子：安東省民主政府。比從前的牌子安東省政府多了兩個字：「民主」，感到很新奇。雖說崔先生是讀書人，但說起民主，也是陌生的，因為，活在「大滿洲帝國」，百姓只有坐穩了屁股當草民的份兒。

在會上，一個姓閻的廳長給大家講解了什麼叫民主政府。他說，民主政府就是老百姓自己選舉出來的，這樣的政府就是給老百姓做事，老百姓要它做的事，它就做；不要它做的事，它就不做。換句話說，民主政府是老百姓的僕人。接著，一位女幹部又說，我們的政府跟國民黨是不一樣的，人民是國家的主人，官吏是人民的公僕。國民黨說它的政府是民主的，但不是老百姓選的，有什麼臉說是民主的呢？那是欺騙！所以，我們要廢止國民黨一黨專政，建立民主的聯合政府。

「民主聯合政府」？崔錦章越發感到新奇。最後講話的人是後方醫院的衛生處長王渤東。當時，共軍在安東設立了「後方醫院」，地點在原來日本人的安東滿鐵醫院。王渤東一露面，崔先生覺得好面熟，但一時沒想起來。

對於民主政府，王渤東也做了一點宣講，但他著重講的是，今後在民主政府的領導下，開業醫生怎樣才能合乎政府的要求。結尾時，他提高嗓門說，大家要努力學習，跟上時代的腳步啊！會後，王渤東和來開回來的醫生嘮起嗑來，怪不得崔先生覺得面熟，原來王渤東不僅是安東人，還在丹國醫院當過護士。

崔錦章是個喜歡沉思的人，會散之後，腦海裡卻波濤起伏，說共產黨搞民主和國民黨是不一樣的，那麼，到底有什麼不一樣呢？崔錦章「很想得幾本關於共產黨的書籍看看」，但那時「毛著」還沒有擺上書店的櫃檯。聽說基督教青年會有藏書，於是，崔先生就去借來了毛澤東的《論持久戰》、《論聯合政府》、《新民主主義論》，還有朱德的《論解放區戰場》等。從此，一有空便如饑似渴地啃起這幾本書。但是，「因為過去一點政治常識都沒有，所以，看這些書有的地方未能全部理解，但從這些書裡卻得到了對共產黨的初步認識。」（「上訴書」）

四

寒風呼嘯，鴨綠江結冰了，白茫茫的一片，江灘上的蘆葦在寒風中顫抖。忽然，響起了槍聲，江面上驚飛起一群野鴨子，就像颳起一大片烏雲……

槍聲震動了蘆蕩，震動了小城，應聲倒在雪地上的是偽滿洲國安東省省長曹承宗和他的日本顧問、次長渡邊蘭治。江邊，黑壓壓的人群爆發出一陣歡呼聲。

這是十二月十日，安東省、安東市民主政府召開了公審大會，呂其恩（中共安東市委書記兼市長）代表民主政府宣布偽安東省省長、漢奸曹承宗，副省長渡邊藍治的罪行後，押送到後轆溝的江灘槍決了。

不久前（十月九日至十三日），呂司令帶著幾個隨從，不知去了多少趟省府大樓，說服曹承宗交出「大印」。同時，出示了朱德通牒敵偽受降的電文。可是，這個早年留學日本的溥儀遺臣，卻說中蘇有約，蘇聯支持民國政府接管東北行政，其它軍民無權接收。還說，我們是漢奸本身有罪，只有中央接收方可自贖。倘若把安東交給你們，我們便是雪上加霜了。於是，這個邊陲守夜人，未能維持到天亮，就被綁在馬車上遊街之後，亡命江灘了。由此，新政拉開了「反奸清算」鬥爭的序幕。

二十餘天後（一九四六年一月），崔錦章接到王渤東處長的通知，叫他去「後方醫院」搶救從沙嶺戰場轉來的傷患。這時，崔先生方知道國共兩黨已經決裂了。

沙嶺是遼西平原的一個村子，國共兩黨在這打了兩晝三夜，傷亡十分慘重。送傷患的士兵說，一排排一層層凍得硬邦邦的屍體從大膠輪馬車上抬下來，放在院子裡辨認，有些已經面目全非了。因為，天寒地凍的沒法挖坑，只能把這些凍僵的屍體摞在馬車上，拉到河邊用冰雪遮掩一下。當年，沙嶺流傳著一首民謠：沙嶺做戰場，屍骨堆成山，鮮血流成河，死的真可憐。（據載，國軍亡六百七十四人，共軍亡兩千一百五十九人）

崔錦章在後方醫院被安排在外科手術組，安東的開業醫生張守義、鐘廣庠、林肇基等人也都被召集來了。由於傷患太多，崔錦章幾乎天天都站在手術臺上，沒白沒黑的，累得他舊病復發，又吐血了。一直挨到七月，實在挺不住了，經過X光檢查，肺部有大片陰影。在王渤東的批准下，崔先生回家修養了。

在養病的日子裡，給崔錦章帶來愉悅的是咿咿呀呀的女兒，她是伴隨著春天而來的（一九四六年三月）。那時，父親埋頭於傷患的搶救，哪有閒空照顧夫人和孩子呀！恰好，王澄美「雇了一個日本保姆佐藤幫忙，她既勤快又乾淨。這個女人原是軍人家屬，（一九）四五年日本投降後，一時回不了國，又沒有生活來源，景況十分淒涼」。（〈母親的自述〉）

崔錦章除了哄哄孩子，就是看看報紙。一天，發現《人民日報》有一篇〈鴨綠江邊的安東〉（一九四六年八月十七日劉白羽），報導了反奸清算：

從民主政權建立那天起，安東省恢復了自己的生命和自由，他們立刻向屠殺他們的人進行報復。田保守是一個洋車夫，為了向吸血鬼——人力車組合的尹長秋清算，他白天記下別人談的材料晚間開會。最後在永樂舞臺組織了兩千人大鬥爭，尹長秋當場吐出了十四萬（舊幣）賠償大家的損失。

……

這是一個偉大的翻身運動，是人民的控訴，人民處決的。在安東市有日本戰犯十六個，漢奸六個，全省有八十萬人參加到這翻身運動裡邊來，收回自己失去的一切。

五

一九四六年十月二十五日，街上貼出了遼東軍區司令部、安東省民主政府的佈告——

蔣軍又一次違反停戰協定，從二十日開始，以三個師的兵力向我遼東地區進犯奪取安東市。我軍為確保有生力量，免使居民塗炭，

崔美玲百日照（1946年）：前者崔錦章之母親，立者右起崔錦章、王澄美懷抱著女兒美玲、崔樂華（崔兄明章之女兒）。

決暫時主動撤離安東。望全體軍民緊密團結，奮勇抵抗，緊緊依靠人民及農村民主根據地，安東終必回到人民手裡。（一九四六年十月三十日《人民日報》）

圍著佈告三五成群的市民，一邊看一邊議論：

中央軍要來了，八路帶著兵馬拉著糧草，躲到山溝去了。

過江了，上高麗沿（朝鮮）那邊去了。

三十六計走為上，最後，還是要回來的……

十月二十六日，街上響起了嘹亮的歌聲，崔先生推開窗戶，西風颯颯，銀杏樹的葉子黃的耀眼，他向樓下望去——

一支威武的軍隊，步伐整齊地行進在馬路上，路兩旁是手搖著彩色小旗的市民，雄壯的歌聲伴隨著唰唰唰的踏步聲，簡直是震天動地——

中華男兒血，／應當灑在邊疆上。／飛機我不睬，／大炮我不慌。／我報正義來抵抗！／槍口對好，／子彈進膛。／衝！衝出山海關，／雪我國恥在瀋陽。／中華男兒漢，／義勇本無雙。／為國流血國不亡。／凱旋作國士，／戰死為國殤。／精忠長耀史冊上，／萬丈光芒！

唱這首軍歌的是第五十二軍的將士們，這支隊伍參加過長城抗戰、台兒莊會戰、長沙會戰、中越邊境防禦，因善於長途奔襲，故號稱千里駒。幾日前，尚在幾千里之外的越南，國防部一道緊急命令，日夜兼程，挺進東北。

從這天起，五十二軍收復了安東，由此，安東就成為國統區。《華美晚報》（一九四六年十一月二十六日，〈安東巡禮／隨杜長官（杜聿明）視察記〉）有如下報導：

安東電話局，電報局，被焚一空，基督教青年會，也是僅剩軀殼；火車站，空空如也。站旁的鐵路局，連炸帶燒，不忍目睹。發電所，炸得更慘。杜長官說：「看看共黨的行為！」

安東新任市長看著敵偽留下的三十年都市建設計畫，信誓旦旦地說：「我有一個野心，就是想把安東市治理成一個標準市，希望大家共同努力」。

（《華美晚報》，〈蘇聯的安東〉）

東北保安司令官杜聿明將軍視察安東之後，東北行管主任熊式輝將軍也曾光顧，「召集大家開會開會講話，囉囉嗦嗦一大篇，主要還是糟踐共產黨，為自己吹噓一套。」

「中央軍的外觀是整齊的，衣服據說樣子是美式化的。但是少久，就現出他們腐化的原形了。搞娘們，買金子、吃吃喝喝，玩樂而已。」（「上訴書」）

自入秋以來，崔錦章的病情有些加重，所以，總是在樓上臥床養病，足不出戶，每日下樓去看幾個病人，藉以維持生活。病人多了，便介紹到別的醫院去就診。

一九四七年一月，偽滿安東省保健科長、安東市醫師會會長王有綱（「親日分子」），來到崔家「百般動員」崔錦章參加國民黨。崔說我身體有病，再說國家大事我也不懂，所以，我老老實實做個老百姓算了，什麼黨派我也不參加。王先生悻悻而去。幾天後，王有綱的一個助手，偽滿醫師會的主事（助理）曹忠山又到崔家來遊說，並且，把國民黨登記表拿到崔的面前，鋼筆也遞過去，硬是叫崔錦章填名，「我（崔）百般的婉言拒絕，他很不滿意地走了。」

兩位不速之客，差點拉崔錦章上了「賊船」。目睹此情，王澄美對先生說，你身體不好，老老實實養病吧！可別跟他們扯那些東西。

六

內戰的烽火使百姓飽受煎熬，也點燃了丹麥人歸心似箭的心情。一九四六年冬，丹國醫院邊培德（Peter Bertelsen）院長攜家眷回國了，臨行前將院長的職位交給了他的助手——主事兼

丹麥外科醫生邊培德（1897-1960），1930年來華，先於北平學習漢語，1932-1937年在岫岩基督教醫院（西山醫院）擔任院長，1938-1946年在安東基督教醫院院長，1946年冬回國。
夫人桃樂西婭・貝特爾森（DorotheaBertelson, 1898-1991），與先生在華工作十五年（1931-1946），期間生兒育女，並有一子尼爾斯生於岫岩，不幸夭折。（圖片引自美國南加州大學）

任總護士長的杜韶宣先生。自清末建院以來，歷任院長都是丹麥人，邊先生已是第五任院長，他的離去，揭開了中國人出任丹國醫院院長的一頁。

杜韶宣和丹國醫院系有一種情感的紐帶，青年時就讀於該院的護士學校，畢業後，這所護校創立者丹麥女護士艾濟民（Mette Stauns）送他入讀劈柴溝神學院。出校後又回了丹國醫院（一九四二），從護士起步、護士長、主事兼總護士長以至受命於危難之時，接任院長。令人讚賞的是杜韶宣有一股豪情和勇氣，日本投降的消息傳來，丹國醫院率先掛起了青天白日滿地紅，唱起了三民主義歌曲，這對一個被奴役了十四年「民不知有國」的邊陲，彷彿是寒凝大地的一聲春雷，令人驚醒和振奮。

當時，安東省地方維持會的會長曹承宗（偽安東省省長）聽說丹國醫院升旗之事，特邀杜韶宣面談，這一面之交成了杜韶宣的「歷史問題」。同時，國民黨安東

邊培德和夫人、孩子合影（圖片引自美國南加州大學）。

縣黨部的張鴻達（詳見文後附錄）也走進了他的生活。日本投降後，「在蘇軍進入（安東）的同時，乘坐安奉線列車的大量難民也流入了安東。結果，在安東的日本人很快膨脹到大概原來的兩倍七萬餘人。」（池田昌之〈我的故鄉滿洲〉）那時，對於日本難民的遣返，是由國民政府、共軍以及蘇軍三方合作進行的。而在安東以國民政府之代表出面的是國民黨安東縣黨部書記長張鴻達。為了體現人道主義，對於待遣回國的日本人，不僅設立了日僑難民收容所，還在丹國醫院特設了日本產婦病床。由此，張鴻達和杜韶宣有了工作上的來往，二人便熟悉了。不久，中共建立了民主政府，與國民政府分道揚鑣了，張鴻達便由公開轉入了地下。

「我政府成立後，該犯（張鴻達）即率

匪轉入地下，秘密進行活動，潛匿在丹國醫院做為臨時指揮地點，印發反動小報，撒貼反動傳單、標語，並撒過三次極其反動的『告同胞書』。」（安東，一九五三年，法判字第二二號刑事判決書）

對於轉入地下的國民黨人，共軍展開了搜捕行動。張鴻達去了朝鮮新義州，在多獅島設立電臺繼續活動。後來，輾轉瀋陽，隨國軍一道重返安東，任職國民黨安東縣書記長，繼續開展黨務活動，發展國民黨員。終於，杜韶宣被發展為「匪黨員」，並被選為安東市臨時參議會參議員。

國軍駐守安東期間，在元寶山上建立炮樓，八道溝的老百姓每家要出一個民工，往山上搬運磚頭。炮樓修起來了，七個月後，扔下炮樓，倉皇撤退了，杜韶宣「帶著所有的醫師和幾名護士逃到了瀋陽」。（「上訴書」）

七

一九四七年六月四日，國民黨撤退的五天之後，呂其恩司令在安東市中心六道口出現了，告訴大家說，我們打回來了。官史稱之謂安東第二次解放。

當時，共軍（民主聯軍）處於夏季攻勢，攻城占地的代價無非是血流成河，前線負傷的

倪樂聖（1894-）小姐，內科醫師，1927年來華，歷經協和醫科大學，安東丹國醫院、岫岩西山醫院，1950年12月18日回國（圖片：Danish Mission Society）。

軍人源源不斷。可是，又沒有相應而生的野戰醫院。於是，地方醫院就變成了共軍的後方醫院。如此，安東的丹國醫院也成了後方醫院。令人焦慮的是，杜詔宣和一些人跟著國軍走後，丹國醫院幾成空殼，就連一個醫師也沒有。無奈，只好由育嬰堂主任郭慕深（Karen Gormsen，一八八〇—一九六〇）小姐出任臨時院長，這樣一來，顧此失彼，因為，她還肩負著育嬰堂的工作。情急之下，郭慕深想到了曾在丹國醫院工作的倪樂聖（Marie Nielsen），時任岫岩西山醫院長，那裡的技術人員要比安東充裕些。於是，她向倪樂聖小姐發出邀請，讓她來接任後方醫院的院長。

清晨，岫岩城雲霧繚繞，遠遠傳來牲口的鈴鐺聲。鄉下有句話，早晨放霧露，晌午曬葫蘆。從城西下來一位女子，高鼻樑上架了一副黑邊眼鏡，捲曲的金髮，推著一輛腳踏車，那車槓是柔和的曲線，車體泛著紫色的光澤，她一身白衣，上面印有條紋。下了坡，她便一躍

左：美籍丹麥人尼爾斯・尼爾森（1875-1945），漢語名寧乃勝。1875年生於丹麥，曾在美國尼阿波利斯Minneapolis學醫。1907年受丹麥基督教會派遣來華，於岫岩縣創建基督教醫院，即西山醫院。（圖片引自美國南加州大學，下同）
右：甯乃勝與夫人合影，夫人尼爾森（ANE Kirstine），生於1873年1月3日，美國人。1902年與寧結婚，1907年隨夫來岫岩，在西山醫院任護士。

而上，接著，兩隻輪子輕快的旋轉起來，一出縣城，霧氣漸開，道邊清晰可見深紫的馬蘭花，雪白的野草莓花，馬路兩旁是青紗帳。車子像飄起來似的，彷彿一隻飛翔在綠色波濤上的白鴿。

目睹這幅景象，地裡的莊稼人都情不自禁的停下手裡的活兒，瞪大了眼睛，轉動著脖子，直到「白鴿」漸行漸遠，消失了。雖說民國三十八年了，已經不是「馬車與轎子」的時代，慈禧斥責皇帝要「穩腚」，不能以「轉輪為樂」已成為笑柄，但腳踏車依然是大戶人家奢侈和財富的象徵。何況，騎車的又是一個「洋婆」呢！

霧散天晴，日頭像一團火球似的，趴在樹蔭下的狗吐著舌頭，知了在焦躁的鳴叫，池塘裡的魚不時的蹦出水面，騎車的人已是汗流浹背了。遠處的天邊隱約響起了炮聲，夜裡就轟轟的響，不知有多少人頃刻間化為炮灰。這騎車的洋人就是西山醫院的院長五十三歲的倪樂聖。岫岩山高林密，土匪嘯聚，曾經發生前任院長丹麥人甯乃勝（Ning is victory）被綁架一百九十六天的事情（一九三三年四月十一日－十月二十五日）。一個女人騎著單車翻山穿林，是有風險的。但是，安東那邊不知有多少傷員在痛苦呻吟。蹬了十二個小時多的輪子，傍晚到安東時，倪樂聖的衣服早已濕透了，她簡單洗漱了一下，便換上白大褂，在郭慕深小姐的陪同下開始查房。由此，丹麥人為民主聯軍一九四七年在安東的歷史留下了鮮為人知的一頁。

八

當時，後方醫院的大夫主要是安東的私人醫生，崔錦章也應召而至。雖然，他還在病中。由於，從前線下來的傷病員已經擠滿了醫院，便借用了附近的女子學校。崔錦章經過一個多月的帶病工作，出現了高熱、吐血、氣短的症狀。當時的領導是上邊派來的莊科長（衛生科），他見崔錦章憔悴不堪的樣子，便叫他去做個肺部S光檢查，看過拍的片子後，莊科長便讓崔錦章回家休息了。

在安東第一次解放時期，我正想研究一下政治書籍，好好學習學習。但不久，共產黨走

在岫巖西山醫院的的丹麥人：左起愛麗絲、邊培德之夫人瑪麗亞和三個孩子，後排右一邊培德（攝於1933-1935年）

了，國民黨來了。這次共產黨又來了，我就想要好好學習一下，每天的報紙我是要看的。一九四七年冬天，安東地區正在清算鬥爭，病人稀少。我就到新華書店去買了很多毛主席、列寧和史大林的著作，每天埋頭苦讀。整個一九四八年可以說，養病、行醫、讀書是我的三大中心工作。（「上訴書」）

這一冬，崔錦章依然病體未癒，每日下樓看幾個病人，總要維持生活的。空閒下來，就捧起書來，彷佛又打開了一扇瞭望世界的窗戶。最令他愉悅的是兩位老同學的不期而至，一個是大學時的同學（盛京醫大），如今的遼東省衛生處長何景福，另一個是在奉天文會高中時的同班——安東市衛生局長趙鳳陽。這二位來安後，聽說他在興隆街開業，就找上門來了，相見之下，十分歡樂。從此，一有空閒，三個人就在一起敘舊、聊天。

這期間，除了自學而外，崔錦章還參加了官方組織的「夜校」——每晚都到醫師公會學習。業務課是由幾個醫師輪流做教員，政治課是由衛生局領導負責的。經過「自修攻讀」和「夜校」的學習，崔錦章逐漸顯露出了他的思想水準，並且，吸引了領導的眼球：出身貧農、歷史清白、眼科專家、知識份子，而且，頗有口碑。一九四九年夏天，崔錦章被選為安東市醫聯會主任，繼又被選為安東市人民代表。

九

一九五〇年初，何景福和宋維乙（遼東省立醫院院長）一起來到丹國醫院。此時，何景福已官至遼東省衛生局長，丹國醫院他還未曾來過，以前有所耳聞，身臨其境，頓時，感覺彷彿置身於一座歐式花園。「彼時何局長曾計畫把醫院接收」，將省醫院設立於此。因為，驅逐西方傳教士，接收教會的學校、醫院等等，鳩占鵲巢，已是大勢所趨。

安東基督教會，是丹麥牧師于承恩（Johannes Vyff，一八七〇—一九三二）在一九〇二年

吳立身（右一）一家人，五個孩子均出生於安東。左一夫人裴德馨Johanne Olsen（1896-1992）。其身後為女兒吳坤美Estrid Nielsen，以父輩在華的歷史寫下多部作品。

創立的。一九〇四年他請丹麥醫生安樂克（Soren Anton Ellerbek，一八七二－一九五六）來安東創建醫院，當時只是幾間平房的診所。後來，漸漸規模擴大了些，名曰：基督教丹國醫院。之後，改為基督教醫院。歷任院長都是丹麥人，醫師和護理人員有丹麥人和中國人組成。

> 這個醫院是安東最古老的一個醫院，在老百姓中聲譽相當高。每日門診上都有一、二百名老百姓前來就診，住院床位最多能容一百二十多名患者。初任院長安樂克在建院後五年就到瀋陽小河沿盛京醫大（中國醫大）做教授，後任院長。（「上訴書」）

當時，在丹國醫院的丹麥人都已回歸，只剩下了倪樂聖小姐，身兼著院長的職務，維持著最後的時光。還有一位丹麥人吳立身（Kaj Johannes Olsen）先生，他是安東劈柴溝三育中學的校長，一九四六年夏已攜家眷回丹麥了，只因為收到安東教會陳景升牧師（三育中學理事會長）的一封信——回校復課，於是，便不遠萬里，重回舊地。但是，很快就被趕出了學校，棲身於此。就是這麼兩個丹麥人和政府的兩個官人，圍繞著接收丹國醫院展開了一場談判。

倪樂聖說，丹國醫院在政府是登記在冊的（見附錄）。它是教會的財產，所有的教產屬於上帝，她不過是受上帝之托的一個管家。聖經有訓，覬覦別人的東西是有罪的。吳立身先生說，我們兩國有外交關係的（丹麥於一九五〇年一月九日承認中國），若我們走了，我們將把醫院無代價的讓渡給中國教會，因為我們是弟兄教會，我們醫院不是敵偽財產。

何景福本以為接收丹國醫院是瓜熟蒂落的事，沒想到竟然遇上了「刺蝟」。雖然面子無光，但又不可霸道，因為兩國已有外交關係，而且丹麥還是最早承認新中國的西方國家之一。

附錄　安東基督教醫院商業登記申請書

民國三十八年六月十七日（沿用中華民國計年法，即一九四九年）由安東市政府印製的商業登記申請書表格，下面是倪樂聖任安東基督教醫院院長時的填表。

商號：基督教醫院　營業地址：元寶區天后宮街十九號

姓名：倪樂聖　性別：女　年齡：五十六　籍貫：丹麥國。

學歷：一九一九年九月一日入丹麥京城醫科大學，一九二七年一月三十日畢業。

職歷：一九二九年三月三十一日，由北平來安基督教醫院醫師。

一九四一年九月一日，任岫岩基督教醫院院長。

一九四七年七月四日，任安東基督教醫院院長。

第三章

一

一九五〇年一月，崔錦章被本地的教徒選為安東市基督教會理事長。二月，又被選為遼東省人民代表。「在開會時，聽到省委張聞天（當時叫洛甫同志）的報告，使我深受感動，認識到共產黨的偉大，政策的光明，辦事大公無私的民主精神。」同在此月，基督教信義會東北總會在選舉理事的會上，崔錦章又被選為理事。在這次東北總會的理事會上，大家討論了教會面臨的若干問題——

對於今後與丹麥人的關係：如果丹麥教士想在這（安東），那麼今後我們必須和他們分清界限；如果他們想在我們教會內工作，那就必須聽我們的話；如果他們要走，我們就歡送。

對於丹麥人的機構問題：如果他們（丹麥）要把禮拜堂和醫院等無代價地讓渡給我們，我們就向政府提出，在合理合法的手續下，經政府批准，我們可以接收、接管。

對於接收醫院的準備工作，理事會認為，由於理事會中唯有崔錦章是內行（醫生），所以，責成由崔招聘醫院院長和醫生。並決定假若院長未能請到，則由崔錦章出任院長。

在這次會上，崔錦章做出了一個大膽的舉動，提議今後要和外國教會截然分開（在安東的外國教會即丹麥基督教信義會），得到了一致通過。當時，丹麥傳教士想要列席參加會議，也遭到拒絕。

以上，可謂基督教信義會東北總會理事會之二月決議的主要內容。具有歷史突破性的一點是，安東教會與丹麥教會「分道揚鑣」了。

丹麥人因為一向在中國的舊時代裡，是被抬舉的，這回受到了冷遇，很不是滋味，又有點神經過敏起來，私下問人說，崔錦章是不是八路？他是不是要攆我們走？並說，我們走後安東的醫院你們能不能辦？（「上訴書」）

丹麥人自一九〇一年到安東以來第一次受到這樣的「冷遇」，彷彿老師被學生趕出了教室。從歷史說起，東北教會的「另立爐灶」並非始於今日，根據丹麥作家吳坤美〈丹麥傳教會在東北傳教歷史簡介〉文中的記載：

丹麥傳教會和中國教會的分裂早已從一九二二年開始。那一年，東北基督教會得到自治，有了自己的大會和委員會。

一九二二年後，丹麥傳教會仍繼續付給中國牧師和教士工資。新建教堂所需要的材料也經常由丹麥傳教會所付。

但自從一九四〇年德國侵佔了丹麥本土後，丹麥教會就無法再繼續給與中國財政支援，也無法把資金送到中教會，更無法支付在中國的丹麥傳教士的工資。從那時起，中國教會不但自治，財政收入也

「中華基督教信義會東北總會理事會攝影紀念　1950年2月9日」，前排左起：陳景升（副理事長）、段大經（理事長）、閻玉潤、夏雲奇。後排右起：理事崔錦章、顧紹堂、賈恩膏（大連）、謝恩榮（旅順口）。（圖片由丹國醫院總務主任齊保廉之子齊大衛提供）

不得不完全獨立。

一個外國教會和中國教會分裂這麼早（一九二二），很可能和丹麥傳統有關。丹麥是個小國，也不屬於那種在世界上很有權力的國家。所以，這麼小的國家通常只能種苗，然後再去另一個地方繼續種。

二

東北總會「二月會議」之後，崔錦章接到趙鳳陽的電話，叫他到局裡來一趟，說何景福局長要找他談話。

安東有一條街叫三馬路，日本人走了，在這撇下了許多房子，其中，有一座臨街的二層樓，獨門小院，優雅安靜，就是現今安東衛生局的辦公樓。崔錦章推開木門，走過鋪著地板的走廊，沿著木頭樓梯上行，靠西邊的一間屋子便是局長辦公室。屋裡的窗戶，東可以眺望潺潺江水，西可以瞭望孤聳的帽盔山。

崔錦章走進屋時，何景福已經先到了。崔錦章落座後，何局長先問了一下教會開會的情況，崔一一回答，何局長饒有興致的是丹麥人坐了「冷板凳」（拒絕列席會議），事情問的很細，包括當時丹麥人的情緒。最後，繞到主題上來了——

錦章，你在這次教會理事會上提議和丹麥人「分清界限」——好，人民代表嘛，就該這樣旗幟鮮明。我和鳳陽請你來，就是希望你趁熱打鐵，協助政府，動員丹麥人把醫院交出來。

崔錦章有些為難的樣子，看了一眼趙鳳陽後，說會議剛過，而且做出了決議，要等丹麥人交出來（醫院），可讓我去動員丹麥人現在就交出醫院，有些操之過急，恐怕不易生效，反而遭到誤解，最好等一等再說。

何局長說，等什麼？你是人民代表，又是醫聯會主任委員，應當協助政府啊！

崔說，這是義不容辭的，我沒有推脫的意思。但是，我還是教會理事啊，教會剛開完會，馬上回頭去說，豈不是出爾反爾嗎？

何局長說，怎麼，你還信上帝啊⁉你還要做但以理啊⁉

崔錦章感覺這話半含譏諷，半有責難。於是，帶著氣說，但以理是被擄到外國去，至死不棄上帝信仰，被扔進了獅子洞裡。我是怎麼回事？我是本國的公民，兩者不能同日而語啊！再說，你上次和丹麥人談判要接收，因為丹麥人不同意而中止。丹麥人的理由是教會醫院不是敵偽財產，他們走了，應當把醫院讓渡給中國教會。你在談判時，不是也同意了嗎？我的意思是，過些日子，等教會覺得無力可辦時，就是機會。因為，我知道安東教會沒有多少人能辦這個醫院。其實，教會辦不辦醫院倒是無所謂，不過是理事會做出了這個決議就是了。

崔錦章滔滔不絕，情緒有些激動。何景福一時啞口無言，他看了一眼沉默不語的趙鳳陽，又瞥了一下腕上的手錶，說還有個會議，抬起屁股走了。

接著，趙鳳陽送崔錦章下樓，走到院子時，悄聲地說，老何頭（何景福）辦事就是不乾脆，要接收就接收，不然就拉倒。怎麼弄的三三兩兩的。

崔問，你看到底怎麼辦才好，用什麼方式接收呢？

趙說，老何頭也沒有理由接收人家醫院，而且，本市的醫院，即便接收也應該由市衛生局，不能由省衛生局來，總不能越了鍋臺上炕吧！

雖然，趙局長言之有理，不能越俎代庖，可是，何局長既然要接收，如果自己不去動員丹麥人，恐怕要怪罪下來……

後來我去見了丹人倪樂聖談到，你最好把醫院交給衛生局。因為你一人辦不了，總發生事故對你也不好（一九四九年秋和一九五〇年春，安東基督教丹國醫院只有丹人院長倪樂聖一人和一名限地醫師宋連增作業，經常發生醫療事故，一九五〇年春，倪樂聖被判處徒刑六個月緩期執行），中國教會誰能辦（醫院）都成問題。倪樂聖很不滿意地說，教會才開過會你就這樣！別人不能辦，你還不能辦麼？我看她滿面不樂意，反而發出責難，就說我身體不好，恐不能勝任。她說，你們就是光為自己打算，不為教會打算。我看說也無濟於事就中止了」。（「上訴書」）

注：但以理，猶太人，因巴比倫王國攻陷耶路撒冷而與同胞被擄為奴，史稱「巴比倫之囚」。後來，但以理在巴國身居高位，卻仍不棄上帝，每日面朝耶路撒冷禱告，因而受罰被投進獅子洞。上帝差遣天使封住了獅子口，但以理無恙，獲釋。

三

丹麥人回國之前，要把丹國醫院讓渡與安東教會，這本是順理成章的事。可是，新政到底將如何對待基督教，包括教會的醫院、學校、育嬰堂等，教會是否還可以辦下去，所有這些還是雲遮霧障的。雖然，上邊已經頒布了「共同綱領」，其中有「信仰自由」這一條，但畢竟是一紙空文，誰能料到將來會怎樣呢？蘇聯憲法也寫上了「人民有信仰的自由」，但不久，教堂和修道院被關閉，教會財產被劫掠，很多神職人員被逮捕，數千名東正教神職人員被處死。一座建於十七世紀的著名教堂被搗毀，五百普特重的大鐘被砸碎。共產國家同屬於一個模式，蘇聯老大哥做出了「革命樣板」，兄弟難道不尾隨其後嗎？當時，凡是瞭解這段歷史的基督徒無不憂慮。瞻前顧後，崔錦章覺得還是把醫院交給政府，方能高枕無憂。但是，丹麥人堅持讓渡安東教會，崔錦章覺得眼前擺著一塊燙手的山芋。

這時，報紙報導了參加政協會議的宗教界代表組成訪問團巡訪各地，進行宣傳「共同綱領」，安撫教會人心，搜集問題和動態的活動。基督教訪問團是吳耀宗一行，訪問東北地區也是行程之一。

崔錦章覺得這是個難得的機會，與教會商定吳耀宗來東北時，由段大經理事長、陳景生副理事長、顧紹堂理事等面見吳耀宗，「請求指示今後教會的工作方針」，包括解答一些不明白的問題。後來，吳耀宗一行未能訪問東北，打道回府了。於是，教會便派段大經和崔錦章二人進京上訪。

四月的京城，雖說早已冰雪消融，但走在大街上，依然是寒風撲面。由於吳先生太忙，接見需要安排時間。所以，兩個人在北京基督教青年會下榻恭候。終於，在約定的時間裡，崔、段二人跟著吳高梓牧師（上海基督教協進會總幹事），來到馬皮廠胡同三十號政府招待所的一間客房，拜訪了宗教界首席代表吳耀宗先生。對於來訪者提出的問題，吳先生做了具體的答覆。下面是崔錦章先生的記錄（「上訴書」），文中的「問」即崔、段二人，「答」即吳耀宗——

問：共同綱領第五條所說的「有宗教信仰的自由權」，只是原則性的條款，那麼，教會的活動範圍是否有具體規定？

答：在新中國，宗教信仰一定是自由的，那是沒有問題的。教會活動的範圍沒有明文規定，但只要是宗教信仰方面的事，政府是不會限制的。

問：教會的牧師、教士等在教會的任職人員，教友們捐錢使他們有生活費，這對他們來說這算不算剝削？

答：教會牧師、教士領薪，得於教友們的捐助、供給，這是可以的，不能算是剝削。因為教會既是合法的，那麼，他們的工作也是一種腦力勞動，所以按勞取酬是合法的。

問：教會辦神學院是可以的嗎？

答：辦神學院肯定是可以的！否則，教會的牧師、傳道士從哪裡培養？教會辦大學，還是可以的啊！但唯恐沒有經費。

問：教會過去辦了很多學校、醫院、福音堂、青年會等，今後是否還可以辦下去？

答：在舊中國，腐敗的官僚政府不注意人民的教育，中國教育權一部分操在教會手裡，這是畸形的現象。今天，中國在共產黨和毛主席的領導下，已經統一了，政治都要上軌道，按照現在政務院的規定，小學教育一定要國家來辦；大學，教會若能辦還是可以辦的，這不過是教會的經濟是否能有能力的問題了。教會辦福音堂、青年會當然都是可以的。教會辦醫院那有什麼問題？治病救人嘛！醫院是為人民服務的機構，辦醫院是在所歡迎的。

經過吳先生詳盡的指導，我們的心裡都覺得有底了。

吳先生最後囑咐我們說，今後辦事情要經常和政府取得聯繫，尤其東北是特殊的，更要隨時取得政府的指導。日後有什麼事，給我來信，我解決不了的可以請示周總理，一定能給與明確的答覆。

1947年夏，倪樂聖（圖右）從岫岩回安東接替後方醫院（東北民主聯軍）院長郭慕深。（圖引自美國南加州大學）

四

一九五〇年四月，段大經理事長和我（崔）去北京訪問了吳耀宗先生後，教會理事會就有信心來辦此院（丹國醫院），丹麥人也看明白了，他們在中國教會沒有前途，莫不如早日回國，就曾多次催促中國教會接收。教會理事會就百般動員我做院長或請他人。

（「上訴書」）

崔錦章自己不想做這個院長，一是慮於政府（何景福）要接收；二是擔心背上「帝國主義的代理人」這個「黑鍋」。所以，就去請人出山，但教會醫院的院長不但懂醫，還要是基督徒，實在難尋，彷彿大海撈針似的。所以，崔錦章想只有交給政府才會煩憂皆了。

五月，崔錦章跟隨何景福、趙鳳陽一起到瀋陽參加東北第四次衛生工作會議。會上，先是聽取了蘇聯專家波波夫的報告，其次，東北衛生部長王斌以及副部長戴正華、李希清分別做了報告。王斌的報告是，「在一定形式的政治基礎上產生一定形式的醫生」（崔記有誤，應為：〈在一定的政治經濟基礎上產生一定的醫藥衛生組織形式與思想作風〉）。後來，這個報告發表在《東北衛生》雜誌上，隨之，又編入《醫務工作者道路》小冊子，作為「衛生人員思想學習檔」和「政治教材」。當時，被讚為「打開東北衛生事業前途之門的金鑰匙」。

王斌部長在會上發出了號召，今後在各市縣著手組織私人開業醫生成立聯合醫院。這意味著私人行醫此路不通了，而是打開了另一扇門：成立聯合醫院，作為走向公醫制，納入國家體制的橋樑。

在會議休息時，崔錦章對趙局長說，今後醫院都要聯合了，王部長已經指明了方向，由聯合醫逐步走向公醫制。我是安東醫聯會主任委員應當起帶頭作用，不能再繼續開業了。

趙鳳陽說，我看你不如到基督教醫院去，把那醫院整理一下，弄好了還能起些作用。

崔說，何局長想接收但還未著手，我怎麼能去呢？況且，他還叫我動員丹麥人把醫院交出

安東基督教醫院第五班產科畢業攝影紀念，1937年10月3日。
左二郭慕深，左三倪樂聖，右一王葆真護士（圖片為王葆真之子于美則提供）。

來呢！

趙說，老何頭淨瞎扯，他有什麼理由接受人家教會醫院。現在，他也不打算接收了。你去吧！有什麼問題，我支持你，放心。

趙鳳陽說話實在，不打官腔，而且，也顯出了政策水準。何景福的底細，崔錦章也略知一二，何曾是教會的長老，在吉林海龍縣教會醫院當過院長，信主二十多年了。一九四六年投奔東北民主聯軍，離經叛道了。

趙鳳陽告訴崔錦章何局長不打算接收丹國醫院了，可是，崔錦章未曾當面聆聽，心裡總覺得不踏實。於是，他瞅著空閒時問起何局長打算何時接收丹國醫院，若省裡接收就可以免去我的「麻煩」。因為，教會叫我去請院長，若請不來，就得我來代理。何局長說，我們不接收了，你們如果能辦可也好。我們（省立醫院）還在鴨江春飯店了。至此，崔錦章壓在心上的一塊石頭落地了。

五

六月二十五日，韓戰爆發。

朝鮮新義州的熊熊火光映紅了一江之水。

對岸的戰爭，使安東一夜之間變成了國防前線。家家的玻璃窗上貼上了「米」字形的紙條，空襲警報聲攪得人心慌慌。一到夜晚，全城一片漆黑，只有江對岸的火光映照著江水。

在安東的丹麥人接到政府通知，恐戰火蔓延危及安全，要求從速離開中國。因此，丹麥人一再催促安東教會把丹國醫院接過去。雖然，何局長不接收了，但是，崔錦章依然裹足不前。在心裡頭還是希望何局長能把醫院接收過去，這樣，就可以免得教會把責任壓在他的身上。若何局長實在是不接收了，市衛生局能接收的話，問題也就解決了。於是，他把心裡的想法說給趙局長聽。趙說，局裡不接收，你若去能把醫院弄好了，我們可以當作與市立醫院同等看待。話說到此，崔錦章依然是愁眉不展。最後，趙局長說，我看你還是去吧！你身體有病，在那可以上午看看眼科，下午辦辦公，做院長能自由些，有空養養病，這不是挺好麼？在公家幹的話，你的體格那樣子，光開會也把你坐死了。老同學掏心窩的話，也未能說服崔錦章，他想：上邊都不接收了，只有去「請人」了。

七月，政府開始動員開業醫生組織聯合醫院。這時，崔錦章找到普生醫院的鍾廣庠大夫，以前鍾大夫是新民縣教會醫院的院長，還是教會的長老，所以，能請到這樣的人那是皆大歡喜了，恰好鍾先生答應了去丹國醫院當院長。可是，一個月後鍾先生變卦了。

八月，丹麥人向安東教會提出馬上交接醫院，否則要出賣東西。倪樂聖問崔錦章，你們到底能不能接辦？崔說辦不了，沒有人，你們若賣，乾脆賣了吧！省、市都不接收了，那可怎麼辦？

八月二十二日，趙局長來到崔家，過問醫院的情況。崔錦章說院長沒有請成，然後，提出實在不行的話，就把這個醫院「處理」了，也就是賣掉。趙鳳陽說，聽說市工會想買這個醫院，等我給你問問吧！其實，局長的心裡還是希望教會接辦下去。

這時，樓下傳來咚咚的腳步聲，上來一個梳分頭的年輕人，他叫王維周，一照面就拱手作揖：哎呀！局座、錦章二位師兄，小弟在此請安了。其實，王維周和趙、崔素昧平生，但都是出自一個校門——盛京醫大，也算是一個母校的同學。王是一九四八年畢業生，起初留校任助教，不久，學校動員去黑龍江。王考慮「氣候不好，生活不好，怕患惡性瘧疾病，就不願意去，於是，向院長提出不去。」（王維周筆錄，一九五六年十一月十四日）恰巧，家裡來電報

丹麥作家吳坤美女士與陳景升（中）、段大經牧師合影，於1981年丹東（安東）。

說母親病重。於是，他便回了安東。時逢丹國醫院招聘，自從杜韶宣「帶人」跑了，始終沒有請到足夠的醫師，只有倪樂聖一人為主角維持該院的壽命。所以，在這種一蹶不振的情形下，有來自盛京醫大的王維周應聘，自然是如獲至寶了。

王維周說，我看丹麥人要賣東西了，不能讓他們賣了，我們趕緊把醫院接過來吧！接著，便口若懸河，「大說大講一套，滿懷信心，說足有能力把醫院辦好」。

「趙局長一見這小子青年力壯，精明能幹，雖然有些吹噓，但也是個好傢伙，就對我說你有幫手了，這回可以去辦吧！」

這時，教會的牧師段大經、陳景升和顧韶堂（理事）都來了，大家對崔錦章不肯出山頗有責難之詞。

「但我總以為事情不妥，所以仍主張或交出或出賣。後經段大經理事長，陳景升副理事長和顧韶堂理事等百般勸說，我終於答應了暫去任院長」。（「上訴書」）

六

雖說，崔錦章應允暫去當院長，心裡卻有一種如履薄冰的膽怯。次日一早，他來到衛生局對趙鳳陽說：「趙局長，依我看，你應該請示一下書記和市長，如果領導都同意了，我再去。不然的話，我冒然去了，一旦有人指著說，這醫院是『帝國主義』留下來的，說我是『帝國主義的代理人』，那不把我坑了嗎？」（引自「上訴書」）

幾天後，趙局長告訴崔錦章，你去吧！市委書記呂其恩和市長陳北辰都同意了，馬上給你發個營業執照。

一九五〇年九月五日，按照政府所公布的房產讓渡手續（見《東北日報》一九五〇年四月）擬好了讓讀書，丹麥教會方面由郭慕深負責，中國教會方面由段大經負責，在衛生局代表趙毅（科員）同志的參加下舉行了交接儀式。當時，趙毅代表局裡講了話，大意是，衛生局支持安東教會接收丹麥教會轉讓的基督教醫院。相信在中國教會和新院長崔錦章先生的領導下，

照片上的文字：孫聞二位姊妹蒞安查經紀念，1950年9月7日。（圖中窗戶貼的「防空」字條）。
提供照片的崔美玲女士（崔錦章之女兒）說明如下：「那是父親被逮捕前我們全家最後一次合影，儘管合影是另有紀念意義的，但冥冥之中竟成了永遠的回憶，背景即是興隆街的小診所（美明診所）。前排左起：母親（王澄美）和弟弟（崔世光），聞、孫姊妹（她們二人因為傳道都進了監獄。孫姊妹死在獄中，聞於文革後出來的），中間的是我。劉師娘和劉牧師（當今影視演員呂麗萍的外祖母和外祖父），父親（崔錦章），齊大爺（父親當院長時，他是總務主任，後因歷史問題被捕）。後排左起：周成偉（父親的徒弟，後來成為市立醫院眼科主任），劉牧師的二女兒和三女兒（現為廈門大學藝術學院聲樂教授，已退休），我的二堂姐崔麗華（隨父入丹國醫院，後嫁給了張殿忠）。」
注：崔美玲所言齊大爺即齊保廉，張殿忠係當時工會駐院代表。

這醫院是會辦好的，衛生局一定要按照市立醫院來同等看待。會後，崔錦章將讓渡書呈交安東市政府審批。接著，政府頒發了以崔錦章為經理人的營業許可證。隨即，安東教會組織選舉了醫院董事會（見附錄）。

崔院長上任伊始，兜頭潑來一盆冷水——院牆上貼出了一張佈告，大意是，崔錦章是老闆、資方代表，不屬於工人階級。所以，為了純潔工人隊伍，開除崔錦章的工會會籍。落款是：安東市醫務工會派駐代表張殿忠。

崔先生感到荒唐，醫院本屬於教會所有的，是「教產」，要說「代表」也輪不上我，那是中國基督教信義會東北總會理事長段大經。一夜之間，自己變成「老闆」、「資方代表」了，這不是把人往「火坑」裡推嗎？如此下去，恐怕還要鬧工潮吧！

崔錦章感覺一個人走在漆黑的曠野，茫然四顧，不見一線光明，不知哪裡會突然竄出一條黑影，耳邊響起一聲怪叫……

附錄　安東基督教醫院董事會

一九五〇年九月，中國基督教信義會東北總會接收安東丹國醫院之後，組織選舉了安東基督教醫院董事會，其成員如下表：

七

丹國醫院讓渡於安東教會，倪樂聖終於卸下了院長的擔子。由此，結束了近半個世紀丹麥人在中國經營教會醫院的時代。

姓名	性別	年齡	籍貫	職業	宗教信仰
段大經	男	四十三	山東蓬萊	牧師	基督教
陳景升	男	五十六	遼中縣	牧師	基督教
顧紹堂	男	五十八	鳳城縣	牧師	基督教
閆玉琳	男	四十三	河北	牧師	基督教
崔錦章	男	三十七	安東	醫師	基督教

倪樂聖打算回家了，兄長生病了，從丹麥拍來幾封電報催促她回去。倪樂聖戴上花鏡，一封簡短的家書，看了又看。

一九二七年，她來到中國，在安東丹國醫院做內科醫師。太平洋戰爭爆發後，美英傳教士遭到日本的關押、遣返。這時，美國駐瀋陽領事下令美僑撤回。所以，在岫岩西山醫院的院長寧乃勝應召攜家眷回美國了。因此，倪樂聖便從安東來岫岩接替寧乃勝，成為西山醫院的第五任院長。後來，又返回安東，接任共軍的後方醫院院長。

倪樂聖手裡拿著家書，站起身來，望著院子裡的幾棵遮天蔽日的梧桐樹，從濃密的綠蔭裡發出不絕於耳的「知知」的鳴叫，彷彿一群孩子在嬉戲、吵鬧……

身在異鄉生活了二十餘年，一下子離開了，心裡有著千絲萬縷而難以割捨的情結。眼下，她的心情有些壓抑的是，報紙的一篇文章〈基督教醫院大夫倪樂聖　不該有意的拿我生命當兒戲〉（遼東省委機關報《遼東大眾》，一九五〇年九月二十七日）。此文是一個患者的投訴，署名呂憲斌（安東市公安初級小學教員）。當時，呂患有肺浸潤（浸潤型肺結核）住院治療，因護士張為鹽催交住院費而結怨。文章千餘字，主要內容是說由於倪樂聖服務態度「非常蠻橫」，「窩囊的病又加重了」。所以，提出「望有關機關據實查究，給予處理。」在此文的下端並列同院患者杜玉樓來信、杜耀東來信，異口同聲的證實——

「倪大夫對呂憲斌同志（小學教師）蓄意不善。」

「自以為人不知鬼不曉殺人不見血的手段，是掩蓋不住群眾的耳目的。」

「呂憲斌入院時體格很壯，溜溜達達不像有病的人。」

「眼巴巴一個很壯的小夥子被糟蹋的死不了活不成。」……

安東地方小，人們習慣用「低頭不見，抬頭見」來形容。倪樂聖也算是個市民熟知的洋大夫，春天被法院判了緩刑，秋天又被報紙點名，就好像一個臉上刺了字的囚犯，人們用一種異樣的眼光打量她。她本來要打起背包，踏上回鄉之途，沒想到卻被政府挽留下來。因為，韓戰爆發，大量傷病員的湧入，教會醫院相當於志願軍的「後方醫院」。由於，崔錦章院長「一時請不到足夠的醫師，經衛生局批准暫留倪樂聖做外科和產婦科醫師，直到請到人代替的時候，再叫她回國，她也同意這樣做。」（「上訴書」）

這年，倪樂聖小姐已經五十六歲了，到安東那年三十三歲，一直過著獨身生活。如今，她還不能解甲歸田，要和中國院長崔先生合作一段時期，或者用中國人的話說，還要繼續接受改造（緩刑）。

崔錦章雖然上任院長了，但是，沒有搬進醫院去，只是上午去那裡轉轉，下午回家照看小診所。一個月後，趙局長發火了：「你擔任那麼大的醫院，同時還自己開業，不行！要乾脆把小診所收拾了，搬上去住。否則，出了事故你要吃不了兜著走。」

……

第四章

一

我終於勉強膽怯地在十月十五日收拾了自己的小診所，搬到基督教醫院去了。我老婆王澄美自始就不同意我去那醫院，她說，你身體不好，擔任不了。而又沒有好大夫，你累死也辦不好。那麼大的醫院，又加上政府幾次要接收的地方，你去了要遭到誤會。當我要搬去的時候，我老婆說「你自己去吧，我和孩子在這裡。」但後來她看我跑來跑去飲食不得按時，日漸瘦弱，也就勉強地搬去了。（「上訴書」）

十月十九日，平壤陷落。江對岸一片火海，衣衫襤褸，淒淒慘慘的朝鮮難民像潮水一樣，從江橋上朝安東洶湧而來……

安東市政府發出了疏散人口的緊急動員令，企業「工人跟機器走，家屬跟工人走」；居民「有親投親，有友投友，自找門路，無親可投的隨廠轉移」。於是，街上出現了扶老攜幼，神色悽惶，投奔他鄉的逃難人群。戰爭，打亂了一個城市的生活秩序，工廠搬走了，老百姓疏散了，街市蕭條、冷落，整個城市顯得空蕩蕩的。地方的公立醫院以及醫藥公司也都搬山裡去了，崔錦章也著急把教會醫院搬到鄉下去，「但因經費關係無力疏散」，只好固守本土了。

遵照支援前線的指示，崔錦章組織了赴朝醫療隊。此時的教會醫院除維持市民的日常醫療之外，還要擔負志願軍傷患的救護，同時，接收的患者還有朝鮮難民、蘇軍飛行員、美軍俘虜。每當從朝鮮轉來傷患之時，崔錦章都要帶著醫護人員趕到鴨綠江橋頭去接收，一天到晚疲憊不堪，「那時我真想把醫院交給政府」，「但省、市都已疏散，無人過問。何局長已疏散到海龍縣，趙局長雖仍留安東，但他說，你們挖個大型防空洞，就維持著吧！你們的房子都在山上，比較起來安全的多」。（「上訴書」，下同）

耳旁的空襲警報不時響起，攪得人心惶惶。一到空襲，有時空中會升起信號彈。據說，這是特務在給敵機引路，或者提供轟炸目標。巡邏的民兵發現在教會醫院的後山上，有人向天空打信號彈。戰爭的氣氛刺激著人們緊張的神經，敵情觀念倍增。公安人員進教會醫院搜查就像醫生查房一樣，一個病人也不漏掉，因為擔心有特務混入。夜間病人有時被玻璃窗擊碎的聲音驚醒。總務主任齊保廉根據拋物線的方向推斷，打碎玻璃的石子來自醫院的後牆外。早上，他便去查看情況。走出醫院的後門，一抬頭，發現高公館（遼東省省長高陽）的門口架起了一挺機槍。一位站崗的士兵過來橫槍擋住了他，齊保廉說明了夜裡被襲的情況，士兵說，你別管誰

崔錦章先生和夫人王滄美及女兒美玲、兒子世光（右）。

扔的石頭，那是為了首長的安全，你們洩露燈光了。從今天開始，你們要關閉後門，不許從這走。齊說，這麼多年，病人屍體都是這麼運出去的。士兵喊起來：特務跑出來怎麼辦啊?!……

由於，醫藥公司疏散鄉下了，醫院常用的止咳藥沒有了，無處可購。於是，崔錦章讓藥劑師找來日本藥典（尚無中華藥典），用麻黃梗配製了止咳水藥。

對岸戰火的餘燼刮過江面，飄落在安東的大街小巷。在空襲警報不時響起的氛圍中，教會醫院的人「過著提心吊膽的生活」，救護遭受傷害的患者。「那時安東市醫療設備完整的，只有我們一個醫院了。」

二

「兩個月後，美帝敗退了，安東局勢好轉，省市各機關開始遷回，我們醫院在職的醫師家屬都搬到院內住，還有一部分正在修理房子準備搬入。這時，省（府）辦公室和省公安廳都先後派人來叫我們（醫院）給倒出一座樓來。家屬們因剛搬進去，所以，就不同意再搬出去。這件事可能惹起省方的不滿。」（「上訴書」，下同）

最終，「倒房」這件事未使官方如願，因為，「一方面因住房的王維周和劉育民等人怎的也不倒房子，一方面教會理事長段大經、陳景升都說要有手續，但借房的人又反對給手續。我問衛生局趙局長應當怎辦，趙局長說『政府不能強佔房子，空的可借用，已經用著的，也不能勉強倒出。』……雖然如此，我是當事人，事情沒辦到，責任必然歸我。對我可能另有看法。」

煩惱的事情往往接踵而至，耶誕節又出現了不愉快——

「我們醫院裡有四分之三的人是原來的人員，其中有三分之二是基督教信徒。我們每晨有一刻鐘晨更禮拜，每禮拜日晚有一次查經祈禱會。」

一九四八年，該院總護士長王立家先生曾撰文回憶（〈安東市的丹國基督教醫院〉）——

教會醫院具有濃厚的宗教氣氛，每天都要做禮拜，門診病房均有傳教先生講道，丹麥傳教士也去，讀經、唱詩，帶領病人禱告，宣傳基督福音：願上帝賜福與你，使你病患早日痊癒。有的病人躺在床上接受牧師受洗禮。病故後，又禱告、唱詩，唱「在地我是客旅，在天是我家」的聖歌，榮歸天家。

每年十二月二十五日耶誕節，男女護士發揮能工巧匠之長，把病房點綴一新，頗有聖誕風采。晚間開茶會，演小節目。聖誕日晨，男女院護士互致佳音，主要是唱聖誕歌。

自從丹麥人建起這所醫院的半個世紀以來，基督徒的信仰生活風雨無阻，從未間斷。

基督教醫院護士學校第二年級全體歡送倪院長回國攝影，1950.11.23」（圖片係DMS）

然而，就在大家忙碌於歡度聖誕之時，崔錦章接到了上邊的一道禁令，衛生局的一位科員（趙毅）說，按照東北衛生部的指示，今後不准你們做禮拜，不准過耶誕節，更不准你們向病人講道，取消一切宗教迷信活動。

一個沒有燭光的聖誕之夜，梧桐樹在寒風中搖曳。報載，朝鮮半島出現了四十年來最冷的冬天，氣溫達到零下四十度。崔錦章打開倪樂聖小姐從天津港的來信（十二月十八日離安），信上說，在大陸的最後一個耶誕節要在海上漂泊了……

三

倪樂聖回丹麥了，教會醫院沒有了外科和婦科的醫師，由此，這兩科的醫療就壓在了崔錦章的肩上。由於，韓戰變成了一場「抗美援朝運動」，包括訂立愛國公約，開展捐獻飛機大炮運動等，當領導的要事事躬親，所以，崔錦章「每日累的筋疲力盡」。

一九五一年一月，市工會為了宣傳抗美援朝，要組織一場春節匯演。為了響應這一號召，衛生局要求教會醫院準備節目。對於醫院而言，這項任務自然是工會份內的事，具體來說，由該院工會文教委員宋連增負責。當時，院裡還有一位市工會派駐的代表張殿忠，既然是上邊派來的，當然是領導了。張殿忠選定劇本後，宋連增便開始組織演員，導演是王維周（醫務主任）。這是一出獨幕劇，叫做《全世界人民心一條》（《抗美援朝獨幕劇選》天津市文藝界保衛世界和平反對美帝侵略委員會編輯），劇情表現一個天主教的神父，叫金神父，是一個暗藏的特務，他有兩支手槍和「一疊文件」，在被警長帶走時「外面傳來《全世界人民心一條》（招司詞，瞿希賢曲）的歌聲」：

勝利的旗幟嘩啦啦的飄，／千萬人民的呼聲地動山搖，／史達林，毛澤東，像太陽在天空照！／紅旗在前面飄，／全世界走向路一條，／爭取人民民主，／爭取持久和平，／全世界人民心一條……

崔錦章整日忙於醫療，無暇顧及演戲的事情。但是「排演了一個多禮拜之後，院內的基督徒有多人來向我（崔）說，院長，怎麼演這樣的劇？劇內說我再也不信上帝了，又有去撕毀耶穌像的表演。宗教信仰是自由的了，不信的人怎樣說，怎樣演都是毫無問題的，但我們是基督徒，是教會的團體，怎好說這樣的話，做這樣的表演呢……」（「上訴書」）

一天，護士張亞拿、張為鹽姐弟倆一起來到崔的辦公室，說，院長，我們太為難了，說什麼「我再也不禱告什麼上帝」（臺詞），還要在臺上去撕耶穌像，我們從小就是基督徒，演這樣的戲，我們良心下不去。隨後，他們的母親王桂梅也來到院裡，對崔錦章說，院長，孩子還小的時候，他爸就不在了，我就把這兩個孩子交給了主耶穌。我是憑著信心，依靠上帝把孩子撫養大的，我可不能叫孩子去侮辱天父啊！說完，流下了眼淚。

教會醫院多數人是基督徒，可以說是一個宗教團體，別說讓這些人去演這樣的戲，即便是當觀眾他們的屁股也坐不住，因為，在有信仰人的眼裡，這是在褻瀆神靈，難以容忍。崔錦章拿來劇本看了一遍，果然。存在張亞拿說的「問題」。在一個禮拜日的晚上，大家作完祈禱會之後，有人又提出「演劇」的問題。

當時我（崔）說，這劇本是抗美援朝，劇名是《全世界人民心一條》，劇的內容是抓特務——這個特務是天主教的神甫。我們若在這個劇上打圈子，是容易發生誤會的，在不瞭解情況的人聽來，很可能給我們扣上反對抗美援朝，或是和全世界人民不一條心，或是咱們教會內有特務，所以不敢演這劇，等等。所以，最好是不加追問，任憑演出就是了。但大家很不以為然的說，院長是安東市教會的理事長，怎能對這事不加考慮呢？

（「上訴書」）

看來，事情有些棘手，且難以平息。於是，崔錦章提出去請示衛生局領導，但排演還要繼續。

（注：封面上的紅體字——此劇本即基督教醫院職工準備出演，後被該院長崔錦章（已被捕）

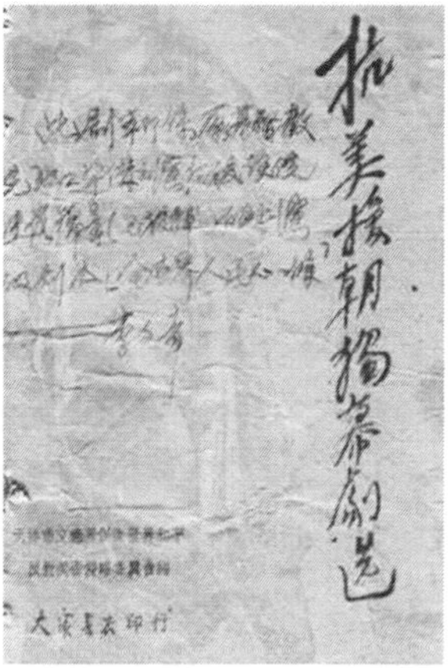

丹國醫院排練的獨幕話劇《全世界人民心一條》即選自《抗美援朝獨幕劇選》（1950年12月，天津市文藝界保衛世界和平反對美帝侵略委員會編輯，大眾書店發行）。

阻止演出的劇本《全世界人民心一條》——李文章。李係安東檢察署檢察官，崔錦章案件的承辦人，後提升為檢察長。）

四

第二天，崔錦章帶著劇本來到衛生局，向趙局長彙報了排戲發生的問題。趙鳳陽聽完，瀏覽了一下劇本，然後，說那麼多的劇本，何必一條道跑到黑呢？你們是宗教團體，政府照顧你們的信仰，可以換演別的劇嘛！崔說，趙局長，你的意見是很坦率的，但我還要提出心裡的一些想法。趙局長笑著說，你儘管說吧！

崔說：

> 自從朝鮮戰爭緊急以來，派出所對我們醫院是很注意的。工會代表張殿忠也和我為難，把我開除工會，又說我「非法延長護士工作時間」。

原來護士是「二班制（日工作時間十二小時）」，我改為「三八制（二十四小時分早、中、夜三班八小時一班）」。後來，護士說「三八制」睡覺時間太短，所以，我又改了回來。

再說王維周，在「疏散」的時候，他拉著劉育民要求加薪百分之五十，否則就棄職而去，這不趁人之危嗎？最近，王維周又向醫院借錢給他爹做買賣，我沒同意，他就預支工薪，在他的賬上都有赤字，我沒少說他。在院裡他亂搞女護士，我也批評過他。所以，他對我的勁兒挺大。我擔心若稍微不慎，讓他鑽了空子，可就不得了。所以，換劇本的事並非那麼簡單啊！趙局長說，既然這樣，我告訴你一個辦法，走群眾路線，你回去可以開個座談會，把大家都召集在一起，不管是信徒還是非信徒，包括王維周、張殿忠，大家討論，如果都認為應當演，那麼你們就演；如果在會上通過了不演，要換劇本，那你們就換一下，你看這辦法不是挺好嗎？

我回去就遵照指示開了座談會，在會上發言的第一個人就是王維周，他說你們誰不演這個劇，誰就是思想不好，我就和誰過不去，在考書的時候，我就給你們畫個大零蛋子。（醫務主任負責業務考試）

第二個發言的是張殿忠，他說這個劇是經過黨委批准的，誰不演也不行。大家聽了他倆的發言後，半天沒有聲響。後來助產士周玉華發言說，我是一個基督徒，我倒不熱心演劇的事，不過我覺得為演劇發生爭端似乎犯不上，有人不願意演，也不必強迫。

（「上訴書」）

會上，張亞拿姐弟倆表示，不願意演這個劇，良心上過不去。有的非教徒提出不要強迫有信仰的人去演這樣的戲。最後，很多人提出修改臺詞，或者改換劇本。討論從下午一點直到四點。而四點是上班的時間，所以，崔院長宣布會議結束，但張殿忠還在喋喋不休。

會後，崔錦章找張殿忠談話，告訴他有基督信仰的人，在良心上不願意對上帝有一點的不恭敬，這是一種習慣，並沒有別的意思。最後，張殿忠說可以換戲，「不過，為排演所花的錢需要醫院報銷。」崔錦章馬上答應下來，風波平息了。後來，張殿忠改換的獨幕劇叫《幗英參軍》，表現的是一個女護士參加志願軍的故事。

五

二月七日，正月初二，從教會醫院傳出一個驚人的消息：

「教會醫院出事啦！」

「治死了一個女紅軍。」

這位女紅軍，名柳玉，三十幾歲，中國煤建器材遼東省公司經理任西的夫人，是參加長征的幹部。病志記載，一九五一年二月二日，柳玉住進了教會醫院，該患於一九五〇年冬開始出現精神失常狀況。入院五天後，七日晚八點，經護士注射鎮靜藥後，再也沒有甦醒過來，經治大夫是內科醫師王維周。

治死了女「紅軍」，一石激起千層浪，省、市公安機關、衛生局、省立醫院以及安東市檢察署，幾路人馬雲集教會醫院，組成工作組調查「柳玉之死」。

醫院出了這麼大的事，一時間人心惶惶。可是，唯獨沒有見到崔院長的身影。最焦灼不安的是躺在產床上的王澄美。崔先生出門時，夫人臨產在即，還帶著兩個孩子，五歲的女兒（崔美玲）和三歲的兒子（崔世光）。崔先生過年不在家，往外跑什麼呢？原來，初一（二月六日）早上，崔的同學谷耀祖來串門，他在瀋陽基督教青年會做幹事。聽崔先生說過醫院沒有婦產科大夫，谷說同學劉淑芳是產科大夫，從北京教會醫院回瀋陽結婚，你趕緊去請吧！當晚，崔錦章坐上了去瀋陽的火車。自從當上院長，憂心如焚的事就是請不到大夫。所以，聽人家這麼一說，恨不得一下子飛過去。結果，還是沒有請成。他又想起建立圖書室的事，於是，就去東北醫學圖書出版社買書，但也是關門放年假。這樣，他就到齊保廉家住下了（齊家在瀋陽），等著買書。

正月初四，崔錦章買到了書。次日，匆匆返回。一進家門，聽到嬰兒的啼哭聲，妻子生了一個女孩（崔美傑）。

妻子問我為什麼不早回來，醫院沒有婦產科大夫，她在產時險些發生生命之憂。同時又告訴我，你出去了幾天，醫院裡發生了事情，王維周治死了人，他還改換了病志和處方。

我還沒有吃飯，醫院中的幾個負責人都來向我報告這事的經過。我經過詳細的瞭解，事情果然如妻所言。同時，我也收集到了王維周改換的處方箋和原處方箋，並對護士值班記錄上的一些材料作了詳細的研究，看看醫療事故的程度。我發現他的確是用了過多的催眠劑。

（「上訴書」）

對於「柳玉之死」的情況，崔錦章有了較為清晰的瞭解。但上邊派來的工作組的結論如何，他一無所知，因為工作組沒和他談，也不便去問。為了進一步瞭解情況，崔錦章找王維周談話。王維周說，我沒有主動向院長報告情況，這是我的不對，但這件事在治療上問題不大。崔錦章以為王維周會據實說來，包括改換處方以及和工作組談的情況，沒想到卻是若無其事的樣子。崔說，你年輕，出校不久，缺乏經驗，可以理解。但事情已經發生了，紙裡包不住火。希望你詳細的講一下，你知道我不在家，前前後後的都不知道。若我們有責任，應當及早向政府報告經過。王維周說，讓趙局長在上邊說說話嘛！崔說，怎麼說，人命關天的事，你又不是不懂。王維周見院長不肯「護犢子」（犢子即小牛，方言喻袒護），就「火上心來」，不但百般不承認自己的錯誤，反倒自吹自擂起來：「我的技術高過市立醫院的韓院長（韓蓬台）和矯大夫（矯幼新），不信就叫他們來，一起考考看看！我這樣治，就是沒有錯。」崔錦章見王維周有些死纏亂打，談不下去了。後來，崔錦章曾幾次動員王維周還是據實報告，但都得到了拒絕。」

幾日後，衛生局召集了市內的公私名醫二十多人開技術鑒定會，討論該病案（柳玉）的治療上是否有問題。會上大家一致認為治療上是有過失的。王維周看見了會上的情況，當場就給了我扣上一頂帽子說，院長檢舉我，但自己信基督教而反對馬列主義，他怎麼不說？

會議主持人趙局長見王維周藉題發揮，扣起帽子來了，便說，「我們今天的會議是專題討論醫療技術問題，關於政治問題，待再次討論。」

（「上訴書」）

六

在技術鑒定會上，王維周給崔錦章「扣帽子」，這只是一齣戲的開台鑼鼓，接下來就鬧騰起來了。他每天上班不看病人，鼓動大家罷工，但沒人回應。因為，大家似乎明白他的心思，想要崔院長下臺，他來「重整山河」，實現他的院長夢。這是他的初心，剛到這個醫院之時，「在崔錦章推拖上任院長的時候，王維周便趁機到外國人（丹麥）那兒要求讓他當院長，結果外國人沒答應。」（一九五六年，高檢四字第八九一號，〈王澄美不服安東市人民法院對崔錦章以反革命判刑的來信〉）罷工不成，他又煽動病人退院，對來院看病的人說，醫院「淨用假藥」，快「黃」了，一時鬧的院裡亂紛紛的。

丹國醫院正門（圖片源自美國南加州大學）

崔錦章對王維周的行為感到坐臥不安，就想勸阻他，但是，「多次找他談話都遭到拒絕」。看來，王維周是興不由己，不肯偃旗息鼓了。但作為一院之長實在擔心王維周鬧出什麼亂子來。想來想去，只有讓他「一走了之」吧！這樣，醫院也就井然有序了。於是，崔錦章召集了院務會議，提議開除王維周的院籍（解雇），大家經過討論，通過了決定。二月二十七日，貼出了佈告（王維周檔案）——

敬啟者

本院醫務主任兼內科主任王維舟醫師，一貫對工作疏懈，且經常在員工中間捏造謊言，挑撥離間，影響大家工作情緒，屢教不改。於一九五〇年十二月初，有蘇聯同志來院就診病，曾以非禮對待，致使本院遭到極不良的反映。對此國際友人施行非禮有失國體，且侮辱人民醫務工作者的態度。近來有曾參加兩萬五千里長征的老幹部柳玉來本院治精神病，於住院六日後死去。在政府人員來瞭解情況時，對政府人員進行欺瞞，並私自改換處方箋。在院方瞭解查出後，對其進行教育並不知改過，反而強辯諱過。本院對此人之態度表示失望，決意將之開除院籍，除通知其本人外，特此奉告，乞查是荷。

此致

敬禮

院長　崔錦章
醫師　宋連增
藥局主任　楊作棟

總務主任　齊保廉
會計主任　劉天成
護士長　周玉芳
學生代表　張為鹽
工人代表　高洪岐

一九五一年二月二十三日

佈告貼出去後，崔錦章接到了安東市法院的電話約談。於是，他來到法院，接待他的是一位中年男子——刑事審判廳的庭長姜濤。姜說，今天找你來，就是告訴你不准解雇王維周。崔感到蹊蹺，便問何故，姜說，王維周把你告了。崔問，告我什麼呢？姜說，你別著急，現在還不能跟你說，到時候你就明白了。崔錦章感到一頭霧水，未曾想，竟然有法官出來給王維周撐腰。

幾天後，省市、衛生局和市總工會聯合組織了「瞭解團」，進駐教會醫院瞭解情況。具體成員有省衛生局的馬驥、郭穎，市衛生局洪日龍（醫政科長）等。至於瞭解哪些情況，院長是蒙在鼓裡的。七天之後，洪日龍對崔錦章說，我們要走了。崔問你們瞭解的怎樣，對我和醫院都提出了哪些問題。洪說，「沒啥，不過對醫院的技術方面提了些意見。」（「上訴書」）洪日龍似乎有些閃爍其詞，讓人難以猜出葫蘆裡裝的什麼藥。

七

五十年代初期，土改、鎮反、抗美援朝，一波未平一波又起。在「抗美援朝」運動中還夾著「基督教革新運動」，也叫「三自愛國運動」。總之，整個國家的政治運動緊鑼密鼓般的進行著。崔錦章作為安東基督教會的頭頭，又是省、市人民代表，在運動中當然是爭先恐後的。為了緊跟「潮流」，他找出了建國一個月後（一九四九年十一月五日）撰寫的一篇長文，萬言有餘，名曰〈喚起現時代下的中國教會的統一運動〉。顧名思義，提出「喚起」「中國教會統一運動」，與兩年後政府所宣導「基督教革新」，統一於黨的領導，是不謀而合的。正因如此，崔先生將此文加以修改並寄往上海基督教協進會準備印發小冊子，為「基督教革新運動」而推波助瀾。

全文分為八個題目來闡述（「卷宗」）——

一、兩千年來基督教會的成果

二、二百年以來中國教會的情況

1、大國佈道會來路之不光明
2、千枝萬派、分崩離析的現象
3、二百年之久仍依靠外援，未能自立自養
三、新社會下基督教會的地位
1、教會被看為即將消失的唯心論者
2、教會被看為封建迷信的團體
3、教會被看為與帝國主義有溝通的嫌疑機關
四、風雨中的今日教會
五、現下中國教會應當立即做好統一運動
1、統一名稱
2、統一信仰綱領
3、統一組織
4、統一宣教內容
5、迅速脫離外援，完全自立自養自給自足
六、教會要本基督教的真理建立起來相愛互助，共營生活的集體生活制度
七、教會的創新是迎接基督再來的預備

八、有望於中華基督教協進會

著者　基督徒　崔錦章　安東市美明醫院長　安東醫聯會主任委員
校閱者　基督徒　谷耀主　瀋陽基督教青年會幹事
基督徒　王澄美　安東市美明醫院

……

在基督教運動中，政務院頒布了社會團體登記暫行辦法，要求教會填寫宗教團體登記申請書，將教徒略歷名冊以及工作人員詳歷表一併報送市政府，請求審核。此外，作為接受外國津貼的宗教團體要向政府登記，雖然，安東教會早已被丹麥人「斷奶」了，但還是要登記——

醫藥衛生類　基督教醫院
事業性質　基督教會舉辦的社會衛生事業
地址　元寶區天后宮街十九號
電話　三〇五三
成立經過　一九〇六年由丹麥醫學博士安樂克創立
一九五〇年由中華基督信義會東北總會接管經營

房間數　二二五間

總面積　七九四六平方米

工作計畫和目前工作情況　面向工農兵預防為主治療為輔進行工作

主持人　崔錦章　性別男　職別院長　籍貫安東縣

政治主張　**擁護毛主席擁護共產黨擁護且遵行共同綱領**

工作人員情況（略）

附設機關　護士學校　本校於一九二五年成立　並在中華護士會登記

備考　本院於一九〇六年丹麥基督教路德會醫學博士安樂克創立，直至一九五〇年九月五日皆由丹麥基督教會主持，自一九五〇年九月丹麥人因無力經營遂將醫院全部財產讓渡給中華基督教信義會東北總會，由該會接管經營。自抗戰前由丹麥教會供給。另，在八一五之後，在國民黨侵佔時期，曾由經濟總署和紅十字會領得一部分藥品物資，直到一九五〇年九月五日接管期間在無外資援助。

填報年月　一九五一年三月十日

八

崔錦章剛要入睡，值班護士來到崔家報告：崔院長，李鳳英出事啦！崔錦章急忙來到病房，李鳳英一見院長，頓時驚叫起來：槍——！電臺——！接著，就哭起來……

崔錦章感覺莫名其妙，但他明白這是受了什麼刺激，產生的「應激反應」，也就是精神失常了。值班護士說，檢察長找李鳳英談話回來，一個人上樓時，突然昏倒了，醒來後又哭又笑又叫，扶到病房後，經過值班醫生王維周的診察，用了藥還是狂躁不安。

自從「柳玉」事件之後，李鳳英一直是抑鬱不安。原因是柳玉死亡那夜，她是內科值班護士之一，自然也是知情人（護士劉寶雲等）。工作組進院後，王維周為了讓知情者幫助「遮掩」，便私下請客拉攏，但「漏」了李鳳英，因而對她也就產生懷疑，尤其是「懷疑她（李）把真情告訴了我（崔錦章），所以，他就屢次把李鳳英叫去威脅她。」（「上訴書」）科主任的「威脅」和工作組的「正顏厲色」，使李鳳英有一種受夾板氣的鬱悶，所以，整日愁眉不展。雪上加霜的是，又被檢察官好一頓的審訊。

安東檢察署副檢察長曹西貴帶著秘書（郝家柱）來院裡「瞭解情況」，和崔錦章打了招呼，但瞭解什麼「情況」，是秘而不宣的。

李鳳英的父母早年從安東過江謀生，她是在朝鮮新義州出生的（一九二九）。回國後，入讀丹國醫院附屬護校，畢業後留在院裡做內科護士（一九四九年三月）。一個涉世尚淺的女孩，被檢察官指定坐在屋子中間的一把椅子上，檢察長坐在她的對面，兩眼死死地盯著她，就像她是個什麼罪犯。時而低聲，時而咆哮，車軲轆話來回的轉悠：「槍支、電臺、密碼」藏在哪裡……

原來，檢察長突審李鳳英是因為王維周的檢舉，說崔錦章就是《全世界人民心一條》的特務神甫，暗藏著槍支、電臺、密碼等，而李鳳英是知情人。

李鳳英的病情需要安靜，因此，崔錦章給她安排在一個單間，指定專人護理，囑咐護士只憑他的處方投藥，別人開的藥不要吃。並且，吃飯要由廚房單做，不許吃任何人送來的東西。然後，告訴護士長（周玉芳）馬上寫個紙條貼在門上——禁止探視，非經院長批准不得攜帶食品。

次日早上，崔錦章到病房查看李鳳英的病情。這時，王維周也來查房，並且，要給李鳳英下處方，被崔錦章制止了——

王大夫，這樣吧！李鳳英的病最好是由一人負責治療，或是你或是我，否則，若發生什麼事故，恐怕責任不清。我在這時的確是害怕王維周在我給李鳳英治病的同時，給她什麼毒藥吃，或者偽裝送給她什麼好吃的，而暗藏毒藥，進而毒害了她，以至把責任推到我身上。所以，我事先加他的小心。（「上訴書」）

晚上，曹西貴在秘書的陪同下，又來到院裡。而且，還帶著市立醫院院長韓蓬台，在王維周的引領下，直奔李鳳英的病房。同時，把崔錦章叫到場。韓院長先是檢查李鳳英的病情，然後，查看病志，又詢問了值班護士有關情況，最終，韓院長認為患者李鳳英是精神失常，崔院長安排其單間病房，設專人護理，專人治療都是沒有問題的。

曹西貴興師動眾而來，是王維周向他控告崔錦章「私立監房」，把李鳳英監禁起來了。事後，崔錦章才知道，李鳳英的精神失常是因為曹西貴審訊時，居然掏出了手槍⋯⋯

九

陽春三月，對北方來說依然是春暖乍寒，一種直透肌骨的冰冷。幾棵梧桐樹光禿禿的，彷彿還在嚴冬的掩埋中。

崔錦章來到局裡向趙鳳陽彙報了檢察署調查「私立監房」的事情。然後兩個人進行了一場對話——

崔說，鳳陽，請你把醫院接管了吧！叫我做眼科大夫行了。

趙說，你還著急啦！你和王維周怎麼搞的？他恨你這麼厲害，恨不能用鍘刀鍘了你才好，他告你那些事，幾年還說不定呢！

崔說，他恨我是當然的，就是因為我沒包庇他（柳玉事件），他告我些什麼？

趙局長遲疑半天說，他告你反革命！這小子寫了四十多篇，你看這下子厲害不厲害？現在各處都在轟轟烈烈地鎮壓反革命，誰檢舉告發都行。

崔說，他告我反革命有什麼根據呢？也得有事實啊！

趙說，有什麼根據？若有根據不早把你逮捕啦！

崔說，那可也怪，既然沒有根據，你怎麼還說幾年都不一定呢？你知道，我的歷史是清白的，什麼反動的黨團、特務組織都沒參加。我每天除了治病救人再沒有別的事，我所到的地方除了禮拜堂以外，那都不去，我能有什麼事可以算反革命呢？那天技術鑒定會，王維周向大家說我「反對馬列主義」，你也聽著了，也看著了，他是怎樣一種用心，怎樣一種態度……不是很明顯的事嗎？他無論告我什麼，也不過是虛構揑造，這是誣告！今天的政府是擺事實講道理的，也不能聽他這一套啊！

趙局長看崔錦章有些急了，就說在舊社會你告我，我告你，狗扯羊皮的事三年二年還完不了，新社會那有那種事！不過，事情趕著「抖摟」吧，弄到哪算到哪，遇見這樣人了，那可怎麼好？（「上訴書」）

……

崔錦章感覺趙鳳陽說話不如以前那麼乾脆了，有些含糊其辭，轉彎抹角的，似乎有話隱藏著。看來，在王維周「明槍暗箭」的攻勢之下，他有些孤立了。於是，他懇切地說道——

趙局長，我到教會醫院去是你動員的吧！你說有事你支持我，現在醫院被王維周攪得這個樣，我扔不了放不下，你怎不給我想辦法呢？我能有多少精力和王維周糾纏呢？這麼大的醫院，他在哪兒捅點禍嫁在我身上，我都抗不了。我現在想，求你把醫院接過去行不行？

趙局長略有所思，然後說，你去和陳市長（陳北辰）談談吧！根據王維周告你的材料，市委書記張烈要逮捕你，但陳市長對你印象不錯，沒同意。

（「上訴書」）

十

崔錦章從衛生局出來，便去政府見陳市長，但是撲了一個空。次日一早，又來到政府大樓，這回堵著了，但秘書「擋駕」，說市長尚未起床，早上還要去開會，沒空接待來訪者。

這一天是一九五一年三月二十三日，星期五。

晚上九時許，衛生局召開了一個會議，中共安東市委書記張烈在會上做了一個報告，大意是目前文教衛生工作存在的問題。報告後，大家相繼發言。會議要結束時，張烈說，教會醫院的同志，你們怎麼不發言啊？當時，外科醫師王樹人和護士張恕（王維周妻）在座。聽到書記的發問，王樹人就發言了，然後，張恕接著講，兩個人講的都是崔院長的「問題」，顯然是在「告狀」。教會的段大經也應邀在座，他覺得有些話「言過其實」，所以，舉手示意發言，書記朝他點了點頭，段大經站起身來說——

崔錦章是我們醫院的院長，醫院是教會的，院長是我們請來的。醫院有事情我要負責任，崔院長若有問題，我們不能包庇他。但若沒有問題，誣告也是不行的。據我知道，崔院長並不是像方才這二位說的那樣。

張烈接著說，是啊！段先生說的對，這兩個年輕人意氣用事，會後和他們談談，散會吧！隨後，張烈對段大經說，你回去告訴崔院長，明天在家等著，我去和他談談。

（「申訴書」）

二十四日早晨，崔錦章又去市政府，唯恐見不到陳市長，連夜寫了一封近乎「自傳」的長信，從兒時隨家人洗禮一直到大學畢業，從開診所到當院長，特別是目前的困境。最後，希望政府把醫院接收過去。未出所料，還是沒見到陳市長。於是，崔錦章就把那封信交給了值班人。一直未能見到陳市長，心中不免有些悵惘。但段大經捎話說市委書記要和他談話，心裡又有了幾分安慰。可是，在家等了一上午，也沒有動靜。下午，在給學生上課時，門外遞進來一封信，拆開一看，是陳北辰市長和副市長段永傑的手箋——

崔錦章先生：

你的信已經見了。關於你的問題，現已派人去，一定能得到公正的解決。希你忠實改進業務，以待人民所期。此致

敬禮

陳北辰

段永傑

一九五一年三月二十四日

（「上訴書」）

第五章

一

我看了市長的信後，心中頓時又喜又懼，喜的是市長說「一定能得到公正的解決」；懼的是市長叫我「忠實改進業務，以待人民所期」，這是什麼意思……

這時，曹西貴推門而入。他說，你不是著急解決你和王維周的問題嗎？今天我們來了，一會兒開會問題就解決了。說話間，趙局長來了，對崔說，你馬上去召集院裡的人集中開會。崔錦章轉身要走，被曹叫住，你別去了，老趙去吧！然後，轉過身來對趙說，你常來和他（崔）一起「吃喝」吧！趙局長點點頭，似乎有些難為情的樣子。崔錦章卻是直截了當的——

檢察長，這也是王維周告我的吧！我早就聽說了，王維周告我拉攏領導，趙局長包庇我。這些望風捕影的話，我希望檢察長這回都搞清楚。趙局長是我的同學，過去我在興隆街開美明診所時，他常到我那去，有時我留他吃點便飯，因為是年青時的同學，彼此好像兄弟，沒什麼說的。我搬到這裡後，他也來過幾次。但自從王維周把醫院鬧的烏煙瘴氣，趙局長也不來了。我們的關係是清清白白的，我也沒有拉攏他，他也沒有包庇我，老實說，我也沒什麼事需要人包庇的。

……

晚飯時分，崔太太來叫先生回家吃飯，崔先生回家喝了一杯溫好的牛奶，怕耽誤開會，就趕緊下樓了。這時，天空飄起了牛毛細雨，像霧一樣彌漫著。崔錦章發現院子裡停了一輛吉普車，一位員警迎面而來，叫他上吉普車。趙鳳陽疾步趕來，說先別上車，檢察長叫你回家。於是，在幾個員警的跟隨下，崔錦章上樓了。進屋後，曹西貴一本正經地說——

王維周的問題啊，我們是要處理的。但據我們瞭解，你也有違法事實，你也要受到處分。我（崔）說，我有什麼違法的事實，檢察長可以告訴我吧！曹說，到檢察署去，再告訴你。說完，他就走了。

一位公安同志說，你把手舉起來，我就舉起手來，他就搜身，我的身上只有一支鋼筆和一冊筆記本。隨後，他叫我領著到各屋，他詳細的搜查了箱櫃廚桌，把我的畢業文憑和照片都包起來了。還把我在開業六年中所積攢的和老婆娘家原來給她的共計十九個元寶和二十六個錙子，還有我給教會保存的一個金寶和三個錙子都帶走了。我老婆當時不知哪去了，孩子直哭。後來她回來了，我對她說，你的一點積蓄都被帶走了，我告訴你，免得你不知哪去了。我老婆一看這種情況，就有些發急，我就對她說，澄美，你不要擔心，在家好好看孩子，我們沒有事，沒有什麼可怕的。

當時，我的三個孩子，最小的才四十三天，二的四歲，他直哭，大的六歲，我拉著她的手。當公安翻箱子時，她說你翻什麼，那裡沒有什麼。當時我一言不發。因我心想反正我沒有什麼可怕人的東西，你都看到了才好呢！可是，我心中倒是很佩服這小孩，才是六歲的小女孩，竟坦白地提出抗議來。我緊握著孩子的手，心想，這回我要離你一些日子了，親愛的孩子……

公安同志說，走吧！我的大孩子說，我們不去麼！就哭了，我對她說玲兒，你去睡覺吧！又對我老婆說，你領她去睡覺吧！隨即，公安把我老婆和孩子都關在一個屋裡，把其他的屋子都加上封條，把我帶到一個屋裡，掏出繩子來加綁。我說，同志還用綁嗎？你叫我跑，我也不能跑啊！但還是被綁上了……

（「上訴書」）

雨淅淅瀝瀝的下著，樹上傳來夜鴉的嗚叫，悲涼的啼聲和著風雨一起彌漫開來……

二

冷雨綿綿，寒風陣陣，令人一種透骨奇寒的感覺。

崔錦章被推上了吉普車，坐在司機身旁的曹西貴回頭瞥了一眼。車燈閃耀著混濁的光，駛出了基督教醫院，向城東奔馳。當路過東坎子附近的一個院子時（安東市防空指揮部），曹西貴下車進院了，一會又回到了車上。吉普車拐了一個彎，停在一堵大牆下，隨著車笛的鳴叫，一陣沉悶的鐵器摩擦聲，拉開了一道沉重的鐵門，院裡有昏暗的燈光，這是安東監獄，也叫東坎子監獄。一九二七年所建，曾為奉天第七監獄，一九四七年六月成為安東勞改隊。

吉普車進院後，崔錦章被帶到一間屋子，曹西貴衝著他吼起來——

這完全是為了拯救你，我們對你是爭取改造，這是思想問題。我給你說明白，你的生活還不成問題，在你改造好了之後，在蓬蓬勃勃的新中國的建設中，你崔錦章就不會不起作用的。哼！可能起個小的作用吧！傅作義怎麼樣？那有多厲害呀！列為戰犯，但當他回轉以後，人民還把他放在中央政府裡，給他重要的職位。你比他還厲害嗎?!這裡的生活和你家可就有天壤之別了，你可要守規矩啊！（「上訴書」）

隨後，曹對身邊旁邊的人說把他帶去。於是，崔錦章被帶到鐵門旁的一間屋子，又被搜了一遍身。然後，「送到一個黑黑的小屋裡，又陰又冷又不透氣。」這小屋位於監獄西北角，狹窄、陰暗，沒有窗戶，叫做「小號」，也稱禁閉室，這是對重犯的一種「特殊待遇」。偏僻、背靜，聽不到人的聲息。牆上結了一層寒霜，空氣中彌漫著一股潮濕、黴爛的氣味。腐朽的地板上捲著一床被褥，抓一把濕漉漉的，幾乎能擰出水來。慘澹的燈光下，崔錦章好像一個石頭人似的。一會兒，他慢慢地躺下來，兩眼望著天棚，這一切就像一場噩夢似的，耳朵裡響著曹西貴的吼聲……

自上任院長那天起，從清理備品、藥物；編制人員、建章立制、招聘人員到搶救傷患，挖防空洞，等等，既是院長，又是臨床大夫，不僅看眼科，還為產婦分娩。被捕前一天夜裡還被叫醒，坐馬車去一個難產的女人家裡。不僅忙的疲於奔命，還有抵擋明槍暗箭，早已身心交瘁了。他僵臥在冰冷的地鋪上，曹西貴的訓話使他如墜五里霧中，眼皮沉甸甸的像掛了一層鉛，朦朧之間睡著了。醒來之時，發現褥子已凍結在地板上。

早上，一個獄警遞過來幾張紙，對他說，檢察長要你老實「交代」。接著，進行監規教育：一天只許上三次廁所；除了晚上八個小時睡眠，其餘十六個鐘點都要像僧人那樣盤腿打坐，不許晃動，不許閉目，更不許躺下。如有違規，就要受罰。雖然，那時沒有電棍，但折磨人的花樣也是層出不窮的。

白天，囚室如冰窖般的寒冷，崔錦章圍著被子，面壁而坐。晚上，坐的地鋪上的冰化成了水。深夜，地鋪上的水又結成了冰，外面偶爾傳來幾聲野貓的嘶叫，令人一種陰森恐懼之感。本來沉痾在身，入獄後舊病復發了，高燒、咳血，骨瘦如柴，他心裡害怕，有一天沒熬過去，不清不白地死了……

三

崔錦章被抓走了，教會醫院發生了翻天覆地的變化。

次日早上，趙鳳陽出面召集了醫院人員的緊急會議，教會醫院的小禮堂裡人頭攢攢。曹西貴代表檢察署宣布了對反革命分子崔錦章的逮捕令，彷彿晴天一個霹靂，炸得大家瞠目結舌。接著，趙鳳陽走上台，喊了一句：「下面請市委書記張烈同志講話。」（訪談楊成禮先生，二〇〇七年二月十八日）

一個戴鴨舌帽的人走上台，用眼睛掃視了一下，然後，鄭重地說，從今天開始，基督教醫院回到了人民的手中，成為了安東人民的醫院，基督教醫院已經退出了歷史的舞臺，帝國主義利用精神鴉片毒害人民的時代一去不復返啦！

台下響起了掌聲，但並非如「暴風雨般」的，而是有些稀落。因為，面對這種閃電般的巨變，很多人是恍然如夢的感覺。張烈繼續說道，我們共產黨人流血犧牲，消滅了蔣匪八百萬，趕跑了帝國主義，打下了江山，你們說，勝利的果實應該歸誰啊？當然，是人民啦！而你崔錦章有何資格來坐享其成啊⁉……

人群中發出唏噓之聲，張烈目光炯炯地掃視了一圈，我聽說，我們把反革命分子崔錦章抓起來，有些人擦眼抹淚的，還有的說三道四，替反革命叫屈。我要問問，你的立場站到哪裡去了？難道政府抓錯人了嗎？……

台下靜悄悄的，彷彿掉下一根針都能聽見。接著，張烈又宣布了兩件事：一是從今開始，由衛生局長趙鳳陽兼任醫院的院長；二是市委派出了以邢繼先（曾任安東造紙廠長）為組長的三人工作組進駐醫院。然後，張烈在隨員的陪同下走出了會場。

這時，工作組長邢繼先走上台，他向大家介紹了工作組的兩位女士後，便滔滔不絕的講起來。首先，號召大家要和反革命分子崔錦章劃清界限；其次，動員檢舉、揭發反革命，因為，還有潛藏很深的反革命。他說，大家知道，安東地區國民黨的頭頭張鴻達吧！在光復前，他就在安東組織了「建國挺進團」。九三勝利後，他又成立了安東縣黨部，搜羅殘渣餘孽，發展國民黨員。特別要提醒大家的是，在我黨成立了民主政府之後，他就隱蔽在這個醫院，在座的有沒有跟著灑傳單、貼標語的，還有什麼「告同胞書」。俗話說，上賊船容易，下賊船難啊！有問題的人，放聰明點，趕緊的找工作組交代問題。

教會醫院彷彿鬧了一場地震，人人驚恐不安。散會後，檢察長曹西貴又帶著隨從來了。一方面調查崔錦章的反革命活動，另一方面深挖隱藏的反革命。曹西貴派人找來了護士張亞拿、張為鹽姐弟倆，分別進行審問。當初排練《全世界人民心一條》時，姐弟倆由於良心不忍，要求退出劇組。在曹西貴的眼裡，這是「罷演」，後臺就是崔錦章，姐弟倆只是前臺打小旗的。一夜之間，崔錦章由人變成了鬼，先前與之親和的，為了劃清界限，都疏遠了。但是，也有不肯落井下石，敢向市長說「不」的——

當崔（錦章）被捕後，檢察長就把我們家當成崔的一幫人，就叫我寫控告崔的犯罪事。我也不知說什麼，找別人幫著寫，自己也寫，每晚都寫到半夜一、二個小時。我弟弟（張為鹽）還被管制（拘禁）一個禮拜，行動要報告，晚上不讓回家。」

崔（錦章）被捕時，我院有很多工人向陳市長提過意見，表示這些事（演劇）不是崔做的。我首先向陳市長提的，但陳市長說我年齡小知事少。

安東丹國醫院總護士長王立家（左一），護士張為鹽（右一，張亞拿之弟），1981年赴青島探望王澄美女士。

（〈訊問證人（張亞拿）筆錄〉，一九五六年十月十三日，卷宗）

四

崔錦章入獄後，遲遲不見提審，心裡十分焦灼。一方面苦於被誣陷入獄，另一方面，希望「這不過是暫時的煙霧不清，政府是根據事實講真理的，不會在沒有事實的根據，就把誣告當作事實的」，「半月二十天」之後，就會走出高牆。他把獄警送來的紙張鋪在膝上，那橫格紙的下端印著一行字：安東市人民政府檢察署，瞬間，眼前閃現出曹西貴那狐疑的目光……

在給陳市長的信中，從念書、教書、上大學、開診所，沒有半點「歷史問題」。可是，古語說，人非聖賢，孰能無過，沒有罪行，總有過錯吧！那就閉門思過吧！於是，崔錦章的腦子轉悠起來，開始「清理」自己的過錯——

一九四六年夏天，我在後方醫院工作，王渤東處長叫我和他一起去岫岩組建醫院，我沒有去，這是我對不起人民的地方。

何處長（何景福）曾多次動員我參加（省衛生廳）工作，我竟然沒去……這是我對不起人民的地方。

幫助（政府）動員倪樂聖把醫院交給政府，當時我因為自己是教徒立場，只對倪樂聖說過了，並未十分動員，反被他們包圍，非叫我做院長不可。

大家（教會理事）勸說我，應當消除顧慮，犧牲自己的小診所，成就教會的事業，因為基督教醫院，雖然不是傳道的地方，但是行道的地方，要繼續用以體現我們基督教信仰的精神。

我不顧人民代表的立場，去盲目地維持一個基督教醫院……結果，讓我弄得亂七八糟，這是我應當應負責任的。

（摘自「卷宗」）

崔錦章搜索枯腸，唾面自乾，生怕漏掉了什麼，又寫道：

我的生活太優越了，和一般人民生活相比是太高了，這也是我對不起人民的地方。

最後，他想到了一個「將功補過」的機會（「上訴書」）：

我希望政府寬大我，給我為人民服務的機會，放我回去，協助政府動員教會把醫院變成人民的醫院，至於我個人聽候政府的指示。

教會理事會定於三月三十日召開理事會，事先須有醞釀的時間，讓我快些回去，並請政府幫助我，使我這一願望能變成現實。最好是能通知何局長、趙局長在一起談談。同時，院裡的內部人員也要說服動員一番。我希望政府能快些叫我回去辦理才好。

以上有何不正確之處，請指示。

崔錦章三月二十七日

寫完這份材料，崔錦章立即送給了獄警，說有急事，請求儘快轉交檢察長。崔錦章心情焦慮，徹夜未眠。次日，等了一上午也沒動靜。下午，他鼓起勇氣喊起來：報告政府——！獄警走過來問，什麼事？崔答，報告政府，請求通知檢察署，我要求提審。獄警說，我看你是皮子緊了該鬆鬆了（上刑之意）。

傍晚，曹西貴終於來了，這是入獄後的第一次審訊。曹為何姍姍來遲呢？這是審訊的經驗：一個人突然從天上掉進了地獄，肯定是痛不欲生，恨不能插翅飛出去。就是拖下去，讓他度日如年，以至精神崩潰，這樣，再去提審，他就沒有了心理防線，如數招供。

崔錦章以為曹西貴放他回去——動員教會交出醫院。曹西貴冷笑了一聲，板著面孔說道（「上訴書」）——

醫院的事你就別操心了，趕緊地把自己的事情，由淺入深，由遠到近，都交代出來。事情是怎樣，就是怎樣，白的說是黑的不行，黑的說成白的也不行。人民的眼睛是雪亮的，你不說，政府也是知道的。坦白的就從寬，抗拒的就從嚴。

我（崔）說，我的事情就是那些，我已經寫了。若政府知道還有什麼，可以指出來，我再沒什麼可寫的了。檢察長說，你不要頑固，也不要封閉，政府給你指出來？我說你殺了我們的一個人，你殺啦?!你痛快老老實實把問題交代清楚，然後，我再找你談！

曹西貴起身要走，他眨了眨眼睛說，崔錦章你還有件東西沒交代。崔問什麼東西？曹對著崔伸出食指和拇指形成手槍的樣子。崔錦章感到莫名其妙：「我對任何武器都外行，根本就不會用槍，我也沒有學過用槍。」

（卷宗，一九五一年三月二十八日）

五

曹西貴從東坎子監獄出來，穿過八道溝橋洞子之時，從教會醫院後山坡下那座森嚴的院裡（遼東省政府），緩緩駛出幾輛汽車，車上押著五花大綁，脖子上掛著牌子的反革命。在押赴刑場執行槍決之前，要遊街示眾。院牆上塗著白色的大字標語；

堅決鎮壓反革命！

檢舉匪特，人人有責！

教會醫院門上先前的「為主濟人」的橫匾已經不翼而飛了，院裡迎面是一排帶有老虎窗的二層小樓，在房子左頭西拐形成直角有兩間房子，這個長方形的庭院就是門診。牆上貼出了一條白底黑字的標語：「大家一條心，鎮壓反革命！」

醫院已經老屋易主了，但人吃五穀雜糧，總要生病的。所以，依然是車來人往，絡繹不絕。有坐抬筐來的鄉下人，有蓬頭垢面，腰間繫草繩的乞丐，也有身穿綢緞坐黃包車或者馬車來的達官富商。

一輛吉普車直接開進了院子，曹西貴和秘書郝家柱從車裡下來，兩個人一前一後穿過弧形的門洞來到裡院，對面是一棟二層小樓，庭前有幾棵法國梧桐樹。從右手拾階而上，走到盡頭又是一棟二層小樓，崔錦章一家住在樓上的左側，右側曾是丹麥人倪樂聖小姐的宿舍，早已人去樓空了。這房前是個大花園，夏日裡繡球花叢，蝶飛蜂舞，丹麥人在地裡還栽種了草莓。

曹、郝二人從側門進入，上樓來到了崔家。王澄美和三個孩子擠在一個屋子裡，她正在收拾東西，因為，工作組已經發話讓她搬出教會醫院。

曹西貴進來後，王澄美依然在忙乎。曹說，崔太太，有件事和你商量一下。王澄美抬頭看

丹國醫院門診前院，圖中可見進入裡院的拱形門洞及梧桐樹尖端，旗後高樓是拆除原樓後所建。（作者攝於2013年2月）

了曹一眼，沒有停下手裡的活計。曹又說，有件東西你把它交出來，免得我們動手。王澄美依然沉默著，曹說，看來，你是不想配合了，那我們就搜查了。王澄美說，你們不是已經翻了個底兒朝上嗎？曹「哼哼」了兩聲，說，那你就配合一下，直說吧！你家裡有沒有這麼個東西？曹西貴邊說邊用兩隻手比劃著：明白了吧！王澄美搖頭。曹西貴有些沉不住氣了，你這個女人哪！我告訴你吧！崔錦章在裡邊都講了，你還在這扛著。

崔錦章那是叫你們折磨精神失常胡說八道了，我精神還好，我不能胡謅。（訪談王澄美女士的

記錄）

曹西貴有些急了，衝著秘書喊道，把他帶上來！郝秘書應聲轉身下樓，一會兒帶上來一位中年男子，他是崔院長的廚師隋傳中。曹西貴對廚師說，你來和崔太太說說。隋廚師轉過臉來說，崔太太，你和崔先生的事情，我都講了，你就認了吧！王澄美說，隋傳中，你也是主內弟兄（信徒），你也知道不得作假證害人吧！我不明白你的話，你就直說吧！廚師有些如坐針氈，他看了一眼曹西貴，又衝崔太太用手比劃了幾下，崔太太一臉的茫然。最後，廚師說：哎呀——電臺！言罷，一個人跑下樓了。

這時，曹西貴顯得有些尷尬，便對秘書說那就動手吧！於是，他倆來到貼封條的屋子，撕下封條走進去，又開始翻騰起來。不知怎麼，秘書的屁股一撅「啪嗒！」一聲，手槍掉在了地板上，似乎沒聽見，也不拾起來，繼續搜查。王澄美指著地板上的槍問道，那是你們的什麼？秘書「嗯」了一聲，拾起了手槍，冷笑了一下。王澄美說，「我告訴你們，如果你們在屋子裡翻到了槍，那就是你們的陷害。」

六

四月十七日，曹西貴對崔錦章進行第二次審訊。

開頭，曹又問起崔錦章的個人經歷。其實，這點歷史早已瞭若指掌，只不過在聲東擊西，繞了一圈之後，切入了正題：你有個東西沒交代。崔問什麼東西？曹西貴又伸出兩隻手比劃起來，崔錦章沒有猜出這道「謎」。他不懂這是在玩審訊策略，叫「引而不發」。突然，曹西貴冒出一句——

「你把發報機藏哪去啦？」

「什麼發報機？」

「就是你藏的那個！」

「發報機什麼樣，我從來也沒見過，哪來的發報機呢？我看你比劃的樣子，是不是電匣子呀！（收音機）我家有一個偽滿標三型的電匣子（崔注：R.C.A），再沒有別的無線電器材。」

「你給我老實講，你的電匣子是什麼樣的，多高多寬多長，是方的還是圓的？」

「偽滿標三型都是立著的長方形。」

「不，還有呢!?」

「要是還有，可就奇怪了。」

「你老婆說有。」

「檢察長，最好把我帶回去一趟吧！我讓她找來看看。」

「我告訴你，要是找出來，可以殺頭。」

「檢察長，你抓我就是為這個電匣子啊!?」

「你自己心裡知道。」

「我不知道王維周告我些什麼，可能你相信了吧!?不然你不會問我電匣子的事。」

丹麥教士郭幕深小姐回丹麥的前夕，出賣她的傢俬：一張小方桌、一架大掛鐘和偽滿標三型的電匣子，一起作價賣給了崔錦章。別的好說，就是這電匣子成了手裡的「刺蝟」。因為，在那個年代，公安局規定不准偷聽敵臺。換句話說，就是不准收聽短波。要是被發現，是要蹲監獄的。家有電匣子的，要到公安派出所登記。崔錦章本想賣掉，但其時人口疏散之際（韓戰），人心惶惶，無暇顧及。所以，崔錦章也沒拿回家，還放在郭幕深的廚師（史錄慶）那裡。這個東西就好像定時炸彈，廚師也害怕，便叫女兒（史德珍）還給崔錦章。一天夜裡，女兒就把電匣子從牆頭上遞給了崔家廚師隋傳中。接過來後，隋廚師也是心存畏懼，便悄悄地拿到樓上，藏在牆角的一個小洞裡了。在抓走崔錦章的晚上，隋廚師想起電匣子，十分恐慌，偷偷地拿出來砸碎，埋在元寶山後坡了。後來，在員警的審訊下，隋廚師和盤託出了。於是，員警挖出了電匣子的「碎屍」，經過一番「驗屍」，疑竇叢生。因此，提出了「崔犯需要繼續弄清的問題」——

該犯被捕後，崔妻將美製電匣暗地破壞，與其伙夫隋傳中同埋於後山。後找其傭人隋伙夫談話，隋即將情況暴露，領著我們將其破壞的電匣零件從山坡扒出。經檢查可疑的地方：

一、崔錦章與其妻均不承認有電匣子。

二、經檢查被破壞的電匣零件中，有一個八號至廿號粗細的銅絲線繞的，確係是個發射線球在內。此線球如有其它零件相配合，是能向天空發射電波的，也就是說不僅能發報，而且能發話，這個問題至今尚為弄清。

三、崔錦章在偽滿時、曾到青島、徐州、濟南等地數月，情況不詳。

四、丹國人郭慕深臨走時，交其電匣子一個，但不知電匣性能，崔犯不供。

——引自「卷宗」

七

五月十二日，第三次審訊。

這次和曹西貴同來審訊的還有公安局的一個副局長，姓高（高正華）——

曹發問：我問你，罷演《全世界人民心一條》是不是你的主謀？

崔說：檢察長，你可以去調查，那是因為戲裡的人物要撕毀耶穌像，還有褻瀆的語言，要基督徒做這樣的表演，他們良心不忍，這純粹是信仰的問題。

曹：你說信仰，那反革命分子也有他的信仰。

崔：後來換劇本了，那也是信徒們提出來的，我請求政府批准的。

這時，坐在一旁的高局長說話了——

你辯駁什麼？你稱讚蔣介石麼？是他領導的抗戰勝利麼？你為什麼不稱讚張學良呢？張學良抗戰有功啊！

崔：我做的那首歌〈蔣委員長讚〉，另一首叫〈國父頌〉，意思是歡慶祖國抗戰勝利，國土光復，看看歌詞就是這個意思。因我在過去只知道中國是孫中山創立的，死後繼承他的是蔣介石。東北淪陷後，偽滿新聞封鎖，關於共產黨抗戰的事完全不知道。何況這歌是在光復以後，共產黨到安東以前，在無政府時期做的。除了歡慶祖國外，再沒有別的意思。

高：你辯駁什麼？你是學過化學的吧！你回到小號裡把自己好好化驗化驗，看看你自己到底是個什麼東西，依我看，你是個流氓、土棍，你騎在什麼上就拉什麼屎，你騎在白的上就拉白屎，騎在黑的上就拉黑屎，你在偽滿時拉綠屎，在國民黨時期，你就拉白屎。我們來了，你又想欺騙我們，你說，你到底是個什麼東西？

……

最後，曹西貴說：「我們苞米餅子有的是，你糟踐幾千個不要緊！」說完，喊了一聲「把他帶回去！」

（「上訴書」）

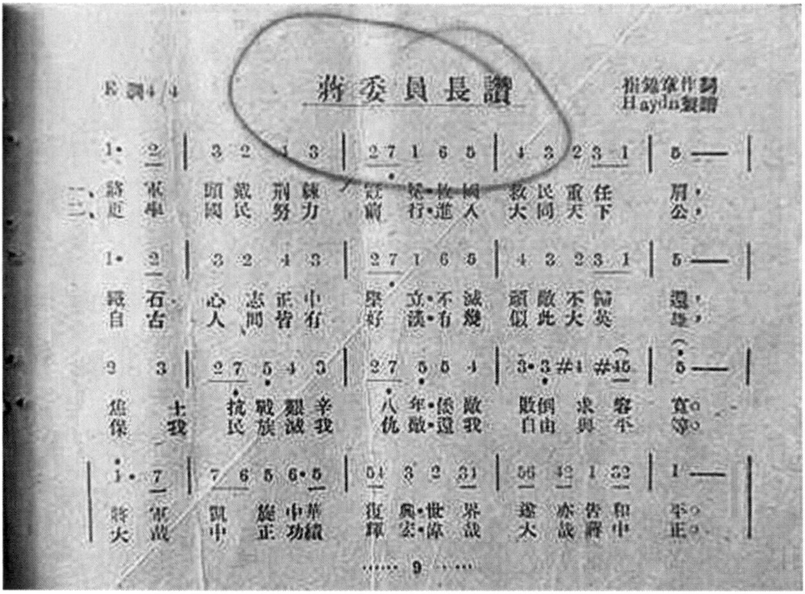

崔錦章填詞的歌曲〈蔣委員長讚〉，歌名上的「紅圈」係崔案承辦人所畫。

外面下著雨，黑洞洞的小號裡，格外的沉悶和窒息。

崔錦章躺在濕漉漉的地板上，遍體生涼。雖然，死一般的寂靜，卻沒有一絲的睡意，他不明白，為什麼要翻騰「陳穀爛糠」？難道一首歌曲也能讓人下獄嗎？他在心裡默想〈蔣委員長讚〉的歌詞，想尋找一下是否有「反詩」的蛛絲馬跡——

將軍頭戴荊棘冠冕，救國救民重任肩。鐵石心志正中堅立，不滅頑敵不歸還。／焦土抗戰艱辛八年，倭敵敗倒求容寬。將軍凱旋中華復興，世界遂亦告和平。／更率國民努力前行，進入大同天下公，自古人間皆有好漢，有幾似此大英雄。／保我民族滅我仇敵，還我自由與平等，大哉中正功績宏偉，偉哉大哉蔣中正。

八

由於崔錦章被捕，妻子和三個小孩子就成了「反屬」（反革命家屬），被列入了派出所的黑名單——重點人口管理。由此，一家人便淪為了「反動階級的社會基礎」。被趕出了教會醫院後，又搬回了興隆街四十號。

一天，王澄美整理衣物，她要選擇幾件可以賣錢的。因為，和先生攢下的積蓄都被拿走了，不管怎樣，一家人總要生活下去。隨著樓梯傳來的腳步聲，一個身穿薑黃色的年輕人走了上來。美玲和弟弟一見這身打扮就想起了那個雨夜，爸爸就是被這樣的人帶走的，嚇得姐弟倆緊緊地依偎在媽媽身邊。員警看了一眼王澄美，說，你就是「反屬」王澄美吧！我是六道口派出所的民警，姓李，這一片歸我管。從今以後，只許你老老實實的，不許亂說亂動，每天要兩次到所裡報告你的活動情況。

「兩次？報告？」

「你聽不懂中國話呀！上午一趟，下午一趟，報告你的活動情況。」

「什麼活動情況？」

「你一天到晚都做了哪些事，接觸誰了，說了些什麼。還有，不許外出，離開安東要去派出所報告，要上我那打假條。外來人要在你家住的話，要經過派出所批准。聽明白啦？記住，別找麻煩啊！」

從此，王澄美一家生活在管制之下。

每天清早上街買米買菜，然後，回到家裡洗衣做飯，忙的團團轉。把孩子安頓好後，要去派出所報告。就這樣，起早貪黑，彷彿推磨似的旋轉不停。晚飯後，想坐下來歇一歇，也不得清閒，常常被街道幹部喊去開會，什麼「檢舉特務、反革命」，鬥爭「逃亡地主」，制定「愛國公約」，給志願軍寫「慰問信」，等等。凡是寫字的活兒，都交給王澄美來做，因為，那些跑街道的小腳女人大都是連自己的名字也不認識的。所以，散會回家，王澄美把孩子哄睡了，還要挑燈夜戰。令人憤慨的是，一天跑兩趟派出所報告。而且，要風雨無誤。

兩個月後，五月的一天，風雨交加，王澄美抱著小女兒打著雨傘，從興隆街來到了六道口派出所。這是日本人遺留的一棟二層小樓，進門後，樓下最裡頭一間屋子，便是李民警的所在。王澄美敲門而入，李民警用餘光掃了一下，由於風急雨驟，打濕了王澄美的褲子。問話開始了——

「今天你家誰來了？」

「沒人來。」

「你在家幹什麼了？」

「看孩子、做飯、洗衣服。」

「你不老實！你跟什麼人聯繫了，政府都掌握。」

「……」

「你怎麼不說呀，我看你就是狡猾。」

「你胡說些什麼？我一個女人帶著三個小孩子容易嗎？你這樣欺負人，還叫什麼人民警

年輕時代的王澄美女士。

察？就你這個熊樣兒的，給我當兒子，我都不稀罕。從明天開始，我再也不來了。」

李民警吃了一驚，坐在那裡呆若木雞。

王澄美抱著孩子撐起雨傘走出了派出所，雨還在下著……

九

崔錦章「坐板房二十一個月半，檢察長曹西貴審訊三次」。（「上訴書」）

一九五二年十二月三十日，東坎子監獄的院裡趕進來一掛馬車，一匹黑馬脖子上掛了一串碗口大的銅鈴，跑起來格外的響亮，老遠就能聽到，這是公安局的「警車」。

崔錦章和四個犯人坐上這掛「警車」，眼睛都被蒙上了黑布，一路顛簸，噹啷噹啷的，也不知拉到哪裡去。這蒙眼睛的黑布，在舊小說裡叫做「進山罩」，外人跟著土匪進山時都要戴上。因為，綠林山寨多在隱蔽之地，是需要保密的。顛簸漸緩，感覺上了大道，馬蹄聲也歡快起來。過了一陣子，車馬停下，摘下「進山罩」才發現來到了安東市法院。然後，幾個人被帶進一間大屋子，也就是法庭。

一個女法官聲音尖尖的，宣布開庭之後，沒有律師，也沒有審判調查，只有她的「高調」：下面開始宣讀判決書，反革命犯崔錦章……

崔錦章蹲了六百多天的監獄，折磨得耳聾眼花，虛弱不堪，彷彿一個癡呆的人，用力地聽著法官的宣讀，感覺是在翻騰一些「陳芝麻爛穀子」——

> 第一段，崔錦章在日寇投降之後，做反動宣傳，編印《中華復興歌集》，其中，作詞〈蔣委員長讚〉，歌頌蔣介石抗日。
>
> 第二段，崔錦章阻止職工演出《全世界人民心一條》，反對抗美援朝。
>
> 第三段，崔錦章製造假藥，牟取暴利（按日本藥典用麻黃梗配製止咳水藥）。
>
> 第四段，崔錦章非法解雇醫師王維周。
>
> ……
>
> 末了，女法官提高了嗓門：以反革命罪判處被告人崔錦章有期徒刑七年。
>
> 我（崔）覺得霹雷一聲，不敢相信會這樣？當時我對宣判員說，判決書上所說的不符合事實真相，希望政府再做調查研究。宣判員叫我按押（指紋）。我說，我不能按押。必須根據事實，按照人證物證，合理合法的進行。宣判員厲聲強迫我按押，說按押嘛！按押嘛！我看說也無濟於事，又恐抗拒而被戴上刑具，我就按押了。按押後，宣判員拿起判決書來說，不准你上訴（也未給判決書）……
>
> （「上訴書」）

天上飄起了鵝毛大雪，馬的步子漸漸慢了下來，鈴鐺聲也不那麼響亮了。雪越下越密，白茫茫的籠罩著江城。馬車上了沙河橋，橋下的河，遠處的江都結冰了。天色漸漸暗了下來，趕車的員警猶如堆砌的雪人，黑馬披上了銀袍，弓著背，低著頭，喘著粗氣，鈴聲變得有些沉悶，寒風蕭蕭，冷徹心扉，風雪彌漫，長路遙遙，……

第六章

一

法官宣判之後，又將崔錦章押回了東坎子監獄。由此，從未決犯變成了已決犯，從小號進了大牢。蹲了二十一個月半的小號，「肺病發展到相當程度了，大口吐血，多日也不吃多少東西，以致坐不起來了。」（「上訴書」，下同）

可是，獄警和有些犯人卻說他是得了「思想病」，抗拒改造。於是，在獄警的指使下，他被從床上拖起來強行出工。正是數九隆冬，滴水成冰的日子。崔錦章和犯人們來到一座山下，先是掄鎬頭刨開凍層，然後用鐵鍬挖土，裝到土籃子裡，再挑到山上去，說是「積肥」。崔錦章舉不起鎬頭，犯人小組長叫他挑土籃，擔子一壓肩上，他就站不住了，望著眼前兩百多米的山路，一步也邁不動，兩個犯人過來架起他的胳膊，剛走幾步，忽然，身子一晃栽倒在地上，一灘鮮血噴濺到雪地上，他昏厥了。甦醒後，他有些恍然如夢……

一九四九年九月底，戰亂結束，交通恢復了，王澄美要回青島探望已別五年的父母。崔錦章和太太動身上路，沒有從大連直接上船，而是帶著三歲的女兒美玲和一歲的兒子世光，千里迢迢，繞道北京，為的是一睹開國大典的盛況。

當天，天安門前真是熱鬧極了。毛主席和朱總司令的講話我（崔）都聽見了。遊行慶祝的隊伍人山人海，天空中銀翼旋飛，地面上裝甲部隊、騎兵隊、步兵隊，整齊威武。這一次，我可開眼了，使我歡喜到不可用言語來形容。遊覽了北京聖地，看到了祖國的偉大，我們真高興極了！

（「上訴書」）

從北京回到青島，在團聚的日子裡，崔錦章夫婦打算落戶青島，並在那尋租房子。回安東後，崔錦章看到《人民日報》以整版的篇幅刊登了一首詩人胡風四百餘行的長詩《時間開始了》第一章〈歡樂頌〉。一雷天下響，這首激情澎湃的長詩感動了崔先生，他被詩人的情緒所感染，他感受到了生平最大的快樂，內心裡充滿了對領袖的崇敬和對祖國的熱愛。他對妻

崔美玲說明：與奶奶的合影，攝於1953年6月9日，是父親被判刑後，轉到勞改隊可以通信時，特地為父親照的。也是他第一次看見兩歲的小女兒英傑（美傑）。

子說，「這次旅行的印象太好，意義重大。我們趕上了毛澤東時代，做個中華人民共和國的公民太光榮了！」

他之所以未能實際完成遷移青島的打算，是離不開在安東鄉間老家年邁的雙親。

當他還沉浸在「宏大的幸福感之」時，卻怎麼也想像不到會有一場災難降臨他的身上……

二

一九五三年三月二十三日，崔錦章被遣送至海城縣監獄，在一個叫南台的地方燒磚。

那時，磚窯分為兩種，一是土窯，其外觀好像一個圓形的炮樓，一般來說，有一個窯門。二是輪窯，看起來好像一個橢圓形的足球場，周邊窯門幾個不等，窯頂上能走人。而且，那上面可以烤熟東西。所以，有膽兒大的犯人就到出地裡偷挖些土豆、地瓜拿到窯頂上烤著吃。對這些「雞鳴狗盜」的事，崔錦章躲得老遠，這個老實巴交的書生，只會埋頭幹活兒。剛來時，被安排的活兒是挖土和泥，後來脫坯，就是把扣在磚坯模子裡的泥抹平，然後，拿開模子，也就成了濕坯。等著晾乾以後，再送到磚窯裡去燒。在燒窯點火之前，要用磚和泥封起窯門口。然後，在磚窯四周的火口點起火來，幾天之後，磚就燒成了。為了節省燃料，出窯周轉快，窯門則在七十多度高溫時啟封，人要在暗紅色的熱浪中踩著沒膝之深的熱灰，衝進去把一塊塊燙手的磚從窯裡搬出來。從窯裡出來之時，一個個已經變成了「紅磚人」，渾身上下是紅磚粉末，咳嗽吐出的痰是紅色的，甩一把鼻涕也是紅色的，磨破的手套和帶血的手指粘在一起，大半條腿被染成木炭色。眼前的人，只有一桶水從頭上澆下來，淌了一地的泥湯之後，才能分清模樣。

有一天，磚窯收工後，一個犯人走到崔錦章面前，上下打量了一番，問道：

「你是安東來的吧!?」

「是啊。」

「又問，你是丹國醫院的崔院長吧！」

「我是崔錦章，你是誰呀？」

「我是姜濤啊！」

「你是安東法院的姜庭長嗎？」

（「上訴書」）

崔錦章想起兩年前，為解雇王維周的事，眼前的這個人把他叫到法院，手拿一支筆指點著他，一副正言厲色的樣子……

崔錦章心裡充滿疑惑：不知有多少人被他送進了監獄，而如今，怎麼他也到這裡來了。從崔錦章的臉上，姜濤看出了他內心的迷惑，便解釋說，我在審案子時，有人求情，吃了幾次館子，收了點雞鴨魚肉，還有個百來塊錢，結果，來了「三反」，被抓了「老虎」，就關進這裡來了。對於姜濤是如何從一個法官變成「老虎」的，崔錦章沒有心思去打聽，他只是想知道一個「謎底」，究竟為什麼要逮捕他？這其中的內幕，姜濤不會不曉得。

姜濤說，「在你被捕以前，我們曾向你表示過態度，那時，你把醫院一交就完了。可惜你不瞭解政府的意圖。」他這話是可信的，因他是當事人。可惜，我當時只向趙局長談到把醫院交出，他說不必，等後來，他叫我去見陳市長，未能見面，第二天我就被捕了。（「上訴書」）

三

在磚窯二十個月後，崔錦章又被押送至千山監獄——遼寧省第三勞動改造管教支隊千山大隊。幾天後，崔錦章被帶到審訊室。開始，獄警訊問教會醫院的一些瑣事。突然，話鋒一轉：

「你把發報機藏哪去啦？」

「什麼發報機？」

「別裝糊塗，就是丹麥人給你的！」

「在安東我早就交代過了，家裡只有一台丹麥人（郭慕深）臨走時賣給我的收音機，再沒有任何無線電器材。」

「你小子是『不見棺材不掉淚』啊！」

「我從來也沒有見過發報機，哪裡來的發報機呀？政府怎麼老信這些胡謅八扯呢？」

「怎麼？你小子對政府不滿啊!?……」

（「上訴書」）

一九五五年底，監獄開展肅反運動，號召犯人坦白和檢舉。一天，在犯人小組會上，管教科的方科長做動員報告。他說，你們應當徹底的坦白檢舉，政府的政策是不變的，就是坦白從寬，抗拒從嚴，立功者得獎，立大功者將功折罪。政府恨不能敞開大門，放你們都出去做好人，但你們罪惡在身啊！看看你們一個個的「熊樣」，不是國民黨，就是三青團，還有的當了特務，這事兒，崔錦章是明白的，在丹麥人的醫院裡（丹國醫院）就有特務組織啊！幸虧政府發現的早，要不然，再往下分成這一組那一組的，問題可就嚴重了。像崔錦章這樣的人，念了一肚子的書，多可惜呀！不然成為專家，能給人民做多少事啊！……

方科長的訓話，崔錦章頓然感覺當頭被打了一棒子，怎麼也沒想到自己竟成了「特務」，怪不得要「發報機」呢！崔錦章覺得天大的冤枉，卻無法辯解，擔心被說成「翻案」，反對「肅反」，後果不堪設想。但是，說我是「特務」，證據何在呢？「發報機」又藏在哪裡呢？……

轉過年一月（一九五六），在肅反獎懲大會上，監獄的頭頭，一個姓馬的支隊長，在總結大會上點名批判了崔錦章。他說，崔錦章是眼科專家，學問不淺，可是，他是一個帶著白手套的陰險的敵人。說他陰險，因為，他不是明火執仗的，但卻是「精神殺人」。

從未聽說過「精神殺人」，這是什麼意思呢？

五月一天，崔錦章被帶到馬支隊長辦公室，下面是馬與崔的對話：

「你是（一九）五一年幾月逮捕的？」

「我是一九五一年三月二十四日被捕的。」

「小護士判幾年？」

「哪個小護士？」

「和你同時逮捕的小護士。」

「那天逮捕的就我一個人呀！」

「哎呀！就是給你保管『電臺』的那個小護士嘛。」

「哪有的事啊?! 我根本沒有電臺，怎麼會有人為我保管電臺呢？」

……

（「上訴書」）

崔錦章想來想去，馬說的「保管電臺」的「小護士」，大概是指李鳳英吧！因為，曹檢察長提審過李鳳英，跟她要過「電臺」，並且掏出了手槍，把李鳳英嚇傻了。在海城「燒磚」的時候，姜濤（法官）也和他說過，李鳳英被他（姜濤）押了幾個月，後來放了。

四

一九五六年三月，崔錦章被指派為獄醫。這樣，有些自由了，比如能看到報紙。六月，報載北京全國人大一屆三次會議上，最高檢察長張鼎丞在報告中，講到糾正鎮反運動中的錯案問題。會後，張鼎丞主持召開了公檢法「三長」聯席會議（全國各省、自治區、直轄市），決定進行執法檢查，重點是：冤案和錯案、積案；檢查的單位是監獄和勞改隊。這篇報告，使崔錦章看到了一線希望，他想上訴（申訴）。但是，只剩下一年零八個月的殘刑，若是再被扣上個「帽子」而加刑，豈不是雪上加霜嗎？

我的膽子真的唬破了，我開始對人發生疑懼，我害怕人不講理，我不敢說話，我緘默下去了。（「上訴書」）

然而，毛主席所說了——「提高警惕，肅清一切特務分子；防止偏差，不要冤枉一個好人」。經過一個月餘的思量，最後，崔錦章鼓起了勇氣，決心上訴。但監獄規定犯人申訴必須經過批准，否則，就是「抗拒改造」，要「蹲小號」，要加刑，也就是延長刑期。所以，要層層請示，一炷香沒燒到也是白費。於是，崔錦章首先請示管教小組組長，結果碰了回來。接著，又去找管教幹事，幹事說，你的腦袋差點「搬家」，還上訴?!崔錦章說，實在冤枉啊！我考慮一個月了，哪怕槍斃，我也要上訴。最後，幹事報告監獄長，頭頭說，讓他先寫寫看，完了再說。於是，從七月一日到八月二十二日，每當黑夜降臨，崔錦章便著了魔似的寫起來，從出生太平嶺，一直到入獄，沒有格的白紙，密密麻麻地寫了整整八十張，就像一本書，從封面、目錄到章節、頁碼，一目了然，還畫出了詳盡的履歷表：

崔錦章的上訴書目錄及履歷：

上訴書

最高人民檢察院收

千山勞改大隊犯人

崔錦章

目錄

履歷表

出生日　一九一五陰曆十二月四日
鄉里小學　一九二六－一九二八
安東縣劈柴溝三育高級小學　一九二九
安東劈柴溝三育初級中學　一九三〇－一九三二
瀋陽市文會高級中學　一九三三－一九三五
營口市培真初級中學教員　一九三六－一九三七
瀋陽市東北神學院學習　一九三八
安東市三育小學教員　一九三九

瀋陽市盛京醫科大學學習　一九四〇—一九四四
安東市興隆街美明診療所開業　一九四五—一九五〇
安東市基督教醫院院長兼眼科醫師　一九五〇・九・五—一九五一・三・二十四
安東市醫聯會主任委員　一九四九—一九五〇
安東市人民代表　一九四九—一九五〇
遼東省人民代表　一九五〇
安東市衛生工作者協會監察委員　一九五一
安東市基督教信義會理事長　一九五〇—一九五一
中國基督教信義會東北總會理事　一九五〇—一九五一
逮捕　一九五一・三・二十四
判決　一九五二・十二・三十
安東市勞改隊犯人　一九五三・十二・一—三
海城南台勞改隊犯人　一九五三・三・二十三—一九五四・十一・二十
千山勞改隊犯人　一九五四・十一・二十三—現在

這份「上訴書」的開篇是寫給最高檢察長張鼎丞的信——

最高人民檢察院　張鼎丞檢察長：

我名崔錦章，現在遼寧省第三勞動改造管教隊千山大隊醫務室裡改造。在六月二十四、二十五、二十七三日的報紙上，我看到了您和最高人民法院董必武院長和公安部羅瑞卿部長在第一屆全國人民代表大會第三次會議上的發言，使我感到了無限的興奮和愉快。我知道了祖國在這幾年已經進步到這種程度，國家處處湧現出燦爛和光明，中國六億人民在偉大的中國共產黨和英明的毛主席領導下，都過著愉快和幸福的生活。自從憲法公布後，中國的法制也走上了正軌。這鼓舞著我，在政府的政策下，把我的問題再做一次詳盡的交代。懇請檢察長在百忙中抽出一點時間來，把我的案件審理一下，在毛主席的「提高警惕，肅清一切特務分子，防止偏差，不要冤枉一個好人」的原則下，本著實事求是的精神，在審查我的案件後，給我一個答覆。在過去，我是沒有上訴權的。今天看到了首長的報告，才知道我也可以上訴。我把我的問題自首至尾詳盡地寫出來，又把概要寫出來，首長若沒有時間全看，那麼，可看看概要也能得到全貌的重點。我把目錄列出來了，首長若參考那一部分，可在目錄上找。

祖國正在轟轟烈烈地進行社會主義建設，世界已經趨向和平的康莊大道，臺灣和平解放在望，全國人民無一不被這些新的氣象所鼓舞。偽滿的殺人兇手日本戰犯武部六藏都得到了新生的前途，我願意早日回到人民的行列裡，和廣大人民一道建設祖國的光明社會，度著光明愉快的歲月。我的罪名是反革命，刑期七年，雖然殘刑不多，但反革命可不是小事，問題必須弄清。我希望首長把我的案件，按著現在的法律程式審理，惟願我的後半生能在祖國的建設上，在維護世界的和平上有所貢獻。當作一個中華人民共和國的人，我愉快的把我的問題向維護國家憲法的首長提出來了。

附注：

我是在一九五一・三・二十四被捕，地址是在安東市基督教醫院

在一九五二・十二・三十被遼東省安東市人民法院判決徒刑七年，罪名是反革命。

一九五六・七・一

勞改犯人崔錦章（指紋）

五

千山監獄的獄警見過形形色色的犯人，也閱過五花八門的申訴狀，唯獨第一回碰上這樣的犯人，竟然把狀子寫成了一本厚書，耐著性子粗略的數了一遍，不包括標點符號，竟然有「三

萬四千三百二十」個字。一個人假如沒有一點冤情，怎麼會寫出這麼長的狀子來呢，這是在嘔心瀝血啊！監獄長決定將崔錦章的申訴呈報遼寧省檢察院（「卷宗」）——

遼寧省第三勞動改造管教隊公箋

營字第四一一號

遼寧省人民檢察院

我隊在押反革命犯崔錦章對原判決不服，向高檢提出上訴書一份。我們認為在本省處理較為合適，故將該犯此案之全部材料轉給你院，望急速處理並轉告我隊為盼。

此致

敬禮

八月一日

遼寧省第三勞動改造管教隊（印章）

崔錦章的訴狀是寫給京城最高檢察長張鼎丞的，可是，地方獄吏轉給了省檢察院。因此，他的告御狀未能進京。但是，王澄美替夫申訴的狀子卻寄到了京城，儘管先前猶如石沉大海，而一九五六年七月十日，終於，有了結果，而且先於遼寧省監獄的報告——

中華人民共和國最高人民檢察院　（一九）五六年高檢四字第八九一號

遼寧省人民檢察院

茲將王澄美不服安東市人民法院對崔錦章以反革命判刑的來信送你院，希併你院遼檢控字第九〇八號案卷參考處理，並答覆申訴人。

附原信及申訴書各乙份

最高人民檢察院第四廳（印章）

一九五六年七月十日

遼寧省檢察院經過研究，組成了崔錦章案件複查組，省院處長王明昌為組長，成員有秘書范少華以及安東市檢察院、法院各一人。隨即，一同來到千山監獄提審崔錦章，然後，奔赴安東開展複查。

六

王明昌一行來到安東教會醫院後（時為安東市婦產科醫院），發現崔錦章雖已被捕五年了，但似乎仍有一種恐懼的陰影籠罩著這裡。於是，便召集會議，安撫人心。王明昌說，為了對崔錦章負責，也是對歷史負責，希望大家要積極配合案件的複查工作，目的是防止偏差，不要冤枉一個好人。

十月十二日，王明昌找來護士李鳳英瞭解情況。因為，李鳳英既是當年「柳玉事件」的值班護士，又是崔錦章「私立監房」的當事人，總之，是崔案的一個主要證人。

以下是王明昌詢問證人李鳳英的筆錄（「卷宗」：一九五六年十月十二日）

……

王明昌：柳玉事件你知道吧。

李鳳英：柳玉是在過年前後來的本院，是精神失常症。由大夫王維周經治。由於用藥過多，柳玉就死啦。王維周說是夜班護士用藥過多，實際是大夫白天給準備的藥太多。法院姜濤來瞭解情況，問我們是不是崔錦章叫給吃的藥。後來，姜濤把我和楊洪光、楊洪玉（護士）傳到法院，每天問我們，說別人都承認了，是崔錦章叫我們做的，還叫我們寫材料。我到底也沒承認，被押了五十多天，我有病，才放我回來了。王維周和他妻子（張恕）給姜濤送了很多禮物。

王明昌：你怎麼知道王維周給姜濤送禮呢。

李鳳英：我出來後，在醫院聽說的，可能是楊洪光說的，我記不清啦。這個事情（柳玉事件）發生以後，姜濤常到王維周家去。我特別感到奇怪的是，姜濤每逢審訊我的時候都問我說，是不是崔錦章叫你們搞的，把柳玉藥死啦。實際上是王維周搞的，從處方箋上就可以看出來啊！

……

七

經過幾個月的複查，崔錦章一案終於水落石出。

一九五七年五月四日，千山勞改支隊石頭大隊向崔錦章宣布了無罪釋放。於是，崔錦章又回到了興隆街的老屋。回家後，安東市檢察院檢察長李文章來訪，他也曾是崔案的承辦人。前任副檢察長的曹西貴已赴任通化市市長。李文章一進屋就拉起崔錦章的手說，受委屈啦！崔先生，恢復名譽、補發工資，安排工作的事，相信黨會很快落實的，你就在家等通知吧！

崔錦章在等待安排工作的期間，在家樓下外牆上掛了一個木頭豎長條牌子，上面寫著：二樓醫師崔錦章住宅。這景象很快傳遍了小城：崔大夫放回來啦！一時間，探訪的、看病的接踵而至，崔錦章兩眼一睜忙到熄燈，彷彿又回到了從前的日子。

當時，中國社會出現了一些新的氣象，報上提出的「百花齊放，百家爭鳴」，在安東市五月音樂周上有了充分的體現。崔錦章聽到了兒子世光在文化宮舉行的文藝匯演上演奏了鋼琴獨奏《牧童短笛》。

一九五三年夏天，韓戰停火，為了謀生，王澄美在家裡教起了鋼琴，一個孩子一個月的學費是四元錢（包括練琴）。由此，她成為安東史上第一個鋼琴教師。在教琴的時候，兒子世光總是站在旁邊，不久，王澄美便發現兒子有不尋常的音樂天分：他的聽覺敏銳，有辨認固定音高的能力；也會隨手彈出別人在練習中的樂曲。經母親的細心培育，兩年後，有了「天才兒童」名聲的八歲孩童崔世光應邀在安東廣播電臺錄製了賀綠汀的名曲《牧童短笛》及法國作曲家戈賽克（一七三四－一八二九）的《嘉禾舞曲》……

一位傑出的朝鮮族女高音歌唱家金聖淑也應邀參加文化宮的演出，在王澄美鋼琴伴奏下演唱了數首義大利民歌，包括一首崔錦章填詞的讚美詩，歌頌春天的來臨。

第七章

一

八月，所應允的「恢復名譽、補發工資，安排工作」的事，仍無任何消息。崔錦章有些焦慮，開始跑檢察院，跑法院，結果都吃了閉門羹，他被告知，現在都忙著「大鳴大放」，沒空兒接待，回家等著吧。崔錦章在等待的日子裡，天天看報，發現報上整風的調門從「鳴放」轉為了「反右」，氣氛緊張起來了。一天傍晚，崔錦章在家裡看幾個病人，妻子被通知去政協開會。

在整風期間，安東市政協組織了社會人士學習組，共有一百二十人，分成三個學習小組，說是幫助黨政風。政協要求王澄美參加，她一再說明，自己帶著三個孩子，整天忙於家務，沒有閒空。可是，這是領導的邀請，不去是不行的。從此，三天兩頭的開會，還給王澄美弄了個小組長，負責給大家讀報，也要求她帶頭發言。以「言者無罪，聞者足戒」的原則屢次要求她給黨提意見，幫助黨整風。於是，王澄美在小組會上就這樣被請出來講起了崔錦章的事情。她以非常平和的言語，簡短地敘述了崔案的來龍去脈，歸結於黨的政策是好的，下邊的人有官僚主義、工作粗枝大葉而造成了冤案。

不久，王澄美，這個自解放後就無任何社會公職的家庭婦女在被邀請參加的政協會上，突然被宣布為右派分子，說話的權利即刻被剝奪了。

十月二十四日，王澄美被叫去開會了，六道口派出所的民警帶著兩個便衣來到崔家把崔錦章銬起來帶到了安東市看守所。

看守問押送的人你們是哪裡的？

回答：法院。

再問有押票嗎？

回答：先把人押起來，手續隨後。

為何翻手為雲覆手為雨，崔錦章蒙冤二次入獄呢？這是反右派的風暴所致。在張鼎丞「往日平靜的高檢院突然冒出二十二名右派分子。一廳廳長王立中、二廳廳長趙文隆、三廳廳長白步州、鐵路水上運輸檢察院檢察長劉惠之等都名列其中。

到一九五七年十一月底，全國檢察系統共「反」出右派五百三十六名，以後猛增至一萬五千多名。」（王松苗，《共和國檢察人物》）

一大批主持正義，為冤案平反的司法人員被打成了右派。覆巢之下安有完卵，在如此烏雲滾滾的背景之下，在遼寧為崔錦章平反的王明昌（一九二二－一九五五）檢察官也被打成了

「壞分子、右派」。

王澄美來到法院，她想知道先生被捕的原因。一個法官氣沖沖的說，你是「右派」，無權過問。說著拿起桌上的一張報紙，用手指頭敲打著。王澄美看到標題的大意是在宗教整風會議上，右派分子的反黨言行——右派分子王澄美「為夫翻案」，揭發人：人民警察楊成禮。

楊成禮是崔錦章的一個表親，楊的姥姥和崔的母親是親姐妹，從輩分上講楊成禮叫崔錦章舅舅。楊成禮小時常去崔家玩耍，在他的心目中舅舅是安東有名的眼科專家，也經常在政府的會場上拋頭露面。可是，突然變成了反革命，不明白到底發生了什麼。一九五〇年代初，楊成禮在東坎子監獄當管理員，崔錦章被關在裡面。他曾經詳細地問過舅舅有關的案情，並開始幫助舅母王澄美寫申訴狀子。申訴狀寫給市、省的司法機關，直到北京，前後算起來一共投出去八封信。不久，楊成禮被人告發幫助「反屬」告狀，喪失階級立場。告密者是公安局使喚的一個「耳目」，與崔家來往甚密的教友（基督徒）。為此，楊成禮受到了行政記過處分。一九五六年，楊成禮的入黨預備期已滿，本來應該轉正了，因為「立場問題」而被延期了。

後來，崔錦章被無罪釋放，楊成禮的黨員轉正也不存在問題了。他的歷史污點（處分）消除了。可是，未曾想風雲突變，崔又被捕了。就在困惑之際，一個領導找他談話，叫他參加政協宗教界的一個會議，揭發王澄美「替夫翻案」的反黨言行，並以「黨考驗你的時刻」來作敦促或是威脅。楊成禮在當時處於無奈，為了經受起這場考驗，為了自己的前途作了違心的檢舉和揭發。

（訪談楊成禮先生，二〇〇七年二月十八日）

二

崔錦章在安東市看守所被關押三個月後，一九五八年春，法院下了一紙判決，維持一九五二年的原判，並延長刑期六個半月（因原判七年刑期已滿，故又延長了刑期以補上被提前釋放的時日）。宣判後，崔錦章被押往開原監獄服刑。

一九五八年十月八日，這是出獄的日子。但監獄卻不讓崔錦章回家，強迫他在勞改工廠醫務室就業，名曰「留用」。崔錦章一再表明自己有妻室兒女，有家可歸，有業可就，安東才是他的歸宿。但是，最終還是被獄警押進了遼陽鏵子新生石灰廠。那個年代，凡是叫「新生」的工廠，大都是監獄工廠，「新生」意味著繼續「勞改」，只不過換了一個場所，用犯人的話是「從小院走進大院」（從監獄到勞改工廠）。勞改工廠的大門，有高聳的監視塔樓，高達幾米的牆上佈滿了密密麻麻的玻璃碎片，牆上畫著碩大的圓圈白底黑字：「改惡從善、重新做人」。「大院」與「小院」不同的是的，大院的人可以享有一年一次的探親假。

一九五九年底的一天，石灰廠的一個「管教」（管理人員）遞給崔錦章一張紙，接過來一看是大哥發來的電報：「母病重速歸」，再看日期卻是兩天之前。他怒不可遏，其實此前還有一封電報也被扣押了。好在崔錦章被批准了回家探視。他晝夜趕路，來到東坎子監獄後面的一座山下的小院門前，一個鄰居過來說，哎呀！崔先生你回來啦！你媽出殯了，家裡人一早就去湯山城了。

崔錦章趕到長途客運站，搭上了去湯山城的汽車。到站後，離太平嶺還有八里的路。這時，過來一掛馬車，趕車人說崔大夫回太平嶺麼？趕緊上車吧！你忘了，我的眼病是你給治好的吶。在太平嶺安葬了母親，崔錦章又回到了市裡興隆街家中。時逢年關時節，六道口派出所劉所長到崔家查詢戶口，問起崔錦章的情況，從如何被捕到無罪釋放，又從如何「二進宮」到刑滿釋放以及強迫就業勞改工廠。劉所長說，你上次回來（無罪釋放）戶口落在了派出所，目前我們清理戶口，你如果要回來，馬上寫個要求回安東就業的報告給我，派出所給你單位寄去。崔錦章把報告寫好送給劉所長後，在家等待音信。初二（一月二十九日）一早，全家人正在早餐，來了派出所的一個民警，叫崔錦章到派出所去一趟。崔錦章想準是那邊有信了，跟著民警來到派出所。一進門，發現勞改廠的兩個員警迎上前來，說崔錦章你犯了「不安心就業罪」，領導派我們來捉拿你。說罷，銬起崔錦章的雙手，帶走了。

這是崔錦章在安東的第三次被捕。

三

崔錦章在遼陽市看守所羈押了一百二十餘天後，遼陽市法院又以反革命罪判處有期徒刑八年。判決所依據的事實只是照抄過去安東法院的判決書。宣讀了判決書後，「審判長熊憲海說，知道你能上訴，你上訴就叫你倒楣！」（「申訴書」）

「你上訴就叫你倒楣」，熊法官的這句話使崔錦章明白如果不去「告御狀」，上訴到京城的大檢察官，是沒有希望的了。

一九六〇年春季，崔錦章被押送到凌源監獄服刑。此時，中國大地已是哀鴻遍野，饑餓像一場洪水在氾濫。凌源監獄犯人的口糧從一斤減到六兩，死亡及病患情形十分嚴峻。崔錦章作為獄醫，背起藥箱忙個不停。他借著相對「自由」的時間給毛主席寫了一封信，幻想去北京上訴告狀。

七月十四日，在凌源監獄的工地現場，收工時獄警查點人數發現少了獄醫崔錦章，看來是跑了。獄警正要撤下人馬搜捕，兩個背槍的民兵架著崔錦章回來了。由此，崔錦章被凌源縣法院以逃跑罪、盜竊罪數罪並罰，加刑四年。盜竊罪從何而來呢？是在逃跑時「隨身攜帶的藥箱內有聽診器、體溫計及零星藥片等」。（「申訴書」）

崔錦章逃跑未成，被加重刑。他被戴上手銬、砸上了十幾斤重的腳鐐關進了小號。然而，由於牢裡死人的事頻繁發生，疾病在犯人中蔓延失控，三個月後，崔錦章從小號中被放出來，繼續他的獄醫身份。

四

這年冬天，安東市政府動員城裡人下鄉。開頭遣返的對象是大躍進以來進城滯留的「農村戶口」。後來，矛頭就指向了社會上的「地富反壞右」。說是動員，其實，就是強迫。不分晝夜的軟磨硬泡，不把你的戶口遷到鄉下不肯甘休。當時，王澄美的個人戶口已經被強迫遷出，但是找不到接收的去處，無奈戶口拿在手中，一個月二十八斤的城市居民糧食供應也停止了。

在這危急的時刻，王澄美接到一封青島來信，是年邁的父親寫來的家書。信中透露了二老在青島病重無人照顧，情形十分艱難。於是，王澄美只好向派出所作了解釋，撇下三個年幼的孩子，趕回青島探望。

王澄美的父親王峨峰是個待人寬厚，彬彬有禮的人。退休後在青島是鄰里及「街道上」所敬重的老人。父母親十分需要女兒的照顧。鑒於這種境況，在兩地不少同情者的幫助協調下，一九六一年早春，王澄美手拿著派出所給開出的遷移證明，隻身帶著三個孩子搬離了安東，從大連港上船回來老家青島。所帶之物，除了現金三百多元之外，只有一架老鋼琴。在安東幾十年積累的家用，及妥善保存的丈夫行醫器材，全部廉價變賣或送人了。

王澄美在當時境況中的遷離，幾十年來一直是安東的朋友和舊識中一個不可思議的故事。二〇〇五年七月，崔美玲帶著自海外歸來的弟弟世光，和侄女Ginny去五龍背太平溝為父親掃墓後，在探尋興隆街舊址時遇到四十年前的老鄰居，相認後聲情並茂交談的主題仍然是當年王澄美遷離安東的奇蹟。

回到青島，王澄美一家四口住進了老教堂「同道堂」樓下的一間十平米的小屋內，隔壁同樣大小的另一間，是病中的父母二老。

在「東北」的崔錦章，繼續獄醫的身份先後在幾個地方服刑。他從未放棄申訴的努力。一九六三年，崔錦章從凌源監獄被押到盤山監獄服刑。

他於一九六六年再次提出申訴。

> 一九六六年，我曾向遼寧省檢察院提出了申訴，得到回信說已經轉到安東市檢察院處理。一九六六年十二月五日，收到安東市檢察院的信說你案原是省檢察院和省法院處理的，因此又將你案轉回省檢察院。以後，再無音信。（「申訴書」）

1964年夏，王澄美女士和三個孩子在老教堂「同道堂」大門口留影。

一九七一年一月三十日被釋放。

獄方給崔錦章出具了一份刑滿「遣返證明」：「茲有崔錦章，現年五十五歲，因反革命一案，現已刑滿釋放，同意該員回家，現予遣返，請准予登記戶口。」但青島江蘇路派出所拒絕接納崔先生在該地落戶。

崔錦章滯留在獄方待遣隊裡。待遣隊，是指已經刑滿釋放，但無家可歸的人。這些人可繼續在勞改廠做工。對於崔先生來說，二十年來，他多時被指派為獄醫，把自己的一切都奉獻給遼寧境內數個勞改營中，而對自己冤情的任何表示和訴求，不是被打入冷宮，便是以高壓刑罰勒令閉嘴。在裡邊或在外邊，對他來說已經沒多少差別。

女兒崔美玲專程來到安東，為解決父親出獄後的艱難處境，訪遍市裡、岫岩和鳳城的親友，給父親尋找一個可能的落腳之地，不果。

一九七二年秋，崔錦章從盤山來到青島。江蘇路派出所仍然不准崔錦章落戶青島。但作為探親則必須按時向派出所報到，以便於公安機關的監控。

經過二十年的牢獄生涯，崔錦章成為一個名副其實的不為社會接納的邊緣人。他有無數次處於死亡邊緣，卻都堅強地活了下來，只是為了繼續尋求申訴、上書，以澄清事實。

五

一九七六年九月，毛澤東逝世；十月，「四人幫」被抓捕。北京人最早得到這個資訊，歡喜的表達迅速波及到全國城鄉各地。一九七七年初，崔錦章決意離開盤山監獄待遣隊，然而，青島的大門對他仍然是關閉的。無奈，他只好投奔仍住在丹東東坎子的侄女崔慶華，也就是兄長崔明章的四女兒。這一次，六年前，監獄給他的「准予登記戶口」的「遣返證明書」終於用上了。崔錦章的戶口落在東坎子侄女家，不必再回盤山。雖然侄女的家只是一間小屋，三輩人擠在一鋪炕上，但終於是一個自由人了。

一九七九年，崔錦章一案經中央某部門過問，遼寧省檢察院經過複查，於一九七九年三月十二日發出《遼寧省丹東市中級人民法院再審判刑事判決書》（78）刑監字第二八八號，撤銷原判，宣告崔錦章無罪。

自一九五一年被捕，到一九七七年終於離開監獄的環境，至一九七九年的「平反」，當年「丹國醫院」末任院長崔錦章的反革命一案，終審結案歷

1984年，崔錦章先生於丹國醫院。

時二十八年。曾經在丹東工作過的其他丹麥教會人士，完全想像不到「丹國醫院」作為安東歷史的一個章節，是在郭慕深教士一九五〇年最後一個被趕走後，歷經二十八年才終於被劃上了一個句號。崔錦章也終於掙脫了無端作為一個社會變遷人質的枷鎖。

然而，崔錦章這一生所遭受的傷害與屈辱，並沒有因為掙脫了枷鎖而輕鬆。「權柄」藉著平反在他尚未癒合的傷口上又撒了一把鹽，即在不足五百字的一頁紙上留下了一個「尾巴」——

遼寧省丹東市中級法院再審刑事判決書

（一九七八）刑監字第二六六號

申訴人崔錦章，男，現年六十三歲，大學文化，捕前係安東基督教會醫院院長。

申訴人崔錦章因反革命一案，於一九五二年經安東市人民法院判處有期徒刑七年。申訴人不服，經安東地區中級人民法院提審，以（一九五七）刑監字第三十七號判決，維持原判有期徒刑七年。後申訴人繼續申訴，現經本院再審查明：

原判認定申訴人崔錦章，於一九四五年「九三」後，編印反動歌集兩千餘冊，其中有其親自填詞的〈蔣委員長讚〉一首，從事反動宣傳，以及用高薪瓦解國家醫務人員，非法解雇職工等部分事實屬實。至於原判認定申訴人破壞抗美援朝運動、破壞婚姻法、製造假藥等事實情節不實。

本院認為，申訴人於「九三」後不久，處於盲目的正統觀念填寫印發反動歌曲進行宣傳屬實，但不構成反革命罪。至於瓦解、開除醫務人員等問題，屬於錯誤行為，也構不成犯罪。據此，判決如下：

撤銷遼寧省安東地區中級法院（一九五七）刑監字第三十七號刑事判決；二、對申訴人崔錦章宣告無罪。

本判決為終審。

遼寧省丹東市中級法院（印章）

一九七九年三月十二日

平反書中留下的一個「尾巴」就是下面這些文字：

原判認定申訴人崔錦章與一九四五年「九・三」後編印反動歌集兩千餘冊，其中有其親自填詞的〈蔣委員長讚〉一首，從事反動宣傳。

一九四五年，是世界人民反法西斯鬥爭勝利之年，也是東北偽滿州國（一九三二年三月一日－一九四五年八月十八日）垮臺之年。東北人民以慶賀中國人民抗戰勝利來顯示對「小日本」失敗的喜悅，是無可非議的愛國表達。特別是把安東市由倒臺的偽滿政府交由當時的中國政府管轄，是二戰戰勝國美、英、蘇三國首腦《雅爾達會議》（Yalta Conference，一九四五年二月四日）的決定之一。《雅爾達會議》對「消除納粹主義和軍國主義勢力影響……對戰後世界格局的形成產生了深遠影響」（引自「Baidu百科」）。而中國的國共內戰，則全面爆發於一九四六年七月。把沒有任何黨派背景的崔錦章在抗戰勝利時刻的愛國表述定位為某個政治勢力作「反動宣傳」，在時間上不合邏輯，也不符歷史常識。這也大大高估了他作為一個專業技術人員的有限「政治覺悟」。

就此，崔錦章在給家人的信中解釋道：

作歌乃在一九四五年「八・一五」光復後，當年的「九・一八」以前，國共兩黨都未到安東時。那是出於愛國熱情，並非是什麼反動宣傳。印冊五百，不是兩千。……**再者，我被捕並非是為了這些事，作歌是捕後我交代的。**

崔先生已經年邁，對那份再審判決書中的小「尾巴」感到無可奈何。除了表現「權柄」的無知和傲慢，還能說明什麼呢？「他們生產罪，好似蜜蜂生產蜂蜜一般。」（英國作家戈爾丁）

丹國醫院之一隅，作者攝於2010年冬。

尾聲

崔錦章離別「丹國醫院」二十幾年了，醫院已變為「丹東婦產科醫院」。他走進院裡，看著這些老房子，心裡別有一番滋味。人生真是奇妙，兒時和母親從鄉下來過這裡，彷彿從那時起，命運就和這裡拴在一起了。這時，一個人迎面走來，到眼前停下了腳步，情不自禁地叫起來：「哎呀！這不是老崔嗎？」

崔錦章也認出來了，眼前的人竟然是王維周！王以一副不勝感慨的樣子說：「哎呀！老崔，往事不堪回首啊！我也是叫人家利用了，這二十年，我也沒得好啊！被抓了右派、反革命，管制、勞動教養，一言難盡啊！……」

接著，又說：「你不知道，（一九）五八年公安大躍進，深挖特務，不知誰檢舉我有槍，說藏在那口井裡。於是，一幫人把井水抽乾了，人下井裡找槍。第一個下去的叫鄒旭，什麼也發現。第二個下去的是員警劉玉英，哎，他摸到了一支手槍，鏽的直掉渣滓……」

說完，王維周一再邀請崔錦章去他家喝酒、敘舊……

崔錦章回憶這一段小插曲時說，「在這個院裡轉悠，感覺有個聲音在耳邊響起——怎麼，你還信上帝啊!?你還要做但以理啊……」

（與崔先生交談記錄）

崔錦章一生信奉上帝。他在上帝的扶持下，「親眼目睹他個人，以及社會蠕動的曲折過程。這無論如何是他同時代無數人經歷中的一個特例。」

附注：

本文引用以下文件有關文字以為參考：

一、安東市人民法院一九五一年刑字第一七一號崔錦章刑事卷宗（五冊）。

二、崔錦章一九五六年七月一日至八月二十二日（鞍山監獄）寫給最高檢察院的上訴書（卷中標記字數三萬四千三百二十字）。

三、一九八三年十一月二十六日至十二月九日在青島與崔錦章先生，王澄美女士的訪談記錄。

四、二〇〇八年秋至二〇一七年秋與崔美玲女士談話記錄（包括電話、微信語音以及電子郵件等）。

五、二〇一七年八月十九日至二十五日在青島與崔世光談話記錄。

六、其它未注明正式文件材料出處的文字、介紹、憶述等均出自與各當事人的交談。

附錄一　安東基督教信義會政治背景彙報提綱

基督教信義會是帝國主義利用宗教向中國侵略的一個派系（西差會）。解放後，安東市丹麥帝國主義分子於（一九）五〇年前後退出中國。基督教信義會東北教區副理事長安東市教會牧師陳景升，就是丹麥帝國主義在安東豢養的第一個牧師。因此，他與丹麥帝國主義來安傳教的神職人員有著密切的關係。國民黨侵安東充當匪保長代表，在教會內任中國救濟委員會東北區會安東分區主任委員兼東北基督教救濟委員會安東分區主任委員。同時，與蔣匪警備司令部雷參謀有過聯繫。二次解放後，思想頑固反對革新。劈柴溝教會牧師閆玉林，國民黨侵安後，該人也與雷參謀有經常往來關係（他們之間的關係尚未查清）。二次解放後，該人也隨匪逃往瀋陽、北京等地，在瀋陽市曾任難民所長與善後救濟總署幹事。

日寇投降後，安東是基督教會所屬之基督教醫院、學校、福音堂即成為掩護蔣匪地下活動的據點了。特別是基督教醫院完全成為一個匪巢。（一九）四五年九月，安東市黨部書記張鴻達由瀋陽來安潛伏該院，該院的領導人也成為蔣匪特務活動的代理人。日寇投降的第二天，八月十六日基督教醫院就掛出國民黨黨旗。基督教醫院院長杜韶宣和安東市基督教會理事會理事崔錦章大肆進行反革命活動，編印反動歌本，進行反動宣傳，讚揚匪黨。

我軍進入安東後，他們又進入了秘密時期，大量窩藏蔣匪特務組織，其中有安東市黨部地下組織，匪首張鴻達（書記），中統局天津交通站駐安東分站站長曲鵬霄，東北行營先遣軍負責人李文琦，安東前進辦事處負責人關崇文，大東港暴動事件主犯劉德恩，新中國建設同志會負責人馬世長，安東省維持會，國民黨督導區辦事處，中興社新聞記錄等，這些特務組織以及匪首先後潛入安東市教會所屬基督教醫院、福音堂、劈柴溝三育中學。從此，安東基督教醫院就成為特務和匪首活動的大本營了。我們從犯人口供中可以得知。張匪鴻達這樣供出：「我在丹國醫院住的時間，差不多等於安東縣黨部在這同時期的秘密時期全過程（一九四五・九－一九四六・六），因此，丹國醫院就成為我們當時領導反動活動的據點，它也變成我秘密活動的領導核心。在這裡，我依靠杜韶宣做了我唯一的掩護與代言人……」在福音堂裡曾召開過「地下軍」會議，參加的有關崇義、王儉、曹濟民、馬啟圖、程玉昆、曲鵬霄、杜韶宣、張鴻達等，這些反革命骨幹分子，他們在基督教的幕後瘋狂的進行反革命活動，大量印刷反動傳單，發展地下黨員，出謀計畫組織武裝暴動，企圖顛覆民主政權。基督教醫院院長在經濟上給張鴻達以五萬元偽幣的援助。他們不僅掩護蔣匪的地下活動，而且更進一步參與了反革命活動和參加特務組織。

基督教醫院院長杜韶宣，幼時即在基督教會學校念書，後到神學院畢業，日寇投降後，該犯即公開大肆進行反革命活動，並去廣播電臺進行廣播黨歌。收繳敵偽人員，積極編印反動傳單，在張鴻達的指示下，到處搜集攝照我軍反蘇軍情報，發展國民黨組織，當時，被張委任第十八區分隊長。「三股流事件」被我軍打傷的七、八名（均系張鴻達的學生）抬至該院治療。匪侵安時即被選為安東省參議員，在職期間利用傳教公開演講反蘇反共。

基督教醫院總務主任齊保廉（附錄二），歷任基督教傳教士、基督教學校教員。一九四六年春即參加蔣匪中統局天津交通站駐安東分站特務，任第六組組長。（一九）五〇年被後任基督教醫院院長崔錦章從瀋陽邀請來基督教醫院任總務主任，任職期間與院長崔錦章共同破壞政府政令實施，與（一九）五一年被捕（徒刑十五年）。崔錦章系後任基督教醫院院長、基督教會理事會理事。幼時也是基督教會豢養大的。日寇投降後即從事反革命活動，編制印發反動歌本，對該院以反動封建手段統治職工，破壞抗美援朝運動，阻止職工反美反特排演《全世界人民心一條》之劇本。當排演時，該犯公開在職工大會上說，我說不演就不演，這劇是反宗教的，共產黨是唯物的，我們是唯心的，他們永遠不能合作。為了達到其統治目的，有意識的破壞工會法、婚姻法。（一九）五〇年用高薪瓦解國家醫務人員王維周、劉育民等三人。當王維周不服其統治時，崔（崔錦章）便懷恨在心，誣指王等破壞造謠，違反院規等藉口非法開除王維周、劉育民等三人。並私自規定護士不准結婚，大夫王樹人與護士孫榮顯結婚即被開除。另外，基督徒馬世長也係蔣匪特務骨幹分子，曾組織過地下活動——新中國建設同志會主。蔣匪侵安充當省黨部農會秘書。這些披著宗教外衣的反革命分子，不僅是帝國主義宗教家的忠實信徒，又是將匪的所謂地下活動骨幹分子，他們所謂的慈善機關成為敵人的活動據點。

再就是，隨匪來安的美帝國主義間諜機關美軍聯絡團（代號：ESD）安東之站，即住在基督教醫院的後樓，此樓原係丹麥傳教士欒慕華住過。這個間諜機關與該醫院院長和丹麥傳教士均有直接聯繫。這又證明了他們不僅掩護著蔣匪特務活動，而且，還掩護著美帝國主義的間諜活動。隨著形勢的變化，由公開轉入秘密，用合法掩護非法。

齊保廉與夫人李靜修（丹國醫院助產士）結婚紀念（圖片為其子齊大衛提供）。

附錄二　齊保廉申訴材料

姓名　齊保廉　性別　男　年齡　七十一歲

現住所　丹東市公安街八六——四號

一九五一年九月一日安東市公安局將我逮捕，反省（羈押）二十個月。

一九五三年四月二十八日，安東市人民法院判處我歷史反革命有期徒刑十五年。今天英明的華主席一舉粉碎「四人幫」，撥亂反正，將我的問題重新申訴一下，希望政府給我做出正確的判決。

一九四五年八月十五日，抗戰勝利了，我歡樂若狂，多少年的盼望，今天可得著實現了，熱愛祖國的心情非常高漲，為祖國看管倉庫保存物資，還有在倉庫保存的兩萬多元錢。一些偽職員要均分，我說不行等祖國來接收，交給政府。

一九四五年十二月末，我將現金和物資都交給遼東省人民政府實業廳秘書長王金凱。王秘書說我為人本質好，叫我在水產合作社任總務科長。

一九四六年，我整整的為人民工作了一年。我所做的錯誤，是在共產黨沒來時做的。在一九四六年八月間政府有一個坦白交代大會，我在大會上全部交代了。政府宣布我無罪，叫我安心工作，這些事屬於我認識的問題。

（一）判刑十五年，罪行分為六條，我向政府說明：

（二）一九四五年八月十五日光復後，約在九月末十月初，有我的老友**關崇義**由瀋陽來安東搞安東省前進辦事處，我參加了，又介紹七個人參加。當時我們沒有活動，亦沒有對共產黨不利的事。自己認為是個行政組織。後來，匪政府把介紹的七個人分配了工作，四個人到實業廳，三個人留在匪省政府。這些事，有我介紹的七個人能證明。

（三）一九四五年十二月間，基督教醫院杜韶宣現住長春市，那時，匪安東縣黨部書記張鴻達住在基督教醫院，張鴻達和杜韶宣擴大匪黨組織。杜韶宣是我老同學，杜沒有和我事先打招呼，就給我送來匪黨第五區分部證件，我不是國民黨員，怎能擔任這個職務，我亦沒介紹任何人參加匪黨部，亦沒有任何活動。這些問題，有杜紹宣能給我證明。

（四）一九四六年三月間，國民黨天津交通站瀋陽分站派曲鵬霄來安東搞安東辦事處，住在安東市興隆街福音堂樓上麻世祥家裡。麻世祥是我三育中學校的老同學，麻世祥也事前沒有和我打招呼，給我和于明善報上名了，事後亦沒和我打招呼。有一天，我和于明善到麻世祥家串門，臨行時下了樓梯底下，麻世祥在樓上打招呼說，齊大哥，老于，我給你們倆報上名了，就走了，因有急事就走了。我們沒有任何活動，亦沒介紹任何人參加匪組織。請政府到麻世祥處取證。

（五）政府說話是算數的。「八一五」光復後，安東第一次解放，共產黨在安東成立了遼東省人民政府下設幾廳，其中，實業廳廳長李大章、秘書長王金凱，還有崔嵐同志來領導我們搞水產合作社，將我們水產老人都找回來，共同搞水產。一九四六年八月間，省裡開展坦白大會，王秘書長派孫希彥多次到我家找我談話，幫助我。有一天，我和孫希彥一同到人民省政府會上，坦白我的罪行，並寫出我的坦白書。王秘書長說，老齊呀！你坦白的事，和我們掌握的基本一樣。王金凱說，我代表人民政府宣告你無罪，不給及任何處分，好好安心工作，不要有任何顧慮。這些話，是王金凱代表人民政府說的，政府說話是算數的。為什麼一九五一年九月一日又想起來判我十五年徒刑。

（六）法院宣布崔錦章無罪釋放（一九七九・三・十二），我的問題也應給我做出正確的解決吧！一九五一年三月二十一日（三月二十四日），崔錦章被捕之後，我又寫了坦白書，毫不隱瞞的交代我歷史的問題。當時，衛生局趙鳳陽和趙毅同志看過我寫的坦白材料。崔錦章被捕七個月中，政府多次找我，叫我檢舉崔錦章的罪行。因為我當時不知道他的問題，我無法檢舉。在我被捕的前兩天，衛生局的趙毅找我說，老齊你應當明智些，檢舉崔錦章對你有好處。我說，我不知道他的問題，無法檢舉。過了兩天，我就被捕了。今天華主席為崔錦章平反了，宣告無罪。那就證明當年沒檢舉是對的。懇請政府給我正確的判處，聆聽政府法院的回音。

申訴人　齊保廉

一九七九年三月二十日

1986年5月19日，丹麥友人探訪齊保廉先生（黑衣老人）、其兒齊大衛及兒媳。
1990年夏，在齊保廉臨終前夕，丹麥基督教會委派一行十二人於病榻前告別。（丹麥友人上午九時到達病房，晚六時齊保廉歸天。）

安東丹國醫院的終結

崔世光

十九世紀末至二十世紀上半葉，自北歐來到安東的一些丹麥人由該國民間和教會出資，在遼東地區傳教，建立醫院、孤兒院、中學、小學及園藝職業學校等慈善和教育機構，通過不到六十年有效扎實的工作，為安東的「現代化」發展做出了可觀的貢獻。他們以質樸無華的人性之美，以無求回報的精神在遠東展示了上帝的光照和慈愛。安東人在那一個歷史區段中，經歷著複雜的社會變動。其中有十多年的「滿洲國」日本殖民統治（一九三二－一九四五）、到抗戰勝利後國共政權紛爭的拉鋸亂世，動盪不安的狀態一直就伴隨著他們的生活。坐落於遼東半島南部的安東市雖然擁有沿鴨綠江出海口的優越地理位置，卻常常因此而在許多方面處於一種邊緣及偏遠地域的境況中。

一九五〇年朝鮮戰爭爆發。位於最前線的安東，社會狀況驟然趨於極端。在安東從事慈善事業、對中國新政權十分友好的丹麥人被曲解為帝國主義滲透而遭迫害，成為不受歡迎的人。

這是安東歷史上沒有光彩的一章。丹麥人在遼東多年建立起的事業，及其在社會生活中留下的痕跡，被逐步擦洗。「丹國醫院」——在當時遼東民眾口碑中首屈一指的醫療機構，也悄然消失了。然而，對安東始終不忘的丹麥人，從一九七〇年代末期，在中國實施改革開放政策後至今，他們的後代仍然時常組團來遼東觀光。其中無論是商業旅遊性質的，或是被請來作「友好橋樑」的他們，都在努力找尋在一些記載中當年丹麥人的那些事物與當今社會在文化和生活層面上的關聯。然而，還能有多少歷史的印跡可供探索呢？其實，現代的「丹東」人，已經沒有幾個人真正瞭解當時的歷史。沒有人知道曾經為安東的教育及中國園藝發展做出重大貢獻的丹麥人吳立身博士在當年的工作是何等具有開拓性，卻在「被趕走前遭大會批鬥、被毒打」（吳立身女兒，文學家，丹麥作家協會理事吳坤美 Estrid Nielsen語）；沒有人能真切體會丹麥人郭慕深教士等善心人在把自己的畢生全部都奉獻給中國普通民眾後，卻在她的晚年，遭遇了被掃地出門，離開她的孤兒院孩子們，孤身一人回到她那一切都是生疏的母國——丹麥——的窘迫境地。

鴻路所記載下來丹麥人在安東的故事，是在中國社會文明進展歷程中有意義的真實歷史。在當今社會條件裡，有心、有力、乃至有「資格」做這件事的人，可能已經是絕無僅有的了。

我的父親崔錦章以親身的經歷見證了「丹國醫院」如何走向終結。在一個以革命口號為包裝的當地當時社會基層權勢運作下，公然以暴力和強權，以一些違反常識和邏輯不通的虛假作為驅動，編製出一場荒謬的戲劇。崔錦章，一個勤懇工作、受人尊敬、對當地民眾「有用」的醫生，雖然頭上有被戴上「省人民代表」等光環，卻在六個月內先是被委任為院長，又忽然變成罪行嚇人的「現行反革命分子」。為了使人們相信那些被捏造出來的一切看起來像是事實，該地方行政最高領導人，從市長到書記，聯同省、市衛生廳局長等等全體出動，在當時從行政運作和專業事務上都不屬「國家機關」的教會醫院召集全院大會，大張旗鼓地宣稱挖出反革命分子的重大勝利，以聲勢和威嚇造成「鐵板釘釘」的既成事實。就這樣，這個教會醫院就歸於「人民」的掌管之下。

我的母親王澄美，無數次向人們揭穿這種做法為「做扣兒」，膠東話就是設置圈套，「指鹿為馬」、「請君入甕」的意思。——「硬搶」，如果針對的是與新中國在一九五〇年五月十一日就建立了正式邦交的丹麥國國民在中國的產業，地方政府官員們仍有礙於外交方面複雜性的考慮，及自身的政治形象而未敢妄為，畢竟在當時與中國建交的西方國家尚寥寥無幾。然而，以戰時前線為由遣散外國人，隨後誘導中國人以教會的名義從洋人手中「名正言順」地接管醫院，再「關門打狗」，一切就可隨意而為之了。「拿下」醫院，是省衛生廳一九五〇年當年的重大「戰果」；是當地政府「對敵鬥爭」的政績及「抗美援朝」的勝利。崔錦章不幸被做在這個「扣兒」裡。他雖在獄中歷盡磨難，卻始終不逾地搏命也要把那幾個不屬於他的不實罪名辯解清楚、扒拉下來。一九七九年，在看似不可能的情況下，終由中央有關部門干預而獲得平反。其實，崔錦章一案早在反右前的一九五六年，經由省檢察院複查而推翻原判，獲平反並提前放人回家。這是他的第一次被平反。但是不知何故，卻未有正式「文件」跟隨。前《人民日報》資深記者劉賓雁在〈那黑壓壓的一片〉一文中，對中國的那個時期前後的社會政治情況有記載：

一九五六到一九五七年，全國普遍恢復了法院、檢察院和律師制度。幾十萬精幹的幹部派往司法戰線，清查建國以來的冤假錯案，很多冤案已經平反，很多死囚已經脫去囚服。是反右號令一響，所有這一切都被推翻了。從中央司法部副部長到各省市司法廳局長，大批主持正義的幹部被打成右派，不下三分之一的律師由於替受害者辯護，也成為反黨反社會主義分子了。從此中國就進一步落入了無法可循、暗無天日的世界。

崔錦章的遭遇印證了劉賓雁的記載——他在「反右運動」轟起的一九五七年秋再度被捕，原因是被錯誤平反。多年後的一九七九年，遼寧省政府有關部門在當年三月十二日的書面平反文件中，把過去的罪名全部都推翻了，撤銷一九五〇年的刑事判決，宣佈崔錦章無罪。這實則是第二次為他平了反。平反判決書是一張輕巧的，比一個巴掌大不了多少的薄紙片。然而，平反書中卻留下這樣一個搞笑的小「尾巴」：

原判認定申訴人崔錦章與一九四五年「九・三」後編印反動歌集兩千餘冊，其中有其親自填詞的「蔣委員長贊」一首，從事反動宣傳。

就此，崔錦章在給家人的信中解釋道：

作歌乃在一九四五年「八・一五」光復後，當年的九一八以前，國共兩黨都未到安東時。那是出於愛國熱情，並非是什麼反動宣傳。印冊五百，不是兩千。……再者，我被捕並非是為了這些事，作歌是捕後我交代的。

崔錦章畢業於英國人在瀋陽開辦的「盛京醫科大學」。一九四〇年代在安東設立診所開業，掛牌是眼科專科。然而作為醫科大學培養出來的基礎全科醫生，他以在危急情況下從為病人截肢到為產婦接生，以及夜半應門出診等高度敬業精神在當時的社會上贏得口碑。「被事」後，他本人在一九六〇－六一年冬最嚴酷的饑餓情勢下，是靠食用妻子想盡辦法籌集到的胎盤得以活命。在當時嚴酷的情形下，他仍參與救助一些垂死的犯人，以這種方式施展他的專長。當初他與曾經在安東生活和工作的丹麥人粘連在一起，並身不由己地成為丹國醫院終結的重要當事人，是在一個特定時空中由諸多因素——宗教、專業和政治情勢所造成的。他成為一個社會變遷的人質和見證者，不是他個人的選擇。所發生的一切也遠在他的邏輯和想像程度之外。崔錦章出生於安東北部山區五龍背一個普通農民家庭，自他父母輩便是基督徒。他從小就在教會學校生活學習，是家中第一個走出山溝並成長為一個專業人材。他雖然經歷了實屬聖經所描述的「死蔭的幽谷」，上帝卻始終眷顧著他和他的家庭。在個人的品性方面，他有一個不大會「轉彎兒」、被我母親王澄美形容為「榆樹疙瘩腦袋」，用當地的話來說，就是一個認死理兒的「強驢子」——然而，卻能夠在生前親眼目睹他個人，以及社會蠕動的曲折過程。這無論如何是他同時代無數人經歷中的一個特例。

崔世光，著名作曲家、鋼琴家，生於遼寧省安東市，一九六二年考入中央音樂學院附中，一九七八年起擔任中國交響樂團鋼琴獨奏家兼創作組成員。一九八四年赴美在紐約州錫拉丘茲大學獲得鋼琴、創作雙碩士學位，後留校任教六年。曾在歐洲和北美四十多個城市和音樂節演出，創作鋼琴協奏曲、組曲等四十餘首。現居香港。

四十年回顧

柏衛

開荒

年在丹國大會規定派人到中國去佈道，就派於（承恩）牧師去華。半年後，因病回國。又有古護士（古一丹）也來了，再就是柏（柏衛自稱），於一八九三年到中國。先預定在南方佈道，後到天津，再後聞滿洲很好，便又來到了滿洲。古牧師到中國先幫助中國受傷的士兵（甲午戰爭），但中國官兵不用。柏在漢口居住二年後，到煙臺，後又到海城見馬牧師（英長老會牧師馬欽太），他因工廠（傳教區）太大，歡迎我們到那裡工作，遂即搬到營口。此時，外（德勞）牧師已來滿，二人同至鳳城、九連城、安東等處，復至洋口，就是大孤山，租房子工作。後又到岫巖，又回營口。外牧師和古牧師就回連，後來定外牧師在旅順，古牧師在大連，柏回孤山。故第一個教會是旅順，第二個是大孤山，第三個是岫巖，第四個是鳳城，為李（格非）牧師開辦，柏曾和李牧師到安東賣木材至大孤山，時值房子起火，同聶（樂信）都來救火，燒了草房。第五個教會便是安東，是一九〇二年於牧師在那裡工作。第六個教會是寬甸，一九〇六年設立，第七個教會是大連，一九一〇年設立，外牧師在那裡。第八個教會是綏化，與一九二三年末後設了的，以後又和長老會商議在長春，於一九二三年設立教會。

逼迫

當時國家很不平靜，一九〇〇年，由其義和團，因美國英國欺負中國，就要連信道的外國人都趕出去，時吳（樂信）牧師在岫巖，亦有難處。唯旅大無事，蒙住改變當官的心，保護他們到了旅順。那時在孤山有一位古敦先生，是英國人，很幫助當地軍兵，故因林司令的保護，教會無難處，唯在孤山街上有謠言，說外國人投藥於井中，唯有外國人的藥才可以醫治。時只柏衛一人在孤山，師娘等皆逃往別處。教會的房子雖被破壞，但亦未能要賠償。一九〇四年，日俄戰爭，那時，吳牧師在安東。但孤山街有一俄兵，因柏沒理他，經怒將柏帶到兵營，查問後，知無何事，放出。然仍疑惑我，叫我到奉天去，我就用六天功夫走到奉天，但多日不得許可在孤山住，著急萬分。後來忽然得俄人來信，就回了孤山，才知道許可我在孤山居住。

開門——曙光

古牧師和古師娘結婚後，回國去了。只有外牧師一人在旅順工作，但有一位好幫手，是兵船上的一個官，姓徐，非常熱心地幫佈道，後來就有些人求洗入教，但是不處於誠心，多少為求幫助打官司，後來因為我們不幫助他們，就有退下去的。那時傳道人，完全是從丹國來薪金。

設立牧師　第一位牧師就是閻興紀，於一九一三年在大連由柏手立的，現在已有了八位牧師。

設立禮拜堂　第一個是大連，第二個是安東，第三個是大孤山，第四個是岫巖，第五個是金州，第六個是寬甸，第七個是旅順，第八個是劈柴溝，第九個是哈爾濱，共有九個禮拜堂。

佈道會　於一九一六年有季（天申）牧師在孤山戲院創辦第一次佈道會，於是由一九二六年至一九二八年之間，在各處就有了佈道會的舉動，後來又有王明道先生來領會，並挪威的孟牧師也先後來次領會。特別注重重生得救於充足的信心。

信徒增加　從那以後，主的恩門大開。信的人數，日漸增加，教友數字增加如下：一九〇六年，一一九人；一九三一年五千人，現在六千人至七千人。

合資 本會與長老會原來合作，至現在仍是合作，實在感謝主有這樣好光景，如安（樂克）大夫在奉天設立醫科大學，又有文匯學院和重明學校（失明女子）等，有本會學生就學，得幫助的地方很多。

設立學校醫院青年會 一九一二年在安東設立三育學校，現設中學校，又移到安東改變的，于承恩牧師又在三育學校內設立園藝學校。又在大孤山聶教士設立師範學校和幼稚園，繼又有神道學校設在安東劈柴溝，又有郭教士在安東元寶山設立育嬰堂，現有一百三十多名兒童。大孤山也有手藝學校（做花邊、織檯布），現有一百八十餘人，內有無依無靠者和半身不遂者，皆由聶教士收。重明學校有五十多人，是華太太、於先生、馬小姐辦理的。一九〇七年，寧（乃勝）大夫在岫巖開醫工鑾熱心幫助病人和窮人。丹國羅（得亮）牧師一九一九年來辦青年會，一九一一年，華（茂山）牧師在奉天、安東設立青年會。

教會自治自養自傳 自治，於一九二三年通過三級制度，一九二五年立信義會的信條，一九二七年與中華信義會聯合。自養，一九三〇年，本地捐一千八百圓。自傳，在鴨綠江一帶的工作，於一九〇七年安大夫與柏到臨江，又一九二四年到輯安、長白，現在各地教會牧師增加，禮拜堂林立等光景，足見教會大有自傳自養的光景。

注：此文源自一九三八年出版的《滿洲基督教年鑒》，由大孤山民間史學家王維剛先生提供。

丹麥人在安東之歷史年表

一八九一年，丹麥基督教路德宗即信義會（Church of Denmark）在歐登塞（Odense）召開了一次海外傳道會議。在這次會議上，來自全丹麥的基督徒代表做出了「到中國去」的決定，認為那裡是一個亟需福音光照的地方，也是開墾上帝子民的一片沃土。由此，丹麥傳教士拉開了走向中國的序幕。

從此，丹麥傳教士陸續進入中國，開始了漫長的傳教活動。自第一位丹麥傳教士柏衛（Conrad S. Bolwig，一八六六—一九五一）先生來到安東地區後的近半個世紀中，先後在遼東（指廣義的遼東地區包括吉、遼兩省）工作的丹麥人多達一百四十餘人次（一九二一年有七十六個丹麥傳教士），其中有醫生、護士、牧師、教師、園藝師、建築師、工匠等。在風雨飄搖，兵革不息的歲月裡，他們為遼東半島送來了西方文明，同時，也為歷史留下了美好的見證。

本歷史年表以安東地區為中心，包括原轄區岫岩、莊河以及桓仁等地，為敘述的方便，對於這段歷史仍以安東地名記錄之。

一八九一年（光緒十七年），丹麥差會（差遣傳教士去異地宣教的組織）主要成員之一于承恩（Johannes Vyff，一八七〇－一九三二）牧師抵達上海，並沿長江而上，來到漢口考察海外傳教事宜，因病半年後回國。

一八九三年，尼霍姆（Nyhoim）牧師和他的夫人以及丹麥紅十字會護士卡洛琳約翰森（Caroline Johansen），三人一同來到中國漢口。

同年，十一月十七日，柏衛牧師攜妻米娜・哈斯（Minna Hass，一八六七－一九六〇）來到漢口。此時，漢口已經有一挪威傳教團在此工作。於是，他們便在那裡學習漢語，同時，準備擇地傳教。

一八九四年十一月二十八日，卡洛琳・約翰森隨英美等國紅十字會組成的傷病員救助小組乘氣船圖南號駛抵旅順，準備上岸救助，並提出將傷患接至天津治療，被日軍官大山岩拒絕。（中日甲午戰爭）

一八九五年，外德勞牧師（P. Christian Wadtlow，一八六五－一九四九）抵達旅順。于承恩（二次來華）等六名丹麥傳教士亦先後到達該港。

同年，谷志賢（Knudsen）牧師至漢口，與柏衛商定赴東北地區佈道。隨即，柏衛夫婦和谷志賢乘船經煙臺抵旅順口，換車至海城牛莊，與先期在此傳教的英國長老會馬欽太長老（一八七四年來營口）商議佈道區域的劃分。最終，商定將遼南沿海一帶原英長老會的佈道區讓渡給丹麥路德會。

十二月七日，柏衛和外德勞從營口（東北第一個開放口岸）開始了他們的遼東半島之旅，當時中日戰爭結束不久，日本軍隊剛撤離，戰後留下的創傷隨處可見，這兩個丹麥人幾乎走遍了那時所有的小城鎮：鳳凰城，安東、大孤山、岫岩。除了考察這些地區而外，又溯江北上寬甸、桓仁、扶餘、長白等地。

一八九六年初，吳樂信（Ole Olesen）牧師攜妻Magdalene和柏衛夫婦一起來到大孤山。他們租了當地客棧的幾間平房，建立了一個傳教點：福音堂（Mission Chapel），開始在堂裡施醫佈道，同時，到附近的村莊傳教治病。

同年五月十六日，丹麥基督教路德宗（DMS）決定在遼東成立關東路德會。

十一月十一日，丹麥傳教士在旅順召開第一次傳教士會議。在會上決定，以東邊道（清末民初時期的行政區域，包括安東、大孤山、岫岩、鳳城、寬甸及桓仁等）作為丹麥傳教士的主要開拓區。

一八九七年，柏衛成立了大孤山基督教路德會。由此，開拓了安東地區第一個基督教區。

同年，柏衛夫婦的第一個孩子（兩歲的兒子）因喉炎而夭折於大孤山。

一八九八年，吳樂信與于承恩來到岫岩縣開拓教區，設立福音堂，創辦三育小學（一九一一）等。一九二二年，岫岩基督教禮拜堂建成。至此，岫岩成為安東地區第二個教區。

同年十一月十五日，丹麥女教士艾倫・尼爾森（Miss Ellen Nielsen）和卡特琳・尼爾森（Miss Kathrine Nielsen）抵達大孤山。艾倫・尼爾森的漢語名字叫聶樂信。

一八九九年四月十七日，牧師李格非（Lykkegaard）、于承恩由旅順、岫岩輾轉至鳳凰城，一九〇七年，在城南購地建立福音堂，此後，建立三育小學、女子小學等（一九一二年已有房產六十九間）。由此，開拓了安東地區第三個教區。不久，李格非因病回國。

一九〇〇年春，安東地區的丹麥傳教士在岫岩召開會議。不久，義和團禍及遼東，丹麥傳教士避難於煙臺。

一九〇一年九月，于承恩下榻於安東小客棧。

一九〇二年，于承恩在安東商界名人索景昌的資助下，租借商會的一塊土地，在元寶山建起了五間平房，由此，創立了聚會堂。三月二十三日，正式成立了安東基督教路德會，開拓了安東地區第四教區。

同年，于承恩在元寶山下天后宮街建平房十餘間，即男院十三號病房，開展門診看病，可謂丹麥人在安東初期的西醫診所。

一九〇三年四月六日，聶樂信創辦了崇正女校，作為遼東第一所西式女子學校，比清政府允許開辦女子學堂早四年。之後，該校陸續增設了初中部、保姆班、師範班、婦女講習所。

同年，柏衛牧師在孤山為一個賣香小販姜先生做了施洗，這是本土的第一個基督徒，後來的崇正女校之校長姜寶珍的父親。

一九〇四年，丹麥醫學博士安樂克（Soren Anton Ellerbek，一八七二－一九五六）先生來安東，在原小診所的基礎上建起一棟設有地下室的三層樓房，開展了具有現代醫療技術水準的外科手術，在百姓中享有較高的聲譽，即基督教丹國醫院（天后宮街二十九號）。在安東地區瘟疫頻發之際，該院投入了救援之中，為遏制疫情的蔓延做出了貢獻。

一九〇五年，柏衛創辦了基督教培英小學，後發展至初中。

一九〇六年，丹麥女教士郭慕深（Karen Gormsen，一八八〇－一九六〇）、卜士溫（Pallesen）、牧師韓設科（Hagelskjær）先生來華。

同年，顏深義（Emil Jensen）、韓設科到寬甸縣設堂佈道，設立講堂五間、教員室一間、自修室二間作為基督教會中心。一九一二年，又在太平哨鄉設立福音堂以及長甸河口、小蒲石河設立聚會點。同時，韓設科在寬甸縣城創辦了三育小學（包括女子小學）。至此，丹麥傳教士在寬甸開拓了安東地區第五個教區。

同年，于承恩在安東創辦了第一所西式學校：三育小學。

一九〇七年，四月二十五日至五月八日，在華傳教士百年大會於在上海召開，丹麥信義宗（路德）差會的柏衛在會上做了長篇發言。

同年，美籍丹麥人尼爾斯・尼爾森（Ning is victory，一八七五－一九四五），即寧乃勝，其攜夫人來華。在岫岩縣創辦基督教醫院，即西山醫院，寧乃勝為首任院長，任職二十餘年。

同年，郭慕深在丹國醫院（男院）之西側建起基督教女子醫院，帶來了西方的新法接生。

一九〇八年，郭慕深在財神廟街設立福音堂，後遷至興隆街四十號。

一九〇九年，顏深義從寬甸來到桓仁縣立會傳教，在朝陽街購買了三十餘間房屋。同年，建立三育小學。自此，丹麥傳教士在桓仁又開拓了一個教區。

同年，于承恩與邵若森（A. J. Soerensen）、谷賢昌牧師來到大東溝辦教會建教堂。在永隆中街三〇六號購地建房十八間，其中牧師府、教堂等房舍十五間，福音堂三間，成立了大東溝基督教路德會。

一九一〇年四月，顏深義（Emil Jensen）的夫人瑪麗亞詹深（Marie Magdalene Jensen）因病在安東丹國醫院去世。同年，安東教會在八道溝附近一小山坡購買墓地一處（中丹逝者共用），後又展買若干畝（計兩萬七千八百七十三平方米，土改時被分去一部分）。

一九一一年，聶樂信在大孤山創辦崇正貧民救濟所，收養孤兒寡母以及流浪者，組織生產自救。

一九一二年三月，于承恩在安東郊外劈柴溝個人出資買了四十六畝荒地，創建了一所園藝學校，後改為三育中學，培養中國青年學習農業園林之技能，成為東北地區第一所現代農業技術學校。

同年，安樂克調往奉天盛京醫大做教授、校長（現瀋陽中國醫大）。其後有下列丹麥人先後繼任丹國醫院長：安德森（L. K. Larsen）、沈德榮（L. K. Larsen）、魏公仁（Viggo With）、貝德森（Peder Pedersen）、邊陪德（PeterBertelsen）、倪樂聖（Marie Nielsen）等。

一九一三年，岫岩基督教醫院在縣城之西山擴建了新院區，樓房三棟，瓦房三十餘間，占地近二十畝。

同年，在大連的閻興紀、侯執盛參加外德勞舉辦的聖經學習後，被按立為牧師（外德勞在旅順相識教書先生閻興紀），這是中國人在東北信義會的首批教牧者。

一九一五年，東北教區成立了臨時中會教務（時為四級制：督會、區會、中會、大會），統籌商酌各教區事宜。

同年，于承恩與外德勞，顏深義建立了元寶山禮拜堂（天后宮街十五號）。

巴牧師（Poul H. Saagoee）籌畫安東基督教青年會（興隆街）。

孤山崇正女校增設幼稚園，成為東北第一所幼稚園。

一九一六年，郭慕深在青龍山坡建起基督教育嬰堂。郭擔任主任（院長），由此至一九五〇年，三十餘年來，育嬰堂收養了三百餘名孤兒。

同年，郭慕深設立女子福音堂（青龍街三十四號）。繼而由邵若森、葛力扶牧師（Erik Gjiaerulf Larsen，一九〇八－一九八六）先後在劈柴溝、中興鎮，九連城、五龍背、湯山城等地建立教會，安東教區業已形成。

同年，谷賢昌牧師（Poyl Hedemann Baag ?e）來安，于承恩與其籌建安東青年會。（Poul H. Baagoee）

一九一九年，包樂深（Anders Aagaard Poulsen，一九一二年來華）牧師從哈爾濱基督教路德會調任三育中學校長。

同年，大孤山培英初級中學部遷出，併入劈柴溝三育中學。

一九二〇年，丹麥教會理事長阿克塞爾·霍爾特（Axel Holt）一行視察訪問了關東教會。

同年，李格非重回鳳城教會（一九一四年鳳凰城改名鳳城）。兩年後，因病情復發而回國，一九二四年去世。

一九二一年，丹麥園藝師郭衛道（Niels Oestergaard，一八八〇－一九二九）來華，擔任三育中學園藝部校長。他開創了野外觀察教學，傳授學生如何識別各種植物。而且，經常獨自進山採集各種植物，帶回學校進行培育，尤其是野生杜鵑花和牡丹培育成功。而杜鵑花已經被命名為丹東（安東）市花（一九八四）。

同年，孤山建成禮拜堂。

一九二三年，外德勞在劈柴溝建起幾間小平房作為教士學校（1938年改稱神學院），並擔任校長。

十月十三日，吳樂信之妻Magdalene病故於岫岩。後吳轉至鳳城教會工作。

同年在鳳城召開基督教東北信義宗大會，會議決定取消臨時中會教務，正式成立東北教區的組織領導機構，訂立章程，將「關東路德會」更名為中國基督教信義會東北總會，鳳城為總會所在地。由此，丹麥教會與東北教會開始分而治之（丹麥傳教士在東北亦有自己的大會和委員會）。

東北教會雖已自治，但一九二三年後，丹麥教會仍繼續付給中國牧師和教士的工資，新建教堂所需的材料也經常由丹麥差會支付。自一九四〇年丹麥淪陷後，丹國則無力財援中國教會，由此，中國教會不但自治，而且自養。

同年，外德勞在劈柴溝建起幾間小平房作為教士學校（一九三八年改稱神學院），並擔任校長。

十月十三日，吳樂信之妻Magdalene病故於岫岩。後吳轉至鳳城教會工作。

一九二三年，丹麥女教士樂慕華（Kathrine Niesen）來到育嬰堂協助郭慕深的工作。

一九二四年，女教士卜斯溫（Pallesen）從大孤山崇正女校來到鳳城教會，將原鳳城女子教堂改建成一座四合大院（一三七六平方米），即女子聖經學校，卜斯溫擔任校長，教學的主旨是培養女傳教士。

同年，丹麥傳教士在黑龍江綏化縣建起東北地區的第三個醫院（前者安東、岫岩）。

一九二五年，丹麥女護士艾濟民（Mtte Stauns）來到丹國醫院工作，並組建了附屬高級護士助產學校，由南京中華護士學會立案並負責畢業試題。該護校半工半讀，女生四年畢業，最後一年為婦產科；男生三年。（艾於一九四六年回丹麥）

一九二六年，吳樂信第二夫人Marie因病於安東去世。次年，吳回國。

一九二七年，東北總會加入中國基督教信義會（中華信義會）為團體會員之一。

同年，畢業於哥本哈根大學農學院的吳立身（KaiJohannesOlsen，一八九八－一九七三）來到劈柴溝接任三育中學園藝部校長。在前人研究的基礎上，他將杜鵑花、番茄、櫻桃和草莓（一九八八年該市為全國最大的草莓生產基地）等作為重點培育項目。在一九三〇年代，三育的植物園在東北地區頗有名氣，許多學校前來觀摩並索求教材，因此，吳立身和孫少賢老師編寫和出版了數本有關植物和園藝的教科書。

同年，內科醫師倪樂聖（Marie Nielsen，一八九四－）小姐來華，工作於安東丹國醫院，後調往岫岩西山醫院當院長，

一九二九年，聶樂信加入中華民國國籍。

同年，中國牧師王明道、挪威女傳教士瑪麗蒙遜（Miss Marie Monsen）曾先後來孤山佈道。

一九三〇年，外德勞調往大連，包樂深由三育中學調至教士學校當校長。

一九三一年九月十九日，日本佔領安東。隨之，日軍管制了安東的糧庫，育嬰堂的孤兒忍饑挨餓。郭慕深到糧管所向日本人要求給孩子們以足夠的糧食，被日拒絕。

一九三二年九月九日，于承恩先生因病逝世。為他送葬的路程從安東教堂到盤道嶺的八道溝基督教墓地。參加送葬的隊伍很長，一路兩側佈滿哀悼的輓幛。柏衛（六十六歲）從孤山趕來安東參加葬禮，由於當天沒有輪渡，他蹬腳踏車行程二百余里。

一九三三年四月十一日，寧乃勝在岫岩遭劫匪綁架，被拘禁一九六天（四月十一日－十月二十五日），十月二十五日被解救。

同年夏季，柏衛在丹麥休假期間，組織了丹麥基督徒的多次會議，報告中國的安東、孤山等地教會的貧困狀況，進行募捐活動。

一九三五年，在日偽當局的統治下，中華基督教信義會東北總會被迫改名滿洲基督教信義會，由陳景升牧師擔任正長（會長）。

一九三六年，丹麥人在元寶山建起一所丹麥中學，供在安的丹麥孩子上學，在該校任教的有Betty Bjerg、榮教士Astrid Novrup和隋教士Esther Svendsen等。

一九三七年九月一日，柏衛被土匪綁架，在山洞裡度過了四十六天（九月一日－十月六日）。期間，他很高興有機會向劫匪宣講福音。十月十六日，柏衛得以解救。

一九四〇年，丹麥因淪陷，差會無力負擔中國教會的開支，自七月一日起，安東教會自負經濟責任。

一九四一年，日本發動太平洋戰爭後，在東北的歐美傳教士被日軟禁於瀋陽，在安東的丹麥傳教士也倍受打壓。孤山的柏衛被告誡不許在教堂和學校進行傳教，也不允許走訪所有的鄉村聚會點。劈柴溝三育中學的吳立身被數次於安東審訊。

一九四二年七月三十日，安東地區丹麥教會所有的學校被日偽當局強制關閉和接管。同時，規定吳立身、包樂深、許世光（Rev Jens Hoeggaad）等丹麥人不許離開所住區域，專為日本人種植水稻、黃豆以及養豬。

一九四四年十一月，日軍以「思想犯」的名義將鳳城的丹麥牧師蓋國柏（Jakob Giejlsbjerg）、中國牧師姚志榮逮捕入獄，經安東、長春等地教會聯合營救下，方於十二月獲釋。

十二月，丹東地區流行傷寒，家庭診所的包珍珠（Margrethe Aagaard Poulseh，即包樂深夫人）在搶救患者（村民陶元勳）時，不幸被感染而病逝，安葬於八道溝。

一九四五年三月，日軍侵佔並封閉鳳城禮拜堂，將教徒驅逐於外。由此，教徒們開始組織家庭聚會（鳳城西街吉祥胡同）。

八月十五日日軍投降，撤離中國。不久，八路軍進入大孤山。十一月十二日駐兵牧師府，教堂亦被佔用，培英小學就此停課，一切納入軍管。同時，丹麥人所建立的東溝教堂、十字街教堂、龍王廟教堂、北井子教堂等，有的被軍隊接管，有的被農會所佔據。

八月二十七日，蘇軍進駐安東。吳立身被蘇軍以德國間諜之嫌羈押了五天。

一九四六年五月，柏衛夫婦開始了艱難的回鄉之旅，十月五日，抵達哥本哈根機場。自此，柏衛夫婦結束了五十餘年的大孤山生活。

同年，六月十八日，吳立身攜家眷趁戰火稍息之機，離開了劈柴溝，幾經周折，回到了丹麥。

十月，丹麥女教士孫慕仁（Missionær Petra Nielsen）來鳳城傳教。在土改時（一九四七）孫被鬥，教堂被八路軍佔用。

一九四七年春，在丹麥的吳立身先生接到三育中學理事長陳景升（安東教會牧師）的信函請求重返中國，恢復三育中學。

六月九日，八路軍二入安東。次日，丹國醫院即成為八路軍的後方醫院，郭慕深出任臨時院長。由於前線激戰，傷患猛增，而郭的育嬰堂工作又難以脫身，於是，便調岫岩西山醫院長倪樂聖接替郭慕深。於是，倪樂聖蹬了一天的腳踏車趕到丹國醫院，當日下午五時查看八路軍病房。

同年，孤山掀起土改運動，聶樂信被劃為大地主進行鬥爭。十月十八日，崇正女校所有的工廠被關閉。同時，聶樂信、陳樂實（Astrid Poulsen，一八九〇－一九九〇）、卜斯溫被關進監獄隔離審查。並且，除了當時身上的衣物，被剝奪了所有的個人物品。兩周之後，方獲自由。

一九四八年一月，吳立身離開丹麥重返中國，六月二十八日回到劈柴溝校園。不久，吳被逐出學校，棲身於安東丹國醫院。

一九四九年，在安東的大部分丹麥傳教士已返回丹麥，尚有七人未歸（安世恩Alfred Hansen、邵若森、郭慕深、倪樂聖、孫慕仁、吳立身，聶樂信）。

一九五〇年二月，在安東召開了東北基督教「總議會」，恢復了中華基督教信義會東北總會，並由段大經擔任理事長，陳景升擔任副理事長。

七月十五日，吳立身離開安東，十月抵達丹麥。

九月五日，丹麥人將丹國醫院轉讓與中國安東基督教會。郭慕深Karen Gormsen小姐作為丹麥教會的代表，段大經先生作為中國教會的代表，雙方共同簽署了讓渡手續。

十二月十八日，最後離開中國的丹麥三個單身女人郭慕深（七十歲）、倪樂聖（五十六歲）、孫慕仁（六十歲）由安東乘火車輾轉天津塘沽港，踏上了回歸丹麥的客船。

一九六〇年七月二十五日，在中國大陸唯一的丹麥女教士聶樂信小姐安息於大孤山，終年八十九歲。由此，丹麥傳教士在安東的歷史劃上了最後一個句號。

注：本歷史年表參照下列資料——

一、丹麥作家吳坤美女士《丹麥傳教士在東北傳教歷史簡介》等有關文章。

二、尼爾斯・基爾特・柏衛（Niels Geert Bolwig）《在安東大孤山的柏衛和米娜（一八九六－一九四六）》。

三、丹麥記者聶曉羅先生（吳坤美女士之子）提供的有關史料及電子郵件。

四、諮詢丹麥作家西蒙先生，即《中國的呼喚——丹麥傳教士在滿洲的生活和經歷，一八九三－一九六〇》（*The Call of China-The Lives and Experiences of Danish Missionaries in Manchuria, 1893-1960*）一書的作者。

由於研究不深，資料有限，難免有錯誤及掛一漏萬，敬請各位斧正。

血歷史196　PC0759

新銳文創
INDEPENDENT & UNIQUE

丹麥人在安東

作　　者	鴻　路
責任編輯	楊岱晴
圖文排版	楊家齊
封面設計	米　樂
封面完稿	蔡瑋筠
出版策劃	新銳文創
發 行 人	宋政坤
法律顧問	毛國樑　律師
製作發行	秀威資訊科技股份有限公司 114 台北市內湖區瑞光路76巷65號1樓 電話：+886-2-2796-3638　傳真：+886-2-2796-1377 服務信箱：service@showwe.com.tw http://www.showwe.com.tw
郵政劃撥	19563868　戶名：秀威資訊科技股份有限公司
展售門市	國家書店【松江門市】 104 台北市中山區松江路209號1樓 電話：+886-2-2518-0207　傳真：+886-2-2518-0778
網路訂購	秀威網路書店：https://store.showwe.tw 國家網路書店：https://www.govbooks.com.tw
出版日期	2021年5月　BOD一版
定　　價	620元

國家圖書館出版品預行編目

丹麥人在安東/鴻路著. -- 一版. -- 臺北市 :
新銳文創, 2021.05
面； 公分
BOD版
ISBN 978-986-5540-38-8(平裝)

1.傳教史 2.基督教傳記 3.中國

248.2 110005608

讀者回函卡

感謝您購買本書，為提升服務品質，請填妥以下資料，將讀者回函卡直接寄回或傳真本公司，收到您的寶貴意見後，我們會收藏記錄及檢討，謝謝！

如您需要了解本公司最新出版書目、購書優惠或企劃活動，歡迎您上網查詢或下載相關資料：http:// www.showwe.com.tw

您購買的書名：________________________________

出生日期：________年________月________日

學歷：□高中（含）以下　□大專　□研究所（含）以上

職業：□製造業　□金融業　□資訊業　□軍警　□傳播業　□自由業

□服務業　□公務員　□教職　□學生　□家管　□其它_____

購書地點：□網路書店　□實體書店　□書展　□郵購　□贈閱　□其他

您從何得知本書的消息？

□網路書店　□實體書店　□網路搜尋　□電子報　□書訊　□雜誌

□傳播媒體　□親友推薦　□網站推薦　□部落格　□其他__________

您對本書的評價：（請填代號　1.非常滿意　2.滿意　3.尚可　4.再改進）

封面設計____　版面編排____　內容____　文／譯筆____　價格____

讀完書後您覺得：

□很有收穫　□有收穫　□收穫不多　□沒收穫

對我們的建議：________________________________

____

____

____

請貼
郵票

11466
台北市內湖區瑞光路 76 巷 65 號 1 樓
秀威資訊科技股份有限公司 收
BOD 數位出版事業部

（請沿線對折寄回，謝謝！）

姓　名：＿＿＿＿＿＿＿＿ 年齡：＿＿＿＿ 性別：□女 □男

郵遞區號：□□□□□

地　址：＿＿＿＿＿＿＿＿＿＿＿＿＿＿＿＿

聯絡電話：(日) ＿＿＿＿＿＿＿＿ (夜) ＿＿＿＿＿＿＿＿

E-mail：＿＿＿＿＿＿＿＿＿＿＿＿＿＿＿＿